Markterfolg durch zukunftsfähige Entscheidungen

Peter Gröndahl

Markterfolg durch zukunftsfähige Entscheidungen

Mit Strategie und Innovation den Wandel gestalten

 Springer Gabler

Peter Gröndahl
Frankfurt am Main, Deutschland

ISBN 978-3-658-41205-0   ISBN 978-3-658-41206-7   (eBook)
https://doi.org/10.1007/978-3-658-41206-7

Die Deutsche Nationalbibliothek verzeichnet diese Publikation in der Deutschen Nationalbibliografie; detaillierte bibliografische Daten sind im Internet über http://dnb.d-nb.de abrufbar.

Covermotiv: stock.adobe.com/Moor Studio

Planung/Lektorat: Imke Sander
Springer Gabler ist ein Imprint der eingetragenen Gesellschaft Springer Fachmedien Wiesbaden GmbH und ist ein Teil von Springer Nature.
Die Anschrift der Gesellschaft ist: Abraham-Lincoln-Str. 46, 65189 Wiesbaden, Germany

Mehr als die Vergangenheit interessiert mich die Zukunft, denn in ihr gedenke ich zu leben

Albert Einstein, Physiker, 1879–1955

Geleitwort

Erfolgreiche Unternehmen entstehen im Kopf. Heute sind Unternehmensgründungen möglich, die nicht vom Kapital, sondern von der Kreativität ihrer Gründer geprägt sind. Je durchdachter und ausgearbeiteter ein unternehmerisches Konzept ist, desto eher wird es sich durchsetzen.

Um aus einer Idee ein marktfähiges Entrepreneurial Design zu entwickeln, sind diverse strategische Entscheidungen zu treffen. Dabei ist es keineswegs trivial, immer richtig zu entscheiden.

Peter Gröndahl, selbst Gründer und ehemaliger Teilnehmer meiner Entrepreneurship-Masterclass, sieht die Ursache erfolgloser strategischer Entscheidungen nicht allein im zugrunde liegenden Konzept, sondern auch in dessen zeitlichem, örtlichem und inhaltlichem Kontext. Das innovativste Projekt kann nicht reüssieren, wenn es zum falschen Zeitpunkt, im falschen Markt bzw. Marktsegment oder ohne überzeugenden Purpose lanciert wird.

Geschäftsmodelle müssen Kundenerwartungen erfüllen und Ressourcen effizient und nachhaltig einsetzen. Heute entstehen Wettbewerbsvorteile nicht nur aus konkreten Problemlösungen, sondern auch aus ökonomischer, ökologischer und sozialer Sinnhaftigkeit.

Nur wie trifft man richtige Entscheidungen in einem chaotischen Umfeld und vor dem Hintergrund einer unsicheren Zukunft? Wie lässt sich in einer Zeit multipler Krisen eine klare Perspektive gewinnen? Der Autor stellt eine Methode vor, die Analyse und Intuition kombiniert und ein Innovationssystem aus der Zukunft heraus entwickelt. In der Corona-Krise wurde zu Recht gefordert, „vor die Welle" zu kommen. Dieses Ziel verfolgt auch das vorliegende Buch, indem Antizipation an den Platz von Prognose tritt. Das Innovationssystem muss dabei nicht zwingend disruptiv sein. Die vorgeschlagene evolutionär-disruptive Doppelstrategie erscheint erfolgversprechend.

Das Buch hilft dabei, in einer Zeit dynamischen Wandels den Überblick zu bewahren und zukunftsweisende Entscheidungen zu treffen. Auch dank zahlreicher Fallbeispiele und nützlicher Tipps in Form von Checklisten erfährt der Leser „wie Erfolg funktioniert".

Prof. Dr. Günter Faltin
Stiftung Entrepreneurship Berlin

Vorwort

„Cooperation in a fragmented world" lautete das Motto des World Economic Forum 2023 in Davos. Dessen Gründer, Prof. Dr. Klaus Schwab, äußerte im Vorfeld der Konferenz: „Wirtschaftliche, umweltspezifische, soziale und geopolitische Krisen kommen zusammen und schaffen eine extrem unvorhersehbare und unsichere Zukunft". Er spricht damit Inflation, rückläufiges Wirtschaftswachstum und Verschuldung, den Klimawandel, Corona und die Energie- und Nahrungsmittelkrise sowie den Krieg in der Ukraine an.

Wohl noch nie hat es so viele Krisen zur gleichen Zeit gegeben. Energieintensive Industrieunternehmen sind von jetzt auf gleich in die Verlustzone geraten und Kulturbetriebe mussten während der Pandemie gleich ganz schließen. Häuslebauern laufen die Bau- und Finanzierungskosten davon und Aktionäre mussten in 2022 Wertverluste von rund 20 Prozent verkraften. Rentnern schmelzen die Ersparnisse dahin und Konsumenten staunen jeden Tag aufs Neue über die Rechnung an der Supermarktkasse.

Dabei trifft uns die multiple Krise inmitten einer digitalen, ökologischen und kulturellen Transformation, die Unternehmen ebenso herausfordert wie Privatpersonen. Resilienz lautet das Zauberwort: institutionelle und individuelle, aber auch gesellschaftliche Widerstandsfähigkeit. Oder, um es mit dem Frankfurter Kult-Fußballtrainer Dragoslav „Stepi" Stepanović zu sagen: „Lebbe geht weiter!" Damit es erfolgreich weitergeht, sind mehr denn je kluge Entscheidungen gefragt. In Unternehmen wie in Privathaushalten wie in der Politik. Derartige Entscheidungen müssen an dem Zeitraum orientiert werden, für den sie gelten und der mehr oder weniger weit in die Zukunft reicht. Außerdem sollten sie schnell an unvorhersehbare Umfeldveränderungen angepasst werden können, denn die Zukunft ist, wie Klaus Schwab sagt, „extrem unvorhersehbar und unsicher".

Wie ich in diesem Buch zeigen werde, führen strategische, d. h. grundlegende und langfristig wirkende Entscheidungen, dann zum Erfolg, wenn Art (Konzept), Ort (Umfeld), Zeit (Timing) und Grund (Purpose) zusammenpassen. Falls Ihnen die vier Kategorien bekannt vorkommen, haben Sie vermutlich im Grammatik-Unterricht aufgepasst. Man bezeichnet sie als adverbiale Ergänzungen, die einem Satz aus Subjekt, Prädikat und Objekt erst Gehalt geben, indem sie das ‚wie', ‚wo', ‚wann' und ‚warum' präzisieren.

Die Feststellung jedenfalls gilt für wichtige, mit größeren Investitionen verbundene Unternehmensentscheidungen ebenso wie für private Lebensentscheidungen des Wohnorts, des Berufs, der finanziellen Absicherung etc.

,Markterfolg durch zukunftsfähige Entscheidungen' – was bedeutet das genau?

,Erfolg' heißt Ziele zu erreichen. Im Fall persönlichen Erfolgs sind diese Ziele selbstdefiniert und auch die Maßstäbe ihrer Erreichung folgen eigenen Vorstellungen. Im Fall von Unternehmenserfolg werden die Ziele (z. B. die dauerhafte Behauptung im Markt) und die entsprechenden Kennzahlen (z. B. Wettbewerbsfähigkeit oder Effizienz) i. d. R. von den Eigentümern und/oder dem Top-Management festgelegt.

Da Märkte die zentrale Organisationseinheit marktwirtschaftlicher Systeme darstellen, drückt sich Erfolg i. d. R. als ,Markterfolg' aus. Damit verbunden ist die Tatsache, dass es nicht um absoluten, sondern um relativen Erfolg geht. Auf einem abgegrenzten Markt können Anbieter bzw. Nachfrager im Vergleich zu anderen Anbietern bzw. Nachfragern erfolgreich (oder weniger erfolgreich) sein. Dabei stellt (Markt-) Erfolg das Ergebnis von Handeln dar oder wie es der italienische Dichter und Philosoph Dante Alighieri (1265–1321) formuliert:

„Der eine wartet, dass die Zeit sich wandelt, der andere packt sie kräftig an und handelt."

Handeln heißt dabei nicht zwingend, alles selbst zu erledigen. Es heißt zu entscheiden: immer wieder und meistens unter Unsicherheit.

,Entscheiden' müssen wir täglich bis zu 20.000-mal, meistens kurzfristig, habituell, im ,Halbschlaf des Unbewussten'. Stehe ich auf oder bleibe ich noch 10 Minuten im Bett liegen? Esse ich Müsli oder ein Croissant zum Frühstück? Gehe ich auf der linken oder auf der rechten Straßenseite? Lese ich zuerst die FAZ oder die Süddeutsche? Schaue ich Tatort oder Kitchen Impossible? Strategische Entscheidungen sind anders: Sie reichen weit in die Zukunft und können folgenreich sein. So führen Produkt-, Prozess-, Marken- oder Geschäftsmodellentscheidungen Unternehmen entweder in die Erfolgsspur oder in den Abgrund. Auch wichtige private Entscheidungen können langfristig existentielle Folgen haben.

Da Entscheidungen die Weggabelungen (,Bifurkationen') zwischen Erfolg und Misserfolg darstellen, möchte ich bei Ihnen anhand diverser Beispiele aus unterschiedlichen Lebensbereichen Verständnis und Gefühl dafür wecken, wie man zielsicher durch ein dynamisches Umfeld in eine unbekannte Zukunft navigiert. Die moderne Entrepreneurship-Idee, einem persönlichen Anliegen – das auch sozialer oder kultureller Natur sein kann – folgend, etwas zu initiieren, das für den Entrepreneur und für andere Sinn ergibt, das zur Person passt und Ausdruck ihrer Selbstbestimmung ist, kann als prototypischer Fall für das Anliegen dieses Buches gesehen werden, Geschäftliches und Privates, Wissenschaftliches und Intuitives gedanklich zusammenzuführen.

Bei strategischen Entscheidungen geht es darum, Wettbewerbsvorteile zu erzielen und knappe Ressourcen unter wirtschaftlichen Aspekten zuzuordnen.

„Ohne Strategie wird in einer Welt, die schwer interpretierbar, chaotisch, volatil und unsicher ist, jede unternehmerische Tätigkeit zu einem Hasardspiel. Die Strategie sichert den Vorsprung an Initiativen, ermittelt Risiken und erhöht dadurch die Wahrscheinlichkeit für nachhaltigen Erfolg." (Hinterhuber 2014: S. 29). Entscheidungssituationen sind allerdings oft so komplex und mehrdeutig, dass ein wissenschaftliches Modell, das nur richtig und falsch kennt, nicht ausreicht, um zu einer optimalen Lösung zu gelangen. Besonders private Entscheidungen, obwohl bisweilen auch mit erheblichen Investitionen finanzieller und zeitlicher Art verbunden, werden oft intuitiv getroffen.

Was denn nun: Fakten oder Emotion? Beides, also ‚art' und ‚science', verbunden durch ‚craft' meint der kanadische Management-Professor Henry Mintzberg:

„Die Kunst sorgt für die Ideen und die Integration, das Handwerk schafft die Verbindungen und die Wissenschaft erzeugt durch systematische Analyse des verfügbaren Wissens die notwendige Ordnung." (Mintzberg 2010). Ein nachvollziehbares Erkenntnissystem aus Hypothesen zu Kausalitäten und Mechanismen liefert also den Rahmen für kreative Lösungen, die den Anforderungen der Zukunft gerecht werden. Hinzukommen muss Erfahrung, um Situationen richtig einschätzen zu können. Intuition und Logik, Erfahrung und Erkenntnis – der Mix macht's.

‚Zukunftsfähige Entscheidungen' sind engstens mit innovativem Denken und Handeln verbunden. Entscheidungen betreffen immer die – nahe oder ferne – Zukunft, für die Vergangenheit ist alles schon entschieden. Die Welt um uns herum aber wandelt sich mit zunehmender Geschwindigkeit. Entscheidungen müssen daher ein verändertes Umfeld antizipieren, sie müssen innovativ sein. Stillstand ist Rückschritt. Es genügt, sich vor Augen zu führen, dass eine Entscheidung, die vor 10 Jahren goldrichtig war, heute grundfalsch sein kann. Chancen und Risiken können anhand von Trends identifiziert werden, mit dem Ziel Möglichkeitsräume für Differenzierung und Wachstum, für Profilierung und Ertrag zu schaffen.

'Markterfolg' hängt von der Güte der strategischen Entscheidungen ab. Diese weisen nach übereinstimmenden Untersuchungen (z. B. von GfK, Serviceplan) bei Unternehmen Flopraten zwischen 75 und 95 Prozent auf und es spricht wenig dafür, dass die Quoten bei privaten Entscheidungen besser sind. Je radikaler die Innovation, umso größer ist das aus der ungewissen Zukunft erwachsende Risiko. Marginale Optimierungen sind allerdings keine Alternative, da sie keine Differenzierung und kein Wachstum generieren. Dies aber ist das Ziel jeder (Innovations-) Strategie: Über neue Produkte sollen Umsätze erzielt, über neue Prozesse Kosten eingespart, über Marken-Repositionierungen sollen neue Zielgruppen gewonnen und über neuformulierte Geschäftsmodelle soll die Wettbewerbsposition gestärkt werden. Die Wachstums- und Ertragsziele bei privaten Entscheidungen können analog etwa als individuelle Profilierung, lukrative Geldanlage etc. bezeichnet werden. Auffällig ist, dass die marktübergreifenden Rahmenbedingungen häufig nur eine untergeordnete Rolle im Entscheidungsprozess spielen. Schon das Wort ‚Rahmenbedingungen' weist Gesellschafts- oder Technologie-Trends nicht den Platz zu, der ihnen zukommt:

als integrativer Teil des Strategiemodells. Die meisten wirtschaftlichen Modelle handeln Umfeldbedingungen nur als Vorbemerkung ab. Leichtsinnig, wenn man bedenkt, dass die großen Trends unserer Zeit zwar unabhängig von geschäftlichen oder privaten Entscheidungen existieren, aber eben jene Entscheidungen ohne Beachtung der Trends fast sicher zu Misserfolgen führen. An Märkten kommt jedenfalls keiner vorbei, egal ob man als Anbieter oder Nachfrager auftritt. Es wäre folglich falsch, in einem Buch über strategische Entscheidungen nur Unternehmen oder nur Privatpersonen in den Fokus zu nehmen, zumal die Grenzen zwischen Anbietern und Nachfragern im Internet-Zeitalter verschwimmen (Stichwort: Prosument). Wenn hier dennoch mehr über Unternehmen als über Privatpersonen geschrieben wird, so liegt das allein daran, dass die meisten Modelle und Methoden in einem betriebswirtschaftlichen Zusammenhang entstanden sind. Sie sind aber für alle Marktakteure adaptierbar und sollten allein schon deshalb auf beiden Seiten des Marktes zum Einsatz kommen, weil der Erfolg von Geschäftsmodellen am Ende des Tages von den Entscheidungen der Nachfrager abhängt.

Man hört oft, dass die besten Entscheidungen jene seien, die vom Ende her gedacht werden: ‚respice finem' (bedenke das Ende) heißt es in einer mittelalterlichen Sammlung. Und da wir uns mit Zukunft beschäftigen, wollen wir genau dies tun. Was Sie dagegen in diesem Buch nicht finden werden, ist die Heroisierung der Disruption (Steve Jobs in seiner berühmten Garage) oder das Schönreden eines Flops (Wachsen durch Scheitern). Überhaupt halte ich ‚Alles oder Nichts' für keine kluge Strategie. Insofern finden sich in diesem Buch auch keine simplen Allheilmittel, sondern Methoden, Modelle und Ideen, deren kombinierter Einsatz zusätzliche Überlegungen der Leser erfordert. Das mag unspektakulär klingen, führt aber statistisch zu besseren Ergebnissen: damit die ‚rule breaking strategy' nicht zur ‚neck breaking tragedy' wird.

Im Kern geht es bei strategischen Entscheidungen darum, durch die Einnahme neuer Perspektiven Irrtümer zu vermeiden. An verschiedenen Stellen werde ich auf Beispiele aus dem Kunstmarkt zurückgreifen. Kunst hilft nämlich, die Welt mit anderen Augen zu sehen, indem sie gewohnte Denkmuster aufbricht (Gryskiewicz 1999), der Kunstmarkt ist aus diesem Selbstverständnis heraus besonders fantasie- und facettenreich. Auch Günter Faltin bezeichnet Entrepreneurial Design als Schaffung eines „Ideenkunstwerks", da der Weg des Entrepreneurs zu seinem Konzept viel mit dem Weg des Künstlers zu sich selbst und seiner Kunst gemeinsam hat (Faltin 2008: S. 50).

Prof. Dr. Günter Faltin und seinem Team habe ich ganz wesentlich zu verdanken, dass sich mein betriebswirtschaftlicher Blick auf konzept-kreatives Denken erweitert hat. Danken möchte ich auch meinem Geschäftspartner Dr. Arnd Friedrichs, der mein Buchprojekt kritisch begleitet und wesentlich zur Entwicklung des Online-Navigations tools an Ende des 3. Kapitels beigetragen hat.

Ich wünsche mir, dass Sie von diesem Buch profitieren, indem sich Ihre wichtigsten Entscheidungen, seien sie geschäftlicher oder privater Natur, verbessern. Da Ihre strategischen Herausforderungen individuell variieren, werden Sie die Aussagen zu Strukturen (Rahmenbedingungen, Entscheidungen und deren Optimierung) und Prozessen (Analyse,

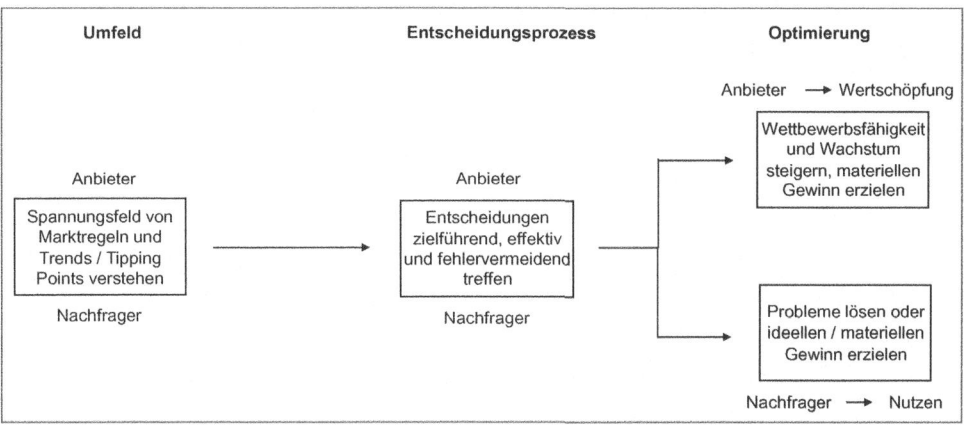

Abb. 1 Überblick

Konzept und dessen Umsetzung) auf Ihre spezifische Fragestellung adaptieren müssen. Helfen sollen Ihnen dabei eine Checkliste, ein Entscheidungs- und ein Intuitionstraining, ein Online-Tool und ein Glossar.

Während sowohl Unternehmen als auch Privatpersonen das Entscheidungsumfeld analysieren müssen (Kap. 1) und bemüht sein sollten, ihre strategischen Entscheidungen frei von Denkfehlern und unterstützt von bewährten Instrumenten zu treffen (Kap. 2), trennen sich die Wege bei der Umsetzung der Entscheidungen. Die Ziele von Anbietern und Nachfragern stehen i. d. R. in einem Konkurrenzverhältnis zueinander (vgl. Abb. 1).

Zum Schluss noch zwei Hinweise: Die in diesem Buch gewählte Form des generischen Maskulinums bezieht sich ausdrücklich auf alle Geschlechter. Und zweitens können Sie dieses Buch chronologisch lesen, müssen es aber nicht. Suchen Sie sich anhand des nachfolgenden 2D-Inhaltsverzeichnisses (vgl. Abb. 2) einfach Ihren ganz persönlichen Weg in Richtung zukunftsfähiger Entscheidungen. Viel Spaß dabei!

Prozess / Struktur	Analyse	Konzept	Umsetzung
Rahmen von Entscheidungen	(Über) Leben in der VUCA-Welt	Verhalten in Märkten	Profilierung, Agilität, Disruption
Treffen von Entscheidungen	Arten strategischer Entscheidungen	Wissenschaftliche Ansätze	Intuition, Haltung, Pragmatismus
Optimierung von Entscheidungen für Anbieter und Nachfrager	Logik des Erfolgs	Erfolgskonzepte	Erfolg 4.0

Abb. 2 2D-Inhaltsverzeichnis

Frankfurt   Peter Gröndahl
im März 2023

Inhaltsverzeichnis

1 Entscheidungsumfeld – wie wichtig es ist 1
  1.1 (Über-) Leben in der VUCA-Welt 2
    1.1.1 Das Tempo der Veränderung nimmt zu 2
    1.1.2 Vom Megatrend zum Modetrend 4
    1.1.3 Wenn Trends kippen 8
    1.1.4 Von der Magie sozialer Netzwerke 8
    1.1.5 Beispiel Nachhaltigkeit: Idee, Narrativ, Lifestyle 9
  1.2 Verhalten in Märkten 10
    1.2.1 Märkte, wohin man blickt 10
    1.2.2 Graue und weniger graue Theorien zu den Mechanismen
        von Märkten 12
    1.2.3 Marktregeln: unauffällig, aber sehr präsent 21
    1.2.4 Anbieter und Nachfrager als Marktakteure 23
    1.2.5 Multioptionalität: Die Rolle der Motive 24
  1.3 Profilierung, Agilität, Disruption 26
    1.3.1 Wettbewerbs- und Wachstumsziele als Treiber 26
    1.3.2 Hauptsache anders – Marke als Medium 27
    1.3.3 Hauptsache flexibel – Agilität als ‚Must' 30
    1.3.4 Der Ruf nach disruptiven Innovationen 31
    1.3.5 Beispiel E-Mobilität 36
  1.4 Zusammenfassung 38
  1.5 Checkliste: Analyse der Ausgangssituation 38

2 Entscheidungen – wie man sie richtig trifft 41
  2.1 Herausforderungen an Entscheidungsträger 41
    2.1.1 Entscheidungen mit langfristiger Wirkung 42
    2.1.2 Tipping-Point-Management 48
    2.1.3 Warum Innovationen scheitern 50
    2.1.4 Gut gemeint oder gut gemacht? 50
    2.1.5 Das Problem linearer Projektionen 51

2.1.6   Das Problem des blinden Flecks 54
2.1.7   Warum falsche Entscheidungen besser sind als keine
        Entscheidungen 56
2.2   Wie Wissenschaft strategische Entscheidungen unterstützt 56
2.2.1   Entscheidungs- und Systemtheorie 57
2.2.2   Business Tools 59
        2.2.2.1   Erfahrungskurve 60
        2.2.2.2   S-Kurve 60
        2.2.2.3   Customer Journey 61
        2.2.2.4   Szenariotechnik 62
        2.2.2.5   Portfolio-Theorie 63
        2.2.2.6   Wertbausteine 64
        2.2.2.7   Theorie U 65
2.2.3   Künstliche Intelligenz 67
2.2.4   Genauer, aber nicht immer richtiger 69
2.3   Wenn Intuition, Haltung und Pragmatismus gefragt sind 70
2.3.1   Intuition und kreative Techniken 72
        2.3.1.1   Sichtachsenmethode 72
        2.3.1.2   Design Thinking 73
2.3.2   Haltung 74
        2.3.2.1   Purpose 74
        2.3.2.2   Gesellschaftlicher Diskurs 74
        2.3.2.3   Konsekration und Valorisierung 76
2.3.3   Pragmatismus 77
        2.3.3.1   Vergleiche von Märkten und Technologien 77
        2.3.3.2   Die normative Kraft des Faktischen 78
2.4   Zusammenfassung 81
2.5   Kleines Entscheidungstraining 81

3   Optimierung von Entscheidungen – wie Erfolg funktioniert 85
3.1   Optimierung für Anbieter 85
3.1.1   Logik des Erfolgs 86
        3.1.1.1   Innovationen als System 87
        3.1.1.2   Wertangebot 90
        3.1.1.3   Wertschöpfung 91
        3.1.1.4   Kommunikation 92
        3.1.1.5   Position der Marktakteure zu den
                  Systemkomponenten 93
3.1.2   Erfolgskonzepte 93
        3.1.2.1   Wertanreicherung 93
        3.1.2.2   Geschäftsmodelloptimierung 96
        3.1.2.3   Diskursdesign und die Rolle der Netzwerke 100

        3.1.3 Erfolg 4.0 101
               3.1.3.1 Mit dem richtigen Konzept und der richtigen
                        Begründung zur richtigen Zeit am richtigen Ort 102
               3.1.3.2 Strategien aus der Zukunft entwickeln 104
               3.1.3.3 Aufbau eines Innovationssystems am Beispiel eines
                        Startups 105
               3.1.3.4 Zielvariable und KPIs 116
               3.1.3.5 ,Hätte – hätte – Fahrradkette': Argumente für ein
                        Innovationsportfolio 117
               3.1.3.6 Strategische Entscheidungen in 11 Schritten 117
               3.1.3.7 Die Doppelstrategie der Selbstdisruption 121
               3.1.3.8 Innovations-Audit 122
               3.1.3.9 Die Sache mit der Kultur 124
        3.1.4 Fallstudien Unternehmen (E-Food, Uhren, Kunst) 126
        3.1.5 Zusammenfassung Abschn. 3.1 140
        3.1.6 Online-Tool Innovationssystem 141
    3.2 Optimierung für Nachfrager 142
        3.2.1 Logik des Erfolgs 142
        3.2.2 Erfolgskonzepte 144
        3.2.3 Erfolg 4.0 146
        3.2.4 Fallstudien Privatpersonen (E-Mobilität, Energie,
               Geldanlage) 149
        3.2.5 Zusammenfassung Teil 3.2 154
        3.2.6 Kleines Intuitionstraining 155

4 Fazit: Zukunftsfähige Entscheidungen 157

Glossar 161

Literatur 165

Über den Autor

 **Peter Gröndahl** ist Management-Professor an der Hochschule Macromedia und Partner der bluvis Strategie- und Innovationsberatung.

Er hat in Deutschland und den USA Betriebswirtschaft mit Schwerpunkt Marketing studiert und zu einem Kulturmanagement-Thema promoviert. Als Marketing- und Vertriebsmanager in Konzernen und Geschäftsführer und Vorstand in mittelständischen Unternehmen hat Gröndahl strategische und operative Erfahrungen auf verschiedenen Ebenen im In- und Ausland sammeln können. Als Unternehmensberater war er in diversen Branchen tätig, hat selbst Unternehmen gegründet und M&A-Prozesse begleitet.

Abbildungsverzeichnis

Abb. 1.1   Überblick Kap. 1 2
Abb. 1.2   Typen von Trends 5
Abb. 1.3   Markttypisierung 14
Abb. 1.4   Markttypen und Akteure 24
Abb. 1.5   Wie Marken funktionieren 29
Abb. 1.6   Arten von Innovationen 35
Abb. 2.1   Überblick Kap. 2 42
Abb. 2.2   S-Kurven-Modell 61
Abb. 2.3   Beispiel Megatrend-basierter Szenarien 63
Abb. 2.4   Theorie U (Quelle: Scharmer 2019) 66
Abb. 3.1   Überblick Kap. 3 86
Abb. 3.2   Innovationssystem 89
Abb. 3.3   Innovationssystem und Marktakteure 93
Abb. 3.4   Wertehierarchie 95
Abb. 3.5   Einfluss auf Netzwerke (Beispiel Pinault) 114
Abb. 3.6   Growth Circle 116
Abb. 3.7   Zeitliche Eingrenzung eines Tipping Points 118
Abb. 3.8   Gestaltung des Wertangebots aus der Zukunft 120
Abb. 3.9   Innovationsmodell 123
Abb. 3.10 Innovations-Audit 124
Abb. 3.11 Geschäftsmodell KÖNIG GALERIE 139
Abb. 4.1   Zusammenfassung 159

Entscheidungsumfeld – wie wichtig es ist

Zusammenfassung

Zielsetzung des 1. Kapitels ist es, die Rahmenbedingungen strategischer Entscheidungen zu verstehen, um sie ggf. für sich nutzen zu können. Anbieter, die den Wandel ignorieren, können den Erwartungen der Nachfrager nicht gerecht werden. Innovation ist zum Hygienefaktor heutiger Märkte geworden.

Abb. 1.1 visualisiert die Zusammenhänge: Anbieter und Nachfrager müssen die Mechanismen ihrer Märkte verstehen. Dabei stabilisieren Marktregeln die Machtverhältnisse, Trends und ihre Kipppunkte destabilisieren sie.

► **Wichtig**

> *Im kommenden Zeitalter treten Netzwerke an die Stelle der Märkte, und aus dem Streben nach Eigentum wird Streben nach Zugang, nach Zugriff auf das, was diese Netzwerke zu bieten haben.*
>
> Jeremy Rifkin, US-amerikanischer Ökonom und Publizist

© Der/die Autor(en), exklusiv lizenziert an Springer Fachmedien Wiesbaden GmbH, ein Teil von Springer Nature 2023
P. Gröndahl, *Markterfolg durch zukunftsfähige Entscheidungen*,
https://doi.org/10.1007/978-3-658-41206-7_1

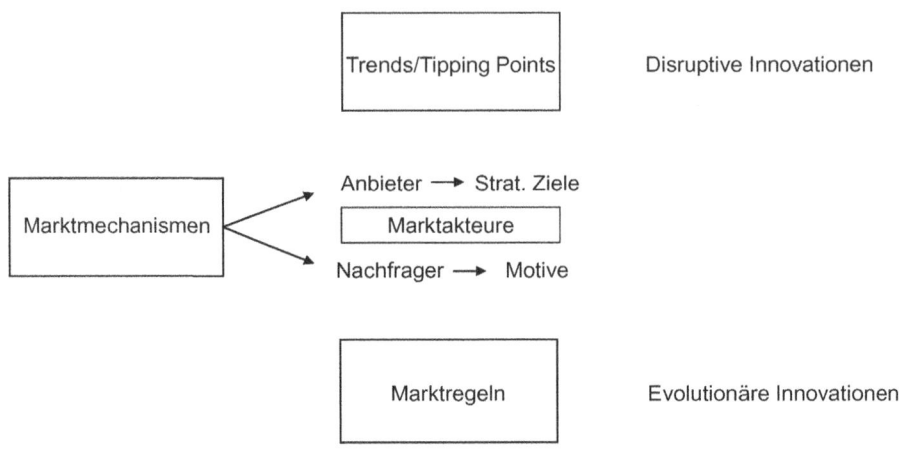

Abb. 1.1 Überblick Kap. 1

1.1   (Über-) Leben in der VUCA-Welt

„Panta rhei" ist ein auf den griechischen Philosophen Heraklit zurückgeführter Aphorismus, bei Platon so beschrieben: „Alles fließt und nichts bleibt; es gibt nur ein ewiges Werden und Wandeln."

Heute spricht man, weniger poetisch, aber präziser, von VUCA. Hinter diesem Akronym verbergen sich die Begriffe Volatility, Uncertainity, Complexity und Ambiguity. VUCA wurde erstmals im US-Militär zur Beschreibung einer unklaren, schwer zu kontrollierenden Lage benutzt und findet seit der Weltwirtschaftskrise 2008/2009 auch im wirtschaftlichen Kontext Anwendung.

Volatilität bringt die Intensität und Geschwindigkeit von Veränderungen zum Ausdruck. Bisweilen lassen sich deren Ursachen und Wirkungen nicht mehr auseinanderhalten, was Unsicherheit erzeugt. Das macht langfristige Planungen (z. B. Investitionsentscheidungen) schwierig. Angesichts der Komplexität unserer Welt gibt es nicht mehr den einen richtigen Weg – jeder Fall ist anders. Mehrdeutigkeit verlangt Flexibilität und eine fehlerverzeihende Kultur. Konventionen, die unsere Bewegungsfreiheit und Kreativität einschränken, behindern ein Denken ‚out of the box' und sind Erfolgshemmer in der VUCA-Welt. In einem von Wandel geprägten Umfeld ist Stillstand Rückschritt.

1.1.1   Das Tempo der Veränderung nimmt zu

Wenn man an Aussagen über die Zukunft denkt, fällt einem vielleicht zunächst das ein, was einem auch bei dem Versuch einfällt, mit jemandem ins Gespräch zu kommen: das Wetter. Tatsächlich hat die Wettervorhersage in den letzten Jahren große Fortschritte gemacht: eine Treffsicherheit von über 90 % für die nächsten 24 Stunden ist State of the Art. Die Idee der Wetterprognose besteht darin, aus dem vergangenen und dem aktuellen Status der Atmosphäre und unter Anwendung physikalischer Regeln den wahrscheinlichen zukünftigen Zustand abzuleiten. Die entsprechenden Daten stammen insbesondere von Bodenmessstationen und Wettersatelliten. Da Wetter als ein dynamisches System verstanden wird, das diverse Effekte, etwa Iteration oder Rückkopplung zulässt, bestehen die der Prognose zugrunde liegenden mathematischen Modelle aus nichtlinearen Gleichungen. Meteorologen haben folglich häufiger mit dem aus der Chaostheorie bekannten Schmetterlingseffekt zu kämpfen: Bereits kleinste Änderungen in den Anfangsbedingungen wirken sich längerfristig auf das System als Ganzes aus. Man könnte auch sagen: ähnliche Ursachen führen nicht zwangsläufig zu ähnlichen Wirkungen. Da Naturphänomene physikalischen Gesetzmäßigkeiten folgen, ist der Ausgang immerhin berechenbar, aber eben nur kurzfristig. Ein Beispiel: Bewegungsintensität nimmt bei Erwärmung zu, weshalb warme Luft aufsteigt. Allerdings führen bestimmte Konstellationen dazu, dass die Luft schneller oder langsamer aufsteigt und dies kann bereits zu anderem Wetter führen. Je stabiler also die allgemeine Wetterlage, umso genauer und längerfristig fällt die Prognose aus. Bei aller Komplexität des Zusammenwirkens diverser Faktoren gilt aber als gesichert: Warme Luft steigt auf, und zwar grundsätzlich, nicht nur, wenn sie gerade Lust darauf hat. Bei Menschen ist das bisweilen anders!

Exponentiellen Entwicklungen kann man im Alltag vielfach begegnen. Ein aktuelles Beispiel einer exponentiellen Entwicklung stellt die Covid-19-Pandemie dar. Eine Schlüsselrolle kam hier bekanntlich dem R-Wert zu, der als Reproduktionsfaktor die durchschnittliche Zahl derjenigen misst, die durch einen Infizierten angesteckt werden. Liegt der R-Wert über 1, so entwickeln sich Inzidenzen exponentiell, gelingt es, ihn unter 1 zu drücken, klingt die Epidemie früher oder später ab. Selbst ohne aktive Gegenmaßnahmen würde das geschehen, denn wenn genügend Personen immun geworden sind, gibt es nur noch wenige, die angesteckt werden können („Herdenimmunität"). Auch der Rückgang einer Pandemie verläuft nichtlinear. Fakt jedenfalls ist, dass sich zu Beginn von Covid-19 viele Menschen nicht vorstellen konnten, wie schnell exponentielles Wachstum ein lokales Problem in eine globale Krise transformieren konnte.

Von der Epidemie ist es gedanklich nur ein kleiner Schritt zu viralen Kampagnen in sozialen Medien. Auch hier entsteht dann exponentielles Wachstum, wenn der Empfänger einer Information diese an mehr als eine andere Person weiterleitet, der R-Wert also über 1 liegt. Beispielhaft erwähnt seien auch KI und Big Data, die ohne das exponentielle Wachstum der Rechenleistung von Computern nicht machbar wären. Was als ‚Moore's Law' (‚die Anzahl der Transistoren auf einem Computerchip verdoppelt sich alle zwei Jahre') begann, hat dazu geführt, dass ein Smartphone heute millionenfach leistungsfähiger ist als der Bordcomputer der Apollo Mondmission 1969. In diesem Sinne nimmt das Tempo der Veränderung stetig zu. Fortschritt ist exponentiell, digital und kombinatorisch.

So wie Wettervorhersage, Pandemiebekämpfung und Computerentwicklung nicht ohne wissenschaftliches Backup auskommen, brauchen auch strategische Entscheidungen einen Ordnungsrahmen, der uns durch die nichtlinearen (VUCA-) Welten leitet.

1.1.2   Vom Megatrend zum Modetrend

Der Begriff der ‚Megatrends' geht auf John Naisbitt zurück, der sie als „large, social, economic, political, and technological changes" (Naisbitt 1982) definiert. Als langfristige und grundlegende Veränderungsprozesse beeinflussen Megatrends die Werte und das Weltbild einer Gesellschaft. Sie betreffen alle Lebensbereiche und wirken global, universal und dynamisch. Das Zukunftsinstitut Frankfurt bezeichnet Megatrends als „Lawinen in Zeitlupe". Sie sind langsam, aber mit starker Wirkung auf Unternehmen, Institutionen und Individuen (Zukunftsinstitut 2022). 12 Megatrends werden unterschieden (in alphabetischer Reihenfolge):

1. Gender Shift: Die sozialen Rollen trennen sich von den Geschlechterrollen.
2. Gesundheit: Gesundheit gehört zum modernen Leben – man kann und sollte daran arbeiten.
3. Globalisierung: Durch das Internet rückt die Welt zusammen, es entsteht eine globale Kultur.
4. Individualisierung: Jeder kann wählen, was und wie er sein möchte.
5. Konnektivität: Netzwerke werden immer wichtiger – der Wandel liegt im Sozialen.
6. Mobilität: Ortswechsel gehören zum modernen Leben.
7. Neo-Ökologie: Konsum wird zunehmend im Sinne der Umwelt gestaltet.
8. New Work: Die Arbeitswelt der Zukunft nutzt verstärkt Technologien.
9. Sicherheit: Die Frage, was Sicherheit bedeutet und wer sie verantwortet, wird neu verhandelt, Resilienz wird immer wichtiger.
10. Silver Society: Die Gesellschaft wird älter – es entsteht eine neue Lebensphase.
11. Urbanisierung: Immer mehr Menschen zieht es vom Land in die Städte.
12. Wissenskultur: Digitalisierung schafft freien Zugang zu Informationen. Bildung wird zu einer Kulturfrage.

Die Megatrends können sich gegenseitig beeinflussen: so verstärkt etwa Konnektivität die Globalisierung. Zugleich rufen Trends immer auch Gegentrends hervor. Corona hat z. B. für eine gewisse Umkehr in der globalisierten Wirtschaft gesorgt: Der Wunsch nach schneller und direkter Zugriffsmöglichkeit auf Impfstoffe und medizinische Hilfsmittel hat einen Trend zur Regionalisierung ausgelöst, ein Phänomen, das sich aus anderen Gründen auch bei Lebensmitteln beobachten lässt. Megatrends sind also insbesondere deshalb so komplex, weil sie aus gleichgerichteten und/oder gegengerichteten Subtrends bestehen,

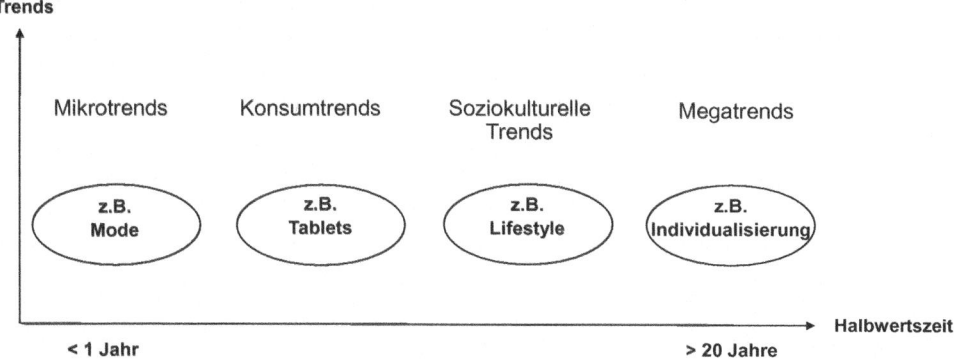

Abb. 1.2 Typen von Trends

die ihrerseits aus weiteren, immer kurzfristiger wirkenden Untertrends zusammengesetzt sind. Das Zusammenwirken von Megatrends und Subtrends kann in Trendmaps visualisiert werden, die Überschneidungen, Vernetzungen, Abgrenzungen etc. in ihrer Komplexität und ihrer zeitlichen Dimension besser begreifbar machen. Megatrends haben eine Halbwertszeit von Jahrzehnten. Sie übersetzen sich in Subtrends wie den soziokulturellen oder technologischen Wandel, der in Zeithorizonten von 10 bis 15 Jahren zu messen ist. Auf der nächsten Ebene findet man Konsumtrends mit einigen Jahren Halbwertszeit und Mikrotrends, z. B. Mode, mit einem Zeithorizont im Monatsbereich (vgl. Abb. 1.2).

Der technologische (am Beispiel der Digitalisierung) und der soziokulturelle Wandel (am Beispiel der Neo-Ökologie und des Gender Shift) seien hier kurz skizziert.

Digitalisierung wird heute nicht mehr im ursprünglichen Sinne als Umwandlung in digitale Datenformate, sondern als umfassende gesellschaftliche Transformation und Disruption verstanden. Von der ‚Industrie 4.0‘, also der Kommunikation von Mensch und Maschine auf der Basis vernetzter Systeme bis zur digitalen Kundenkommunikation über Chatbots: Die gesamte Wertschöpfungskette von Unternehmen wird digital, Produkte und Services damit zunehmend maßgeschneidert auf individuelle Kundenwünsche. Der digitale Wandel verändert aber auch die zwischenmenschliche Interaktion: Technologie schafft eine neue Beteiligungskultur in der Gesellschaft, in Unternehmen und im Privaten. Die Grenzen verwischen mehr und mehr. Unternehmen mit digitalen Geschäftsmodellen haben in den vergangenen Jahren weit bessere Wachstumsraten erzielt als solche mit analogen. Cloud Computing rangiert unter den Digitaltechnologien vor Big Data Analysen, dem Internet der Dinge, dem 3D-Druck, Virtual Reality, Augmented Reality, Blockchain und Künstlicher Intelligenz. Der Fokus der Digitalisierung liegt auf dem Informationsaustausch zwischen Unternehmen und Kunden; digitale Medien eröffnen einen Zugang zu Zielgruppen, die analog kaum zu erreichen wären. Digitalisierung erhöht die Prozesseffizienz mit der Folge größerer Schnelligkeit, besseren Marktverständnisses und geringerer Transaktionskosten. Wer die technologischen Möglichkeiten nicht aktiv nutzt, verliert sehr schnell seine Wettbewerbsfähigkeit. Unter dem Schlagwort „The Medium is the Message" hat Marshall McLuhan bereits 1969 festgestellt: „Gesellschaften sind immer stärker von der Beschaffenheit der Medien, über die die Menschen miteinander kommunizieren, geformt worden als vom Inhalt der Kommunikation." (McLuhan, in: Baltes und Höltschl 2011). Dabei ist sich der Mensch der psychischen und sozialen Auswirkungen seiner neuen Technologien oft wenig bewusst. Was McLuhan vor über 50 Jahren prophezeit hat, ist erst durch das Internet, die Suchmaschinen, die sozialen Medien, KI etc. zu einer dynamischen Kraft geworden. Die Corona-Krise hat die Transformation von Digitalisierung und Mediatisierung nochmals enorm beschleunigt und sich als globaler Katalysator erwiesen.

Frank Schirrmachers Bestseller „Das Methusalem-Komplott" (Schirrmacher 2004) hat das Phänomen des demografischen Wandels einer breiten Öffentlichkeit schlagartig bewusst gemacht. Mit der Veränderung der Altersstruktur einer Gesellschaft ist auch ein soziokultureller Wandel verbunden. Die Sinus-Milieus (vgl. Sinus-Institut 2022) zeigen, wie sich Werte und Lebensstile im Laufe der Zeit verändert haben und weiter verändern. Die Grundorientierung ist entscheidend: Tradition bewirkt ein völlig anderes Kaufverhalten als Individualisierung oder Neuorientierung. Für postmoderne Konsumenten z. B. steht nicht der Besitz, sondern das Nutzen von Gütern i.S.v. Erlebnismöglichkeiten im Vordergrund. Sie sind folglich nur durch emotionale Erlebnisangebote mit Lifestyle-Symbolik und im Kontext von Communities zu erreichen. Das Sinus-Institut sieht aktuell erhebliche Spannungen in der gesellschaftlichen Mitte. Werte verändern sich durch Ereignisse und Entwicklungen wie „Klimawandel, Migration, Pluralisierung der Lebensformen, Wohlstandpolarisierung, Digitalisierung, Ästhetisierung des Alltags" (Sinus-Institut 2021). Nachhaltigkeit, Resilienz und Diversität werden zu neuen Leitwerten und die Milieus der Erneuerung machen bereits rund 40 % der deutschen Bevölkerung aus, mit steigender Tendenz.

Der soziokulturelle Wandel verändert auch die Regeln des Marktes. Wer neue Kaufmotive übersieht oder ignoriert, verliert seine Verbindungen im Kundennetzwerk. Das gilt besonders für den Megatrend der Neo-Ökologie, der alle Bereiche des Lebens beeinflusst, auch Kaufentscheidungen und Unternehmensstrategien. Der Trend geht zurück auf die Umweltbewegung der 70er und 80er Jahre des letzten Jahrhunderts. Postmaterielle Wertorientierungen förderten die Idee eines alternativen Lebensstils, der sich auch in einer eigenen Ästhetik zeigte. Der Gedanke des Naturschutzes konkretisierte sich im Kampf gegen das Waldsterben, im Widerstand gegen Atomkraftwerke und in der Kritik an der konventionellen Landwirtschaft. Auf politischer Ebene führte die Ökologiebewegung zur Schaffung des Umweltministeriums und des Umweltbundesamtes und 1980 zur Gründung der Partei ‚Die Grünen'. International beginnt die Geschichte des ökologischen Wertewandels vermutlich mit der UN-Umweltkonferenz von Rio de Janeiro 1992, auf der sich 178 Staaten auf ein Leitbild und ein Aktionsprogramm verständigten, das die Vorsorge, effiziente Nutzung und Verteilungsgerechtigkeit von Ressourcen sowie die Partizipation an Wissen und Kultur thematisierte. Von Rio de Janeiro ging die Botschaft nachhaltiger

Entwicklung, also einer neuen Wirtschaftsethik aus. Das Nachhaltigkeitsparadigma hat seither unser gesamtes Wirtschaftssystem neu ausgerichtet und die neoliberale Gegenbewegung (Stichwörter Deregulierung, Finanzglobalisierung, Privatisierung) mehr oder weniger verdrängt.

Wo Konsumenten ihre Kaufentscheidungen nicht mehr allein am Preis-Leistungs-Verhältnis von Produkten orientieren, sondern das ethische Verhalten der dahinterstehenden Unternehmen berücksichtigen, müssen diese über ihren ‚Purpose‘ nachdenken. Und das scheint sich zu lohnen: So berichtete der niederländisch-britische Konzern Unilever im Jahr 2019, dass seine damals 28 „purpose-led brands" im Vorjahr um 69 % schneller gewachsen waren als die anderen Marken des Portfolios. Nach eigener Aussage sind die 28 Marken „those that communicate a strong environmental or social purpose, with products that contribute to achieving the company's ambition of halving its environmental footprint and increasing its positive social impact." (Unilever 2019) Unilever's CEO Alan Jope kommentierte dies wie folgt: „Two-thirds of consumers around the world say they choose brands because of their stand on social issues, and over 90 % of millennials say they would switch brands for one which champions a cause." (ebd.) Die zunehmende Orientierung von Kaufentscheidungen an Werten dürfte diese etwas berechenbarer machen, sofern – und das ist eines der Anliegen dieses Buches – die Vorhersagemethoden dieser Entwicklung angepasst werden. Am Ende dieses Abschnitts (vgl. Abschn. 1.1.5) wird das Thema der Nachhaltigkeit nochmals aufgegriffen, um die für die weiteren Ausführungen wichtigen Begriffe Narrativ und Lifestyle einzuführen.

Wie Megatrends Märkte verändern, kann auch am Beispiel Gender Shift gezeigt werden. Gemeint ist das soziale in Abgrenzung vom biologischen Geschlecht: „Die tradierten sozialen Rollen, die Männern und Frauen in der Gesellschaft zugeschrieben werden, verlieren an gesellschaftlicher Verbindlichkeit." (Zukunftsinstitut 2022) In den USA wurden um das Jahr 1900 nur 22 % der etwa 4000 Autos mit Benzin betrieben, deutlich weniger als mit der Antriebsart Elektro. Es gibt verschiedene Gründe dafür, dass sich das kleinere Segment durchsetzen konnte (vgl. Abschn. 1.3.5). Einer davon ist die Tatsache, dass 100 % der Autokäufer Männer waren. Während die Elektromotoren aus ihrer Sicht wie Nähmaschinen klangen, boten Verbrenner Motorgeräusche und Benzingeruch. Dazu bedienten sie die maskuline Technikbegeisterung, weil man an ihnen ‚herumschrauben‘ konnte (Holdinghausen 2017). Wie hätte sich der Automarkt entwickelt, wenn Frauen und Männer damals zu gleichen Teilen als Käufer aufgetreten wären?

Das Sammeln von Kunst galt lange Zeit als Männerdomäne. Häufig spielte dabei der Trophäengedanke eine wichtige Rolle. Wolfgang Ullrich spricht in diesem Zusammenhang von „Siegerkunst". Siegerkunst ist Kunst von Siegern (berühmte Künstler) für Sieger (reiche Sammler). Sie spiegelt Selbstbewusstsein und Status ihrer Besitzer wider (vgl. Ullrich 2016). Der heutige Kunstmarkt kommt dem allgemeinen Geschlechterverhältnis mit 46 % Sammlerinnen bereits sehr nahe und so prognostiziert Dirk Boll von Christie's: „The Future belongs to female Collectors" (vgl. Boll 2021). Er begründet dies mit dem Gender Shift und sieht die Digitalisierung des Kunsthandels als flankierendes Element. Ein weiblicherer Kunstmarkt dürfte die Sammelmotive verändern, mit Konsequenzen sowohl für Anbieter wie für Nachfrager.

Megatrends bestimmen die Zukunft in stärkerem Maße als jeder einzelne Marktakteur. Da Entscheidungen grundsätzlich zukunftsorientiert sind, können sie ohne eine Analyse der Trends allenfalls zufällig zum Erfolg führen. Zu dieser Analyse gehört auch die Beobachtung von bevorstehenden Trendwenden.

▶   Jeder Megatrend ist stärker als der stärkste einzelne Marktakteur.

1.1.3   Wenn Trends kippen

Tipping Points sind Kipppunkte eines Systems, die kurzfristig eine unumkehrbare Veränderung auslösen können. Um diesen Effekt zu beschreiben, wird gern auf die Alltagserfahrung (jedenfalls von Kinogängern) der Popcorn-Zubereitung zurückgegriffen. Und die geht so: Man gibt Öl in einen Topf, fügt Maiskörner hinzu und stellt den Topf auf den Herd. Zunächst passiert – nichts. Erst wenn das Öl die Temperatur von 163 °C erreicht hat, wird das erste Maiskorn aufpoppen. Das liegt daran, dass ein Maiskorn außen eine harte Schale hat, die platzt, wenn die Flüssigkeit im Inneren zu kochen beginnt. Bis eine Temperatur von 169 °C erreicht ist, platzen alle Maiskörner in einem unumkehrbaren Prozess. Und genau hier liegt der Sinn des Vergleichs: Wenn Veränderungen sichtbar werden und bereits erste Produktvarianten im Markt ‚aufpoppen‘, ist es i. d. R. zu spät für Innovationen. Wie heißt es so schön, frei nach Michail Gorbatschow: „Wer zu spät kommt, den bestraft das Leben". Wer zu früh kommt, wird aber auch nicht verschont, denn die Zeit des Wartens kann teuer werden. Wie also lassen sich Tipping Points voraussagen oder zumindest zeitlich eingrenzen?

In dem Popcorn-Beispiel ist die Temperatur des Öls der entscheidende Faktor und je nach Leistungsdaten des eingesetzten Gerätes lässt sich bestimmen, wann genau die notwendigen 163 °C erreicht werden. Und bei Trends? Wenn es gelänge, bevorstehende Tipping Points zu identifizieren, wäre das eine wichtige Unterstützung beim richtigen Timing von Entscheidungen. Ein Frühindikator für Marktdisruptionen würde helfen, eigene Innovationen just in time, statt zu früh oder zu spät im Markt zu lancieren (mehr dazu in Kap. 3).

1.1.4   Von der Magie sozialer Netzwerke

Zu Social Media muss man kaum noch etwas schreiben: Die Möglichkeiten digitaler Vernetzung haben unser aller Leben, privat wie beruflich, komplett verändert. Das Charakteristikum von Social Media ist die Interaktivität: Über ‚User Generated Content‘ erfolgt ein zeitlich unbegrenzter Austausch mit anderen. Konkret: Über Plattformen wie Linke-dIn kann man Neukunden akquirieren, über Facebook zielgenaue Werbung platzieren, bei Parship den Partner fürs Leben treffen, auf Instagram seine Fotos teilen, bei Stayfriends seine Klassenkameraden wiederentdecken und auf allen Kanälen seine Meinung kundtun. Eine Kehrseite dieser schönen neuen Welt gibt es auch: Fake News, Identitätsdiebstahl, Stalking, Cyberkriminalität und vieles mehr. Soziale Netzwerke haben die Tendenz zu polarisieren und damit zur Spaltung der Gesellschaft beizutragen.

So oder so: ‚Netzwerk' ist die „Leitmetapher und Leitstruktur der Kultur- und Gesell-schaftsentwicklung" (Barkhoff et al. 2004: S. 7), der Begriff weist 1,7 Mrd. Ergebnisse bei Google auf (in der englischsprachigen Version sogar das Doppelte). Der Einfluss sozialer Netzwerke auf den öffentlichen Diskurs ist enorm und damit auch ihre Relevanz für den Erfolg von Marktakteuren. In Zeiten des Internets und der sozialen Netzwerke ist es kaum übertrieben zu behaupten, dass nur existiert, was vernetzt ist.

In ihrer ursprünglichen Bedeutung sind Netzwerke Systeme, deren Struktur sich als Graph aus Knoten und Kanten modellieren lässt. Man kann sich vorstellen, dass über die Kanten im Netzwerk Informationen fließen, aber auch Geld (in wirtschaftlichen Trans-aktionen) oder Freundschaft (in privaten Transaktionen). Die Position des Knotens im Zentrum oder an der Peripherie des Netzwerkes sagt etwas darüber aus, ob jemand gut oder weniger gut vernetzt ist, ob er Meinungsführer oder Follower, Vermittler oder Vermit-telter ist. Strategische Entscheidungen brauchen Netzwerke: für Ihre Vorbereitung ebenso wie für ihre Implementierung.

1.1.5   Beispiel Nachhaltigkeit: Idee, Narrativ, Lifestyle

Wie bereits angesprochen, soll das Thema Nachhaltigkeit, Kern des Megatrends Neo-Ökologie, noch ein wenig genauer ausgeführt werden. Der Begriff Nachhaltigkeit stammt aus der Forstwirtschaft des frühen 18. Jahrhunderts. Er besagt, dass nicht mehr Bäume gefällt werden sollten als zugleich nachwachsen können, da der Wald nur so erhalten und sein Wert gesichert werden kann.

In seiner erweiterten Form drückt Nachhaltigkeit aus, dass unser Wohlstand langfristig nur bestehen bleibt, wenn die natürlichen Lebensgrundlagen geschützt werden, sei es durch klassischen Umweltschutz oder innovative Technologien. Dazu muss die Formel für nachhaltiges Wirtschaften eingehalten werden (Rogall 2004: S. 44):

▶   Veränderung der Ressourcenproduktivität > Veränderung des Brutto-Inlandsproduktes!

Solange die Verbesserung der Ressourcenproduktivität über der Steigerung der wirt-schaftlichen Wachstumsraten liegt, sinkt der absolute Ressourcenverbrauch. Und davon könnte unsere Zukunftsfähigkeit abhängen. Um die Menschen für notwendige Veränderungsprozesse zu gewinnen, reicht es allerdings nicht aus, Argumente (z. B. in Form von Statistiken) zu kommunizieren, es muss auch Sinn vermittelt werden. Dies geschieht in Form von Narrativen oder Erzählungen, wobei die einzelne Geschichte Teil einer Diskursstruktur ist, die sie anschlussfähig macht (vgl. Abschn. 2.3.2.2). Narrative schaffen Räume, um neue Werte zu vermitteln. Dies geschieht i. d. R. anhand von Einzelfällen, erfolgreich handelnden Personen bzw. Change Agents. Durch die Schaffung von Identifikations- und Partizipationsmöglichkeiten werden Vorstellungen einer Zukunft erzeugt, an der Menschen gern teilhaben wollen. Wo ein gesellschaftlicher Diskurs ist, bildet sich i. d. R. auch schnell ein Markt. Nachhaltigkeit ist in vielen Unternehmen zu einem gleichberechtigten strategischen Ziel neben Wachstum und Wettbewerbsfähigkeit geworden.

Nachhaltigkeit kann aber nicht nur ein politisches Programm oder ein Narrativ oder ein strategisches Ziel sein, sondern auch ein Lifestyle-Thema. Einerseits verankert der Eingang eines Themas in den engeren Persönlichkeitsbereich dessen Gegenwärtigkeit, andererseits verflacht die Lifestyle-Ebene die Botschaft. Das Tragen eines T-Shirts mit einem Statement zur Nachhaltigkeit dient vor allem der Selbstinszenierung im persönlichen Umfeld. Dies animiert Unternehmen geradezu zum ‚Greenwashing‘. Die Modeindustrie zum Beispiel, mit ca. 80 Mrd. neu produzierter Kleidungsstücke pro Jahr, verantwortlich für 10 % des gesamten CO_2-Ausstoßes und 20 % der Wasserverschmutzung, blendet die Öffentlichkeit mit dem Einsatz von Bio-Baumwolle, recyceltem Polyester etc. und schmückt ihre Waren mit fantasievollen Namen wie ‚klimaneutral‘ oder ‚responsible‘. Und wie soll angesichts von extremen Niedrigpreisen Fairtrade möglich sein?

Strategische Entscheidungen müssen – quasi per Definition – nachhaltig sein, da sie nicht heute, sondern morgen und übermorgen ihre Richtigkeit beweisen müssen.

1.2   Verhalten in Märkten

1.2.1   Märkte, wohin man blickt

‚Wie jeden Freitag beginnt mein Tag um 8.30 Uhr im Fitnessstudio um die Ecke. Nach 10 min auf dem Laufband geht es zweimal durch das Zirkeltraining zur Stärkung der Muskulatur und zur Verbesserung der Beweglichkeit. Duschen, umziehen und mit dem Wagen zu meinem Termin um 10.30 Uhr beim Steuerberater: Der Jahresabschluss steht an. Auf dem Rückweg fällt mir auf, dass ich dringend tanken muss. Nach einigen Stunden im Büro – Vorbereitung einer Kundenpräsentation, diverse Telefonate und etwas Mail-Korrespondenz – schaue ich mir in einem Elektronik-Shop noch Smartphones an: die Kameraqualität der neuesten Modelle ist wirklich stark verbessert. Bei meiner Ankunft zuhause schlägt mir meine Frau vor, einen

‚Oscar'-prämierten Spielfilm im Kino anzuschauen. Auf dem Weg dorthin berichtet sie mir vom Stand der Bemühungen unseres Sohnes, einen MBA-Studienplatz zu erhalten.'

An diesem durchschnittlichen Tag war ich in 7 Märkten – zumindest flüchtig – ‚unterwegs': Fitness, Steuerberatung, Kraftstoff, Consulting, Smartphones, Universitäten, Kino.

Mein Fitnessstudio habe ich ausgewählt, weil es nur etwa dreihundert Meter von zuhause entfernt liegt. Mir ist klar, dass drei weitere Studios in unserem Viertel ein ähnliches Angebot zu vergleichbaren Preisen offerieren. Der Convenience-Aspekt ist mir hier ganz einfach am wichtigsten.

Mit dem Steuerberater verhält es sich anders. Da ich dessen Büro selten aufsuche, stellt die Entfernung kein Problem dar. Er wurde mir empfohlen und hat mich in seinen Fähigkeiten und seiner persönlichen Art überzeugt. Hier geht es um ein ‚Gesamtpaket' aus Performance und Vertrauen.

Ich glaube nicht, dass es beim Kraftstoff Super 95 Qualitätsunterschiede zwischen den verschiedenen Mineralöl-Unternehmen gibt. Preisunterschiede gibt es und sie ändern sich täglich, wenn nicht sogar stündlich. Meine Kundenkarte begründet eine gewisse Markenpräferenz, so unlogisch dies aufgrund der genannten Fakten auch erscheinen mag.

Als Unternehmensberater bin ich, im Wettbewerb mit sehr vielen anderen Consulting-Firmen, auf einem B2B-Markt unterwegs und immer bemüht, über öffentliche Beiträge und persönliche Empfehlungen neue Kunden zu akquirieren.

Smartphones kann man anhand ihrer separat ausgewiesenen qualitativen Merkmale gut miteinander vergleichen. Abhängig von den eigenen Nutzenerwartungen (die Kameraqualität ist mir wichtig!) und der Preisbereitschaft (es muss nicht das teuerste Gerät sein!) fällt es nicht sonderlich schwer, Tradeoffs vorzunehmen und so eine begründete und abgesicherte Entscheidung zu treffen.

Was das MBA-Studium meines Sohnes angeht, werde ich vermutlich vor allem deshalb nach meiner Meinung gefragt, weil es, je nach Business School, eine teure Angelegenheit werden könnte.

Wir gehen nicht oft ins Kino (es gibt ja Netflix!), aber preisgekrönte Filme sehen wir uns schon ganz gern kurz nach ihrem Erscheinen an. Der heutige Film hat leider nicht unseren Geschmack getroffen, schade! Um 23.30 Uhr endet dieser ganz normale Freitag.

Kein Markt ist wie der andere: die Art der Produkte, die Kaufmotive, die Marktregeln, das alles variiert stark. Man kann allerdings Markttypen, also Gruppierungen mit relativer Homogenität nach innen und relativer Heterogenität nach außen definieren. So dürften Märkte für standardisierte Produkte anders funktionieren als Märkte für differenzierte Produkte. Das Gesagte gilt natürlich auch für Dienstleistungen.

Die Einteilung von Märkten in B2B und B2C folgt der Art der Geschäftsbeziehungen. In B2B-Märkten steht i. d. R. der unternehmerische Mehrwert im Mittelpunkt. Der Kunde setzt das erworbene Produkt zur Weiterverarbeitung (Vormaterial) oder zur Herstellung eigener Produkte (Investition) ein, versucht also damit seinerseits Geld zu verdienen. Typischerweise unterstützen B2B-Unternehmen ihre Kunden bei deren betriebswirtschaftlicher

Zielerreichung durch technisches Know-how für einen effizienten Produktionsprozess. In gewisser Weise gilt das auch für Dienstleistungen: Ein Unternehmensberater wird beispielsweise beauftragt, bei der Optimierung von Prozessen mitzuwirken und damit die Umsätze und Erträge des Kunden zu verbessern. Im B2B-Geschäft ist es besonders wichtig, die Entscheidungsprozesse seiner Kunden zu kennen. Die Tatsache, dass Einkäufe geplant und budgetiert werden, bedeutet aber nicht, dass die zugrunde liegenden Entscheidungen rein rational erfolgen. Vertrauen ist gerade für langfristige Geschäftsbeziehungen besonders wichtig und Vertrauen in Personen und Marken ist zutiefst emotional. Im Mittelpunkt steht daher meistens auch nicht das einzelne Produkt, sondern das Unternehmen, dessen Marke eine Art Absicherung darstellt. Angebote sollten also sowohl Wirtschaftlichkeit als auch Vertrauenswürdigkeit vermitteln. Im Gegensatz dazu geht es in B2C-Märkten oft um die Identifikation mit einer Marke. Das (Wert-) Angebot kann eine Problemlösung (wie bei B2B) darstellen, häufig verspricht es jedoch einen wie immer gearteten Nutzen (vgl. Abschn. 1.3.2). Die hohe Zahl an potenziellen Kunden und deren Anonymität verschiebt den im B2B-Markt nicht ungewöhnlichen persönlichen Kontakt auf breitgestreute Werbeaktivitäten in klassisch analogen oder – zunehmend – neuen digitalen Medien.

Erwähnt sei hier auch die Unterscheidung in Verkäufer- und Käufermärkte. Wenn ein Produkt nur einmal existiert (z. B. ein Gemälde van Goghs), würde theoretisch bereits die Nachfrage von zwei Interessenten einen Verkäufermarkt begründen. In Verkäufermärkten ist das Angebot kleiner als die Nachfrage, mit der Folge, dass der Hersteller des knappen Gutes entscheiden kann, an wen er verkauft, was im Zweifel derjenige sein wird, der den höchsten Preis zu zahlen bereit ist. Eine interessante Frage ist, was ein Angebot begehrlich macht – die Knappheit allein ist es sicher nicht!

Stagniert in einem Markt die Nachfrage bei wachsendem Angebot, so können die Kaufinteressenten wählen, welches Produkt sie bei welchem Anbieter erwerben wollen. In einem Käufermarkt verschieben sich die Machtverhältnisse in Richtung Nachfrage, was die Anbieter zwingt, sich an deren Wünschen zu orientieren. Marketing liefert die konzeptionellen Grundlagen und das operative Instrumentarium einer vom Markt ausgehenden Unternehmensführung.

1.2.2 Graue und weniger graue Theorien zu den Mechanismen von Märkten

„Ein Markt ist ein Mechanismus, mit dessen Hilfe Käufer und Verkäufer miteinander in Beziehung treten, um Preis und Menge einer Ware oder Dienstleistung zu ermitteln." (Samuelson und Nordhaus 2016) Unter einem Markt wird also das Zusammentreffen von Angebot und Nachfrage verstanden: Ein knappes Gut wird getauscht, i. d. R. gegen Geld.

Märkte bilden den Rahmen strategischer Entscheidungen. Da sie unterschiedlichen Mechanismen folgen, hängt der Erfolg der Entscheidungen ganz wesentlich von einem profunden Verständnis des relevanten Marktes und seiner spezifischen Regeln ab.

Die bekannteste Markttheorie ist der sogenannte neoklassische Ansatz, der die Markt-mechanismen anhand individueller Optimierungen erklärt: Konsumenten maximieren ihren Nutzen, woraus sich eine Nachfragekurve ergibt, Unternehmen maximieren ihren Gewinn, woraus sich eine Angebotskurve ergibt. Beide Seiten handeln konsequent rational, was umfassende Information voraussetzt. Im Modell des vollkommenen Marktes wird angenommen, dass sich der Preis aus dem Verlauf der beiden Kurven ergibt und Unternehmen sich mit der produzierten Menge anpassen müssen. Der Preis im Schnittpunkt von Angebots- und Nachfragekurve heißt Gleichgewichtspreis, weil dort die Nachfrage vollkommen befriedigt und die Angebotsmenge vollständig abgesetzt werden kann. Über diesen Gleichgewichtspreis wird der Marktmechanismus koordiniert.

Seit den siebziger Jahren des letzten Jahrhunderts setzte sich der Ansatz der ‚New Economics' durch (vgl. Lancaster 1987). Diese Theorie geht davon aus, dass Konsumenten an bestimmten Nutzendimensionen von Gütern interessiert sind. Einige der realitätsfernen Prämissen der neoklassischen Theorie können fallengelassen werden. ‚New Economics' unterscheidet zwischen Suchgütern, Erfahrungsgütern und Vertrauensgütern. Die Qualität eines Suchgutes lässt sich durch Informationsbeschaffung schon vor dem Kauf bestimmen, während die Qualität eines Erfahrungsgutes erst nach dessen Einsatz festgestellt werden kann. Die Qualität eines Vertrauensgutes ist selbst nach Kauf und Einsatz nicht mit Sicherheit auszumachen.

Wie verhält es sich nun mit den Gütern der oben erwähnten sieben Märkte? Über die Oktanzahl von Kraftstoffen oder die technischen Leistungsdaten eines Smartphones kann ich mir schon vorab ein Bild machen (Suchgut). Beim Fitnesscenter hilft i. d. R. eine Probestunde für einen ersten Eindruck und später kann ich mir Kurse bzw. Trainer selbst auswählen (Erfahrungsgut). In der Steuerberatung stellt sich erst heraus, ob meine Erwartungen erfüllt wurden, wenn sich das Finanzamt meldet (Vertrauensgut). Kinofilme gehören offensichtlich zu einer separaten Kategorie, auf die an späterer Stelle dieses Abschnitts zurückzukommen sein wird. Sie zeichnen sich nämlich dadurch aus, dass es gar keine objektiven Qualitätskriterien gibt, jedenfalls keine, zwischen denen ich wählen könnte. Die Handlung ist wie sie ist und die Schauspieler kann ich auch nicht austauschen. Ein Film gefällt oder er gefällt nicht, wobei ein ‚Oscar' sicher nicht ohne Einfluss auf meine Meinungsbildung bleibt.

Abb. 1.3 ordnet die angesprochenen Produkte bzw. Dienstleistungen ein.

Unternehmensberatung ist nicht eindeutig zuzuordnen, da der Gattungsbegriff sehr unterschiedliche Dienstleistungen beinhalten kann: manche mit, manche ohne objektive Qualitätskriterien.

Der Markt für Studienplätze unterscheidet sich grundlegend von ‚normalen' Märkten. Es kommt – im Gegensatz etwa zum Handy-Kauf – nicht nur darauf an, welche

Kategorie / Bewertung	teilbar	unteilbar
objektiv	Smartphone	Steuerberatung
subjektiv	Fitnessstudio	Kinofilm

Abb. 1.3 Markttypisierung

Präferenzen der Nachfrager hat, sondern auch darauf, wen der Anbieter, die Universität, als Studenten haben möchte. So kann mein Sohn zwar autonom entscheiden, seinen Urlaub in Kroatien zu verbringen. Sich zu Beginn des neuen Studienjahres eigenmächtig an der Harvard University einzufinden, wird dagegen nicht (oder nur für wenige Minuten) funktionieren.

Hier möchte ich sogleich die Frage anknüpfen, wie Märkte eigentlich wahrgenommen werden. Der Präsenzmarkt – von der altgriechischen Agora bis zum heutigen Wochenmarkt – ist so stark in unserer Vorstellung verankert, dass die Annahme einer festen Einrichtung allgegenwärtig ist. Der Markt ist irgendwie schon da, wenn wir ihn als Anbieter oder Nachfrager betreten. Das aber stimmt nur bedingt: Märkte werden nämlich ‚gemacht'. Besonders deutlich wird dies am Beispiel der Matching-Märkte wie dem gerade angesprochenen Markt für Studienplätze.

Mit Angebots-Nachfrage-Konstellationen, bei denen Preise nicht die zentrale Rolle als Koordinierungsinstrument spielen, hat sich der US-amerikanische Spieltheoretiker und Wirtschafts-Nobelpreisträger Alvin E. Roth auseinandergesetzt (Roth 2017). Ihm geht es darum, funktionierende Märkte zur Lösung von Problemen (z. B. der Vermittlung von Spendernieren) zu entwerfen.

Um auf das obige Beispiel zurückzukommen: Die Harvard University könnte extrem hohe Einnahmen generieren, wenn sie ihre begehrten Studienplätze über den Preis vergeben würde. Ergebnis wäre eine Studentenschaft, die vor allem eines gemeinsam hat, nämlich sehr reiche Eltern. Die Reputation und das Ranking dieser Universität beruhen aber darauf, die talentiertesten Studenten auszubilden. Intelligenz- und Leistungstests führen zur gewünschten Selektion. An hohen Preisen (z. B. durch eine Auktion der knappen Studienplätze) könnte man sich auch nur kurzfristig erfreuen. Mit einer Schädigung des Rufes ginge nämlich auch eine Wertminderung des Studienabschlusses einher. Harvard hat sich für ein nachhaltigeres Geschäftsmodell entschieden und fährt sehr gut damit: in 2015 verfügte die Universität über ein Vermögen von rund 36 Mrd. $. Dies, obwohl die Studiengebühren mit ca. 52.000 $ pro Studienjahr nur wenig über dem Durchschnitt amerikanischer Privathochschulen liegen und 70 % aller Studenten Stipendien erhalten.

Märkte so zu organisieren, dass die strategischen Entscheidungen der Akteure mit gesellschaftlich wünschenswerten Zielen harmonieren, ist, was Alvin E. Roth „Market Design" nennt. Ein funktionierender Markt zeichnet sich demnach aus durch

- eine ausreichende Dichte, also genügend Marktteilnehmer: hier ist u. a. die zeitliche Koordinierung der Transaktionen angesprochen.
- die Vermeidung von Überlastung: Marktakteure sollen in die Lage versetzt werden, ihre Optionen zu prüfen und ihren Präferenzen zu folgen.

Wenn Märkte also nicht aus sich heraus existieren, sondern teilweise sogar designt werden, so heißt dies, dass die Marktregeln, nach denen sie funktionieren, von jemandem festgelegt worden sein müssen. Das können Regulierungsbehörden sein, oft sind es aber auch Brancheninstitutionen. Auf Marktregeln wird im folgenden Abschn. 1.2.3 genauer eingegangen.

Eine andere wichtige Frage, nämlich die der Marktabgrenzung, soll an dieser Stelle beantwortet werden. Eine Marktdefinition kann produkt-, nachfrage- oder angebotsorientiert erfolgen. Bei einer produktorientierten Marktabgrenzung geht es um physisch-technische Ähnlichkeit, bei einer nachfrageorientierten Definition von Märkten darum, welche Produkte bzw. Produktkategorien von Nachfragern als substitutiv wahrgenommen werden (das lässt sich z. B. über das Suchverhalten bei Google bestimmen). Bei angebotsorientierter Herangehensweise macht man sich das Instrument der Kreuzpreiselastizität (auch als Triffin'scher Koeffizient bezeichnet) zunutze, eine Variante der in der Wirtschaftstheorie häufig angewandten Preiselastizität der Nachfrage. Während jene misst, wie groß die relative Nachfrageänderung ist, wenn sich der relative Preis des Produktes ändert, untersucht die Kreuzpreiselastizität die relative Nachfrageänderung bei einem Produkt, wenn sich der relative Preis eines anderen Produktes ändert. Je höher die Kreuzpreiselastizität, umso intensiver ist das Wettbewerbsverhältnis zwischen beiden Produkten, was für die Existenz eines Marktes spricht. „Eine positive Kreuzpreiselastizität gilt als Anzeichen dafür, dass es sich um substituierende bzw. konkurrierende Produkte handelt. Eine negative Kreuzpreiselastizität weist darauf hin, dass komplementäre Produkte vorliegen, die nicht in gegenseitiger Konkurrenz stehen." (Thommen et al. 2017: S. 106) Auch die deutsche Monopolkommission übrigens wendet via SSNIP-Test („Small but significant and nontransitory increase in price") die Kreuzpreiselastizität an, um eine marktbeherrschende Position nach Kartellrecht festzustellen.

Nicht nur die Wirtschaftswissenschaft (erwähnt wurden der neoklassische Ansatz und die Konsumtheorie Lancasters), sondern auch die Soziologie hat sich mit dem Phänomen des Marktes auseinandergesetzt. Aus der Sicht von Wirtschaftssoziologen werden ökonomische Entscheidungen von gesellschaftlichen Rahmenbedingungen und kollektiven

Deutungsmustern beeinflusst. Märkte sind nicht einfach das Ergebnis individueller Nutzenmaximierung. Durch die mit Entscheidungen verbundene Ungewissheit orientiert sich wirtschaftliches Handeln z. B. an Netzwerken oder Institutionen, also an einem sozialen Kontext. Ebenso entstehen Präferenzordnung und Preisbereitschaft von Wirtschaftssubjekten nicht unabhängig von den Marketingaktivitäten der Unternehmen, den Urteilen von Testinstituten, den Meinungen von Influencern, den Rankings in Fachmedien, den Kommentaren in sozialen Netzwerken etc.

Die Wirtschaftssoziologie untersucht also die Entstehung und Entwicklung der sozialen Ordnung von Märkten. Der US-amerikanische Wirtschaftssoziologe Harrison C. White erklärt diese wie folgt (White 1981): Unternehmen beobachten die Entscheidungen ihrer Wettbewerber und leiten daraus ihre eigene Position im Markt ab. Sie sehen also Konkurrenzaktivitäten als Signale, so wie umgekehrt ihre Reaktionen beim Wettbewerb als Signal ankommen. Im Mittelpunkt der Marktkonstruktion steht somit der Diskurs, verstanden als Austausch von Geschichten. Durch ihre Positionierung geben Unternehmen anderen Unternehmen Informationen darüber, wie sie sich selbst sehen. Storytelling konstituiert also Verbindungen zwischen Akteuren, aus diskursiven Netzwerken entstehen Märkte. Je größer der Interpretationsspielraum in einem Markt, umso entscheidender wird der narrative Wettbewerb. Die französischen Soziologen Luc Boltanski und Laurent Thévenot haben Whites Ansatz insofern ergänzt, als sie die Handlungen von Marktakteuren nicht nur auf Geschichten, sondern auch auf Konventionen zurückführen, die allgemeine Rechtfertigungsordnungen beschreiben (Boltanski und Thévenot 2014). Für die Vertreter der ‚Économie des Conventions‘ wird wirtschaftliches Handeln durch Ordnungen geprägt, die als Deutungsmuster bestimmen, wem wie Wert zugeschrieben wird und welche Rolle dabei der Diskurs spielt.

▶   Aus diskursiven Netzwerken entstehen Märkte. Je größer der Interpretationsspielraum in einem Markt, umso entscheidender wird der narrative Wettbewerb.

Ein anderer bedeutender wirtschaftssoziologischer Ansatz ist mit dem Namen Neil Fligstein verbunden. Fligstein beschreibt Märkte als Felder, in denen Akteure um soziale Positionen und Einfluss auf Marktregeln kämpfen (Fligstein 2011). Dabei verfügen sie über genügend Freiheitsgrade, um eigenständige Strategien verfolgen zu können. Marktakteure können Veränderungen behindern, z. B. über verbindliche Standards, die neuen Wettbewerbern den Markteintritt erschweren. Sie können aber auch Veränderungen herbeiführen, indem sie geeignete Kooperationen eingehen. Angetrieben werden sie durch das Ziel einer Verbesserung der eigenen Position im Feld, aber auch von dem Wunsch nach Zugehörigkeit und geteilter Identität (Fligstein und McAdam 2012: S. 35 f.). Stabile Felder entstehen, wenn Akteure Netzwerke bilden, um den starken Unsicherheiten und Dynamiken ein Kontrollkonzept gegenüberzustellen. Der Staat unterstützt den Stabilisierungsprozess durch seine Forderung nach Institutionen. Sind die tonangebenden Akteure,

z. B. Marktführer, angesichts zunehmender Kritik am bestehenden Kontrollkonzept nicht mehr in der Lage, ihre Position zu reproduzieren, steht eine Disruption der Strukturen bevor. Die Neuorganisation des Feldes als Ergebnis eines Machtkampfes führt zu einem veränderten Kontrollkonzept (Fligstein 2010: S. 75 ff.).

Eine weitere Markttheorie schließlich stammt von dem französischen Soziologen Lucien Karpik. Er erweitert die Idee des oben beschriebenen Vertrauensgutes insofern, als es seiner Auffassung nach Produktkategorien gibt, die ihre Qualität nicht nur spät, sondern aus objektiver Sicht niemals selbständig offenlegen. Ein Kunstwerk oder ein Wein, Haute Cuisine oder Haute Couture unterliegen ganz dem subjektiven Geschmack des Rezipienten, des Gourmets oder Modefans. In Abgrenzung zu standardisierten oder differenzierten Produkten spricht Karpik von singulären Produkten. Deren Besonderheit ist ihre Mehrdimensionalität, Unvergleichbarkeit und eine zwingend damit verbundene Ungewissheit. Singuläre Güter leben von ihrem Symbolcharakter und ihren Interpretationsmöglichkeiten. Damit sich für derartige Produkte überhaupt ein Markt bilden kann, bedarf es sogenannter Koordinationsregime, die durch Urteilskraft und Vertrauen den Mangel an Bewertbarkeit, Vergleichbarkeit und Sicherheit kompensieren.

> „Für die Ökonomie des Besonderen ist (der Markt) eingebettet in Instanzen der Urteilsbildung. Diese Instanzen sind gleichzeitig Vertretungsinstanzen, kognitive Voraussetzungen und gegensätzliche Kräfte. Sie alle sind Träger einseitigen Wissens, sie alle wollen den Kunden vertreten, sie alle kämpfen um Einfluss auf ihn. Und sie alle sorgen mehr oder weniger aktiv, mehr oder weniger effizient für die wirtschaftliche Koordination." (Karpik 2011: S. 72)

In singulären Märkten geht es nicht um Information, Kalkül und Entscheidungen, sondern um Kenntnis, Qualitätskriterien und Urteile.

Ein Kinofilm, um auf mein obiges Beispiel zurückzukommen, lässt sich nicht in seine qualitativen Komponenten zerlegen, denen man den Eintrittspreis als Entscheidungsgrundlage i.S. eines Preis-Leistungs-Verhältnisses gegenüberstellen könnte: Er ist einzigartig und unteilbar. Das gilt für Kunstwerke jeglicher Art: nur externe Urteile können zu einer Bewertung von Qualität und Preis führen und die allgemeine Unsicherheit überwinden. „Urteilen ist ein synthetischer Akt, der eine Pluralität von heterogenen und unterschiedlich gewichteten Kriterien einbezieht. Es ist der besondere Standpunkt, der die Vereinheitlichung verschiedenartiger Kriterien und damit den Vergleich unvergleichlicher Produkte erlaubt." (ebd.: S. 60) Eine Wahl wird möglich „aufgrund des Vergleichs von Kenntnissen, die von Instanzen der Urteilsbildung geliefert werden, und aufgrund des Zusammenspiels zwischen dem Vergleich von Kenntnissen und den Interpretationen, die sich aus dem direkten einschätzenden Kontakt mit den Produkten selbst ergeben." (ebd.: S. 60) Instanzen der Urteilsbildung sind laut Karpik Netzwerke, Kennzeichnungen, Ratgeber, Rankings und Bewertungen, wobei er zwischen unpersönlichen und persönlichen Instanzen unterscheidet. Deren Authentifizierung liefert die Basis des Transaktionsvorgangs und ergänzt das Gesetz von Angebot und Nachfrage. Die erwähnten Koordinationsregime wirken natürlich nur dann als Entscheidungshilfen, wenn sich die Marktakteure, explizit oder stillschweigend, auf die entsprechende soziale Instanz verständigt haben. Der Academy, die die ‚Oscars' vergibt, wird gewiss die institutionelle Autorität zugeschrieben, den künstlerischen Wert eines Films einschätzen zu können.

Wenn Instanzen Wahrnehmung und Wert singulärer Produkte bestimmen können, wäre es natürlich außerordentlich interessant, Einfluss auf jene Instanzen zu gewinnen. In diesem Zusammenhang soll ein Thema angesprochen werden, das uns im Folgenden noch eingehend beschäftigen wird: Netzwerke. Ein soziologischer Fachartikel erklärt die Rolle von Netzwerken bei der Einflussnahme auf den öffentlichen Diskurs und die Institutionen besonders anschaulich (Padgett/Ansell 1993). Die Zeitspanne der wahren Geschichte ist 1400–1434 (Sie haben richtig gehört: die Story ist 600 Jahre alt), die Hauptperson ist Cosimo de' Medici (1389–1464), Oberhaupt einer von 215 Patrizierfamilien im Florenz der Renaissance, übrigens einer Familie mit nicht dem allerbesten Ruf. Das lag daran, dass man bei einem Aufstand im Jahr 1378 auf der falschen Seite gestanden hatte und jetzt von den wichtigsten Adelsfamilien des Stadtviertels aus dem traditionellen System der nachbarschaftlichen Heiratsbeziehungen ausgeschlossen wurde. Die Medicis konnten ihre Kinder also nur mit Familien aus anderen Vierteln standesgemäß verheiraten. In ihrem eigenen Stadtviertel konnten sie dafür geschäftliche Beziehungen zu weniger angesehenen, aber im Handel aktiven Aufsteigerfamilien aufbauen. Im Ergebnis führten die besonderen Heiratsbeziehungen auf der einen und Wirtschaftsbeziehungen auf der anderen Seite dazu, dass Adelsfamilien, die aus ökonomischen Gründen (z. B. für Kredite) mit den Handelsfamilien in Kontakt kommen wollten, auf die Vermittlung der Medicis angewiesen waren, genau wie umgekehrt. Diese Schnittstellenfunktion als vermeintlich neutraler Vermittler rückte Cosimo de' Medici so in eine zentrale Machtposition, die es ihm ermöglichte, ein stabiles Netzwerk von ‚Followern' aufzubauen, das über mehrere Jahrhunderte halten sollte. In dieser Zeit gelang es der Medici-Dynastie, drei Päpste und zwei Königinnen von Frankreich zu stellen, als Bankiers einen märchenhaften Reichtum zu erwirtschaften und als Mäzene die Kunst und Kultur der Zeit zu prägen. Das von Cosimo de' Medici geschaffene System der Macht war so stabil, dass es unabhängig von der Eignung der jeweiligen Herrscher funktionierte und noch länger funktioniert hätte, wäre der letzte Großherzog der Dynastie nicht 1737 kinderlos gestorben.

An das Mäzenatentum der Medicis knüpft im Übrigen eine weitere, in unserem Kontext interessante Theorie an: der sogenannte „Medici-Effekt" (Johansson 2018). Die Medicis brachten nämlich Wissenschaftler, Philosophen, Dichter, bildende Künstler, Architekten etc. in die Stadt. Diese tauschten sich aus und entwickelten neue Sichtweisen der Welt und ihrer Zukunft. Florenz wurde zum innovativen Zentrum der Renaissance. Johansson leitet aus dem historischen Fall ab, dass innovative Ideen oft an den Schnittstellen von Fachgebieten und Kulturen entstehen: Diversität fördert Kreativität.

Die Welt heutiger analoger und digitaler Netzwerke ist natürlich viel komplexer als jene im Florenz des 15. Jahrhunderts. Aber das Prinzip ist das Gleiche: so werden z. B. Influencer eingesetzt, um zwischen Unternehmen und potenziellen Kunden zu vermitteln.

Je mehr Follower diese Influencer hinter sich versammeln können, umso größer ist ihre Macht und damit auch ihr Honorar.

Betrachten wir noch einmal ein zusammenhängendes Beispiel standardisierter, differenzierter und singulärer Märkte:

Acryl ist eine Sammelbezeichnung für Substanzen, die sich chemisch durch diese Acrylgruppe auszeichnen:

$$\text{H}_2\text{C}=\text{CH}-\overset{\displaystyle \text{O}}{\overset{\|}{\text{C}}}-\text{R}$$

Unternehmen wie etwa die BASF stellen Acryl her und verkaufen es an weiterverarbeitende Betriebe wie Farben- oder Lackhersteller (B2B). Sie ergänzen die Lieferung ihres standardisierten Produktes i. d. R. um eine anwendungstechnische Beratung.

Ein Farbenhersteller mischt das Bindemittel Acryl mit Farbpigmenten, Wasser und Füllstoffen. Es werden nicht nur alle Farben, sondern auch verschiedene Qualitäten zu unterschiedlichen Preisen angeboten (B2C). Die Produkte werden differenziert, um verschiedene Kundentypen (z. B. den ambitionierten Maler und den Hobbymaler) anzusprechen und so einen höheren Umsatz zu realisieren.

Die Acrylfarbe landet schließlich auf der Leinwand eines Künstlers und wird nicht als Chemie auf Textil, sondern als Kunstunikat verkauft. Der Preis hängt wesentlich von der Beurteilung des Werkes durch Fachinstanzen ab. Die Verbindung zu den Ausgangsprodukten Acryl bzw. Acrylfarbe ist komplett gelöscht.

Die klassischen wirtschaftswissenschaftlichen Theorien können den Fall des Chemieerzeugnisses Acryl gut erklären, weil hier ein nahezu vollkommener Markt mit hoher Transparenz und Güterhomogenität vorliegt (nur ‚nahezu' vollkommen ist der Markt deshalb, weil versucht wird, über die anwendungstechnische Beratung Präferenzen zu erzeugen). Aus dem Verhältnis von Angebot und Nachfrage ergibt sich der Preis und die Unternehmen passen ihre Mengen entsprechend an.

Schon der Markt für Acrylfarben entzieht sich der reinen Lehre von Angebot und Nachfrage insofern, als die unterschiedliche Preisbereitschaft potenzieller Kunden über reale und gefühlte Qualitätsdifferenzierung ausgenutzt wird. Storytelling tritt an die Stelle rationaler Nutzenmaximierung. Immerhin ist aber weiterhin der Preis das entscheidende Koordinierungsinstrument.

Im Kunstmarkt ist der Preis dann nicht mehr das Ergebnis von Angebot und Nachfrage, sondern Folge externer Valorisierung, wie Karpik sie beschrieben hat.

Folgt man dem chemischen Grundstoff über seine Anwendungsform Farbe bis zur Entstehung eines Kunstwerks, so entspricht dies der Entwicklung vom Produktnutzen über den Kundennutzen zu Individualitätswerten. Man könnte auch – im Sinne Ronald Ingleharts (vgl. Inglehart 2015) – von unterschiedlichen Wertekonstellationen sprechen.

Auf die hinter singulären Produkten stehende Wertekonstellation soll noch einmal kurz eingegangen werden, nicht ohne ein Vorläufermodell exklusiven Konsums zu erwähnen. Der US-Ökonom Thorstein Veblen hat bereits vor ca. 120 Jahren Prestige als Motiv beschrieben, um „neidvolle Vergleiche" mit anderen herbeizuführen (Veblen 2010: S. 99). Prestigegewinne entstehen durch Verschwendung und dienen der sozialen Distinktion. Die ästhetische Praxis unter den ‚feinen Leuten' folgt dem Prinzip: ‚Schön ist, was teuer und nutzlos ist.' Normalerweise hat eine Preiserhöhung einen Mengenrückgang zur Folge. Durch den Ausfall von Nachfragern aber wird das nun teurere Produkt exklusiver und damit für einige Konsumenten attraktiver – die Nachfragekurve verschiebt sich nach rechts. Der Veblen-Effekt überkompensiert den negativen Mengeneffekt. Trotz, oder besser wegen der Preiserhöhung steigt die Nachfrage.

Dass Prestigekonsum nach wie vor existiert, zeigt z. B. die Selbstdarstellung mancher Stars aus Showbusiness, Profisport etc. Und doch wirkt es etwas aus der Zeit gefallen, sich allein über sein Geld- und Sachvermögen zu inszenieren. Singulärer Konsum symbolisiert Individualität in seiner ganzen Bandbreite. Dabei sind Singularitäten nicht „subjektiv oder objektiv vorhanden, sondern durch und durch sozial fabriziert: über soziale Praktiken der Wahrnehmung, des Bewertens, der Produktion und der Aneignung." (Reckwitz 2017: S. 13) Gütern und Dienstleistungen werden Werte beigemessen, sie erhalten eine narrativ-hermeneutische Dimension. „Im Modus der Singularisierung wird das Leben nicht einfach gelebt, es wird kuratiert." (ebd.: S. 9).

Valorisierung ist ein Schlüsselprozess der Spätmoderne, da die Erfahrung von Singularität zwangsläufig mit kultureller Auf- und Abwertung verbunden ist. In Likes und Votings, in Ratings und Rankings wird laufend bewertet – von Kulturautoritäten ebenso wie von den spätmodernen Subjekten selbst. Valorisierung und Affizierung sind engstens miteinander verbunden, sie sind „strukturbildende Bestandteile der Zirkulationssphäre der Kultur und ihrer sozialen Logik der Singularitäten: Was wertvoll und besonders erscheint, wirkt affizierend, weil es wertvoll und besonders ist. Und was erheblich affiziert, scheint wertvoll und besonders, weil es so stark affiziert." (ebd.: S. 83)

Wie wir noch sehen werden, nimmt in hochentwickelten Gesellschaften die Bedeutung symbolischen Produktnutzens stetig zu. David Aaker, bekannt als Entwickler des Markenwertkonzeptes, betont die Relevanz singulären Marketings, indem er für den Kunstmarkt feststellt:

> „Other brands, particularly brands that have the potential to deliver social and self-expressive benefits, can learn from the art world. These brands need to find ways to provide reassurance to buyers that they made the right decision because their confidence, and the benefits that go with it, can be fragile." (Aaker 2009)

Marktverständnis ist ein entscheidender Erfolgsfaktor. Im Mittelpunkt steht eine Analyse der Marktregeln.

1.2.3 Marktregeln: unauffällig, aber sehr präsent

Marktregeln sind Teil einer Ordnungspolitik, ohne die auch die Marktwirtschaft nicht auskommt. Im Agrar-, Telekommunikations-, Bahn-, Rundfunk-, Gas- oder Stromsektor sind Regulierungsbehörden dafür verantwortlich, durch die Aufstellung und Überwachung von Regeln einen funktionierenden Markt zu gewährleisten. Ziel der Regulierung ist es, trotz widerstreitender Interessen der Akteure ein Marktversagen zu verhindern. Der Gesetzgeber hat sich dabei am öffentlichen Interesse zu orientieren und Versorgungssicherheit zu angemessenen Preisen zu garantieren. Aktuell kann man gerade erleben, wie die Regel, den Strompreis an den Gaspreis zu koppeln, angesichts der gedrosselten Gasversorgung aus Russland und den damit verbundenen Preissteigerungen zu großen Verwerfungen führt. Man hört von Änderungskündigungen der Stadtwerke mit einer Verzehnfachung des Preises. Der Markt kann das nicht selbst regeln, sondern es bedarf einer geänderten Regel vonseiten der Politik und einer Umsetzung durch spezielle Behörden, in diesem Fall durch die Bundesnetzagentur. Auch die BaFin oder das Bundeskartellamt sind zu nennen, wenn es um das Erlassen und Überwachen staatlich veranlasster Marktregeln geht.

Neben der staatlichen gibt es aber auch eine ‚freiwillige' Ordnungspolitik in nicht regulierten Märkten. Die Anführungszeichen sollen verdeutlichen, dass hier die von den Großen einer Branche getragenen Institutionen Regeln beschließen, die deren Einfluss bestätigen. Technische oder umweltspezifische Produktnormen etwa mögen als verbraucherfreundliche Maßnahmen durchgehen, sie erschweren aber vor allem neuen Anbietern in Form nichttarifärer Handelshemmnisse den Marktzugang. Pflichtmitgliedschaften in Berufsverbänden wie Architektenkammern mögen die Suche nach qualifizierten Dienstleistern erleichtern, sie verteuern aber zugleich den Markteinstieg für Newcomer. Wer in der Lage ist Regeln zu setzen oder die entsprechende Beschlussfassung zu beeinflussen, festigt seine Machtposition im Markt. Märkte funktionieren also nach den formellen Regeln des Staates und/oder nach den informellen Regeln der Marktführer. Die daran anschließende Frage, wie man als neuer Anbieter (z. B. als Startup) oder als einzelner Nachfrager sich und seine Ideen am Markt durchsetzen kann, wird uns in diesem Buch immer wieder beschäftigen.

Auf die gesetzliche Seite muss hier nicht näher eingegangen werden, da diese Regeln kaum beeinflussbar sind und für alle gleichermaßen Gültigkeit besitzen. Wir wollen uns auf Regeln konzentrieren, die sich Märkte selbst geben und die nicht als Gesetze, sondern als Konventionen oder Standards in Erscheinung treten. Solche Regeln stellen eine Übereinkunft dar; wer sie befolgt, wird mit gesellschaftlicher Achtung belohnt, wer sie verletzt, dem wird soziale Sanktionierung angedroht.

Der deutsche Entrepreneurship-Pionier Günter Faltin ‚enttarnt' Konventionen, indem er sie (theoretisch) auf ihre Funktionalität hin prüft (Faltin 2008: S. 145 ff.) und indem er (praktisch) in Geschäftsmodellen aus dem Umfeld seiner ‚Stiftung Entrepreneurship' zeigt, wie einfach und erfolgreich ‚unkonventionelle', konzept-kreative Gründungen sein können. Sein legendäres ‚Teekampagne'-Projekt (ebd.: S. 5 ff.) basiert auf der Idee von

Wirtschaftlichkeit (Großpackungen, Online-Vertrieb etc.) und Fairtrade (höhere Erzeuger-preise, Wiederaufforstungsprojekte etc.). Die funktionale und nachhaltige Reorganisation des Wertschöpfungsprozesses hat die ‚Teekampagne' in wenigen Jahren zum Marktführer im deutschen Teeversandhandel gemacht.

Um zu zeigen, wie Marktregeln wirken und wie sie sich unter bestimmten Bedingungen verändern können, soll hier ein historischer Fall von ‚Marktdisruption' aufgegriffen werden (White/White 1965/1993). Bis in die 70er Jahre des 19. Jahrhunderts wurde die Kunstwelt in Frankreich über die staatliche ‚Académie de Peinture et Sculpture', eine Akademie der Künste gesteuert. Diese organisierte durch ihre eigene Kunsthochschule die Ausbildung des Künstlernachwuchses, veranstaltete die wichtigste Kunstausstellung des Landes und entschied durch Prämierungen über das, was als gute Kunst zu gelten hatte. Die Impressionisten um Claude Monet, Auguste Renoir, Édouard Manet etc. hatten weder auf der zentralen Pariser Kunsthochschule studiert noch waren sie zum Salon, der größten Kunstausstellung des Landes im Louvre zugelassen. Ihre Kunstmotive und ihr Malstil widersprachen den Regeln der Académie diametral. Der Impressionismus wäre wohl eine Anekdote der Geschichte geblieben, wäre ihr Erscheinen nicht in eine Zeit großer gesellschaftlicher Umbrüche gefallen. Seit 1850 wuchs die französische Wirtschaft aufgrund der Industrialisierung (Eisenbahnprogramm) und steigender Exporte (Landwirtschafts- und Industriegüter). Davon profitierten nicht nur die Unternehmer, sondern auch freie Berufe, höhere Beamte, Lehrer etc. Das gestärkte Bürgertum zeigte Interesse an Kunst, auch weil diese den sozialen Aufstieg symbolisierte (Kunst zu sammeln war bis dahin ein Privileg des Adels). In der gestärkten Nachfrage sahen auch Künstler ihre Chance, mit der Folge eines größer werdenden Angebots.

▶   Erfolgreich ist derjenige, der zur richtigen Zeit am richtigen Ort mit dem richtigen Konzept und dessen richtiger Begründung agiert.

Der gewachsene Markt ließ sich zentralistisch kaum noch managen, sodass das akademische System zunehmend die Kontrolle verlor. 1880 fand letztmalig der Salon statt: Das war der Tipping Point des Veränderungsprozesses. In diese Lücke stießen Unternehmer (als die ersten Galeristen) und Journalisten (als die ersten Kunstkritiker). Es gelang den Künstlern des Impressionismus, beide Gruppen auf ihre Seite zu ziehen. So entstand ein stabiles Netzwerk, identifiziert durch einen differenzierenden Stil, durch Wertzuweisungen von innen heraus und durch einen institutionellen Rahmen, der die neuen Regeln formulierte und kontrollierte.

Der Blick 150 Jahre zurück lässt uns erahnen, dass es vor allem die großen Trends der Zeit sind, die zu Disruptionen führen (vgl. Gröndahl 2021). Erkennen lässt sich auch, dass Krisenzeiten goldene Zeiten für Innovatoren sind. In der Krise werden Marktregeln instabil und damit angreifbar. Was das heute angesichts von Globalisierung, Digitalisierung und soziokulturellem Wandel bedeutet, soll an späterer Stelle untersucht werden. Erfolgreich ist jedenfalls vor allem derjenige, der zur richtigen Zeit am richtigen Ort mit dem richtigen Konzept und dessen richtiger Begründung agiert. Einem Unternehmer wird man dies Jahre später in Form von Storytelling zuschreiben. Privatpersonen dürfen sich im Stillen darüber freuen, erfolgreich entschieden und klug gehandelt zu haben. Dies leitet uns über zu den unterschiedlichen Rollen von Marktakteuren.

1.2.4 Anbieter und Nachfrager als Marktakteure

Für Harrison White, den Autor von „Canvases and Careers", sind soziale und damit auch Marktprozesse durch einen kontinuierlichen Kampf um Identität und Kontrolle charakterisiert (White 1992). Identität entsteht durch Selbst- und Fremdbeobachtung in Netzwerken (vgl. Abschn. 1.2.2 und 3.1.2.3), Kontrolle beschreibt das Bemühen, die Identität vor dem Hintergrund allgemeiner Unsicherheit zu stabilisieren. Wie man sich unschwer vorstellen kann, hängt der Erfolg der Akteure in diesem Kampf wesentlich von der Art des Marktes ab. Anbieter sind generell bestrebt, einen Verkäufermarkt zu kreieren, da ein solcher Spielraum für Preiserhöhungen bietet und den Wettbewerb damit entschärft. Nachfrager sind in einer besseren Position, wenn sie in einem Käufermarkt agieren.

In hochentwickelten Wirtschaften haben ein hoher Sättigungsgrad und eine dank intensiver Internetnutzung ausgeprägte Preis- und Qualitätstransparenz zur Dominanz von Käufermärkten geführt. Es gibt selbstverständlich Ausnahmen, z. B. den Immobilienmarkt in Ballungszentren. Und es gibt immer die Möglichkeit, Teilmärkte durch Alleinstellungsmerkmale zu Verkäufermärkten zu machen. An späterer Stelle (vgl. Kap. 3) wird zu zeigen sein, welche Elemente (Stichwort: System) zusammenkommen müssen, um Positionen auszubauen und zu verteidigen. Schon hier sei darauf hingewiesen, dass Kooperationen eine Schlüsselrolle spielen. Gerade die vermeintlich schwächeren Nachfrager können dieses Mittel nutzen, um Märkte zu ‚drehen': Zusammenschlüsse wie Verbraucherschutzorganisationen nehmen z. B. über die Festlegung von Qualitätsstandards Einfluss auf Marktregeln und üben Kontrolle über den Diskurs aus.

Auch auf Anbieterseite sind Kooperationen üblich, z. B. in Form von Verbundgruppen. Diese zentralisieren Marketing, Finanzen, Logistik, IT-Lösungen, Unternehmensführung, Internationalisierung etc., um ihren Impact im Markt zu stärken. „Gerade in Zeiten dynamischer und sich ständig ändernder wirtschaftlicher Rahmenbedingungen gehört exzellenten kooperativen Unternehmensnetzwerken die Zukunft" so das Ergebnis einer PricewaterhouseCoopers-Studie (PwC 2006).

Interessant ist auch, dass sich die Machtverhältnisse zwischen Anbietern und Nachfragern dadurch ändern können, dass sich die Grenzen zwischen beiden auflösen. Schon immer waren Nachfrager in Gütermärkten zugleich – jedenfalls in erheblichem Umfang – Anbieter im Arbeitsmarkt. Die neuen Medien haben dazu geführt, dass man zugleich als Anbieter und Nachfrager auftreten kann, z. B. wenn man zeitgleich ein neues Smartphone (etwa im Apple Online-Store) erwirbt und sein gebrauchtes Smartphone (etwa bei eBay) verkauft. Schnell kann daraus eine semiprofessionelle Reseller-Funktion werden. Noch

Markttyp \ Akteure		Anbieter	Nachfrager
B2B	standardisiert	Produzent / Dienstleister	Produzent / Dienstleister
	differenziert		
B2C	standardisiert	Produzent / Dienstleister / (Konsument)	Konsument
	differenziert		
	singulär		

Abb. 1.4 Markttypen und Akteure

einen Schritt weiter geht das, was man ‚Prosument' nennt: Nachfrager beteiligen sich an der Produktion (z. B. von user-generated content) oder gleich am ganzen Unternehmen (z. B. über Crowdinvestment).

Abb. 1.4 fasst die Aussagen zu Markttypen und -akteuren kompakt zusammen.

1.2.5 Multioptionalität: Die Rolle der Motive

In ihrem Standardwerk zum Konsumentenverhalten liefern Werner Kroeber-Riel, Peter Weinberg und Andrea Gröppel-Klein (Kroeber-Riel et al. 2011) einen umfassenden Überblick über Theorien und empirische Ergebnisse der Konsumentenforschung. Die Autoren unterteilen die psychischen Determinanten des Konsumentenverhaltens in zwei grundsätzliche Typen: die affektiven und die kognitiven Prozesse.

> „Als aktivierend werden solche Vorgänge bezeichnet, die mit inneren Erregungen und Spannungen verbunden sind und das Verhalten antreiben. Kognitiv sind solche Vorgänge, durch die das Individuum die Informationen aufnimmt, verarbeitet und speichert. Es sind Prozesse der gedanklichen Informationsverarbeitung im weiteren Sinne." (Kroeber-Riel et al. 2011: S. 51)

Unter die aktivierenden Prozesse fallen Emotion, Motivation und Einstellung, unter die kognitiven Vorgänge Wahrnehmung, Entscheidung, Lernen und Gedächtnis. Als Emotion werden innere Erregungsvorgänge bezeichnet. Motivation ist Emotion plus Zielorientierung. Einstellung ist Motivation, verknüpft mit einer Gegenstandsbeurteilung. Alle drei aktivierenden Prozesse sind affektiv gesteuert, aber kognitiv unterstützt. Je stärker der kognitive Einfluss, umso komplexer die Prozesse.

Motivforschung möchte Antworten auf das ‚Warum' von Entscheidungen geben, Ursachen von Verhalten erklären. Die bekannteste Klassifikation von Motiven ist die Maslowsche Bedürfnispyramide, die fünf Motivklassen unterscheidet: physiologische Bedürfnisse sowie die Bedürfnisse nach Sicherheit, Zuneigung, Wertschätzung und Selbstverwirklichung (vgl. Maslow 1943). Die unteren Ebenen der Bedürfnispyramide bezeichnet Maslow als Defizitbedürfnisse, die oberen als Wachstumsbedürfnisse. Maslow selbst hat Jahre später seinen Ansatz erweitert, indem er ihn um drei Bedürfnisse ergänzte: kognitive und ästhetische Bedürfnisse unterhalb und Selbsttranszendenz oberhalb der Selbstverwirklichungsstufe (vgl. Maslow 1993). Kognitive Bedürfnisse sind, wie schon erwähnt, Wahrnehmung, Lernen, Bildung etc., also Neues, das unser Denken anregt. Ästhetische Bedürfnisse sind eine Folge dieses Denkens. Selbsttranszendenz beschreibt das menschliche Bedürfnis nach einem Sinn jenseits individualistischer Entfaltung (vgl. Venter 2016). „Selbstverwirklichung stellt sich dann von selbst ein als eine Wirkung der Sinnerfüllung, aber nicht als deren Zweck." (Frankl 1995: S. 225)

Wenn Motivforschung die Ursachen eines bestimmten (Kauf-)Verhaltens aufdecken soll, so ist die Means-End-Theorie (vgl. Gutman 1982) eine geeignete Methode zur Untersuchung der Mittel-Ziel-Beziehungen zwischen den Motiven. Hinter konkreten und abstrakten Attributen stehen funktionale und psychosoziale Nutzen und hinter dem Nutzen stehen instrumentelle und finale Werte. Gerade bei den Maslowschen Wachstumsbedürfnissen kommt Produkten i. d. R. nur eine symbolische Funktion bei der Befriedigung persönlicher Motive zu. Um Interessenten zu Käufern zu machen, wäre es wichtig, deren ‚wahre' Motive zu erkennen und sie auf der ‚richtigen' Ebene anzusprechen.

Auch erlebnisorientierte Konsumenten (vgl. Schulze 2000) streben nach emotionaler Selbstverwirklichung im Hier und Jetzt. Über das Erlebnis, so Gerhard Schulze, wird soziale Differenzierung manifestiert. Kunden möchten sich in ihren intrinsischen (Selbstverwirklichungsmotive) bzw. extrinsischen Bedürfnissen (Selbstinszenierungsmotive) richtig angesprochen fühlen, sowohl persönlich als auch in Form eines adäquaten Umfeldes.

Kurz gesagt: Motivation ist ein aktivierender Prozess, affektiv gesteuert (Emotion) und kognitiv unterstützt (Zielorientierung). Die Bedürfnispyramide gibt einen Eindruck davon, welche Rolle der Wunsch nach dem Neuen, das Bedürfnis nach dem Ästhetischen und die Sehnsucht nach dem Sinn spielen. Genau an diesem Punkt ist der Kunde König: er kann seine Marktmacht spüren und sich daran erfreuen, wie Unternehmen ‚Touchpoints' ausgestalten, um seinen Motiven passgenau zu entsprechen. Der Kunde hat es – im wahrsten Sinne des Wortes – in der Hand: Daumen hoch oder runter!

1.3   Profilierung, Agilität, Disruption

1.3.1   Wettbewerbs- und Wachstumsziele als Treiber

Mathias Binswanger beschreibt in seinem Buch „Der Wachstumszwang", warum moderne Wirtschaften ohne Wachstum nicht funktionieren. „Geld, Wettbewerb und technischer Fortschritt sind systemnotwendige Bestandteile einer kapitalistischen Wirtschaft, die in ihrem Zusammenspiel Wachstum ermöglichen und gleichzeitig den Wachstumszwang verursachen." (Binswanger 2019: S. 12) Umsätze, Erträge, Einkommen müssen vor dem Hintergrund stetigen Wandels und zunehmenden Wettbewerbs laufend gesteigert werden.

Der klassische Wachstumsstrategie-Ansatz stammt von Igor Ansoff (Ansoff 1966). Unter dem Begriff der Marktstrategie versteht Ansoff die Ausschöpfung von Potenzialen durch eine geeignete Marktbearbeitung. Die nach ihm benannte Matrix unterscheidet anhand der Dimensionen ‚Produkt und Markt' mit den jeweiligen Ausprägungen ‚existent und neu' vier Grundstrategien: Marktdurchdringung, Marktentwicklung, Produktentwicklung und Diversifikation. Von der Marktanteilsgewinnung über die Erschließung neuer Märkte bzw. Marktsegmente und der Innovation bis zur Diversifikation als Antwort auf dauerhaften Marktrückgang wächst naturgemäß das Strategierisiko.

Michael Porter hat die Grundlagen moderner Wettbewerbsstrategien gelegt. Sein Ansatz (Porter 1999) unterscheidet drei Grundstrategien: Kostenführerschaft, Differenzierung und Fokussierung. Während Kostenführerschaft auf Economies of Scale und Marktanteilsgewinnung setzt, geht es bei der Differenzierungsstrategie um Profilierung mit der Marke im Mittelpunkt. Fokussierung schließlich bedeutet, eine Nischenstrategie zu fahren, sich also auf eine Zielgruppe, eine Produktgruppe oder einen Markt zu konzentrieren.

Die konsequente Verfolgung der Wettbewerbs- und Wachstumsziele treibt ihrerseits den Wandel von Märkten weiter an. Im Mittelpunkt der entsprechenden Strategien steht das Angebot. Vordergründig geht es dabei um Produkte oder Dienstleistungen oder ein Paket aus beiden. Diese sind für ausgewählte Kundengruppen aber nur dann von Interesse, wenn sie ihnen helfen, ein Problem zu lösen oder ihnen einen Nutzen verschaffen. Die Differenzierung vom Wettbewerb und die Kaufmotivation liegen also nicht zwingend im oder am Produkt. Das traditionelle ‚Feature-Function-Benefit Selling' funktioniert nur noch in Verkäufermärkten. In den vorherrschenden Käufermärkten kommt der Kunde nicht erst am Ende der Innovationsentwicklung ins Spiel, sondern an deren Anfang.

Nachhaltige Wettbewerbsvorteile entstehen durch Effektivität (‚das Richtige tun'), nicht durch Effizienz (‚es richtig tun'). Das Richtige zu tun heißt auch, auf bestimmte Optionen bewusst zu verzichten. Wie Porter formuliert: „The essence of strategy is choosing what not to do" (Porter 1996).

Nachhaltiges Wachstum läuft über verschiedene Diffusionsphasen. Everett M. Rogers unterscheidet Innovatoren, Early Adopters, die Early Majority, die Late Majority und die Nachzügler (vgl. Rogers 2003). Mit der Diffusion verbunden ist natürlich auch eine schrittweise Senkung der Preise: Innovatoren haben eine deutlich höhere Preisbereitschaft als die breite Masse.

1.3.2 Hauptsache anders – Marke als Medium

Wir haben die Individualisierung bereits als Megatrend kennengelernt, ebenso das ihr zugrunde liegende Motiv der Selbstverwirklichung in einer multioptionalen Welt. Individualisierung beschreibt den Prozess der Ausweitung von Möglichkeitsräumen. Zunehmend unabhängig von Autoritäten wie Staat oder Kirche kann jeder Einzelne über seinen spezifischen Lebensstil bestimmen. Es geht also um Freiheit, Emanzipation, Autonomie. Der Individualisierungsprozess begann bereits mit der Entstehung der modernen bürgerlichen Gesellschaft des 19. Jahrhunderts, die mit dem Rückgang traditioneller familiärer und dörflicher Bindungen einherging und Selbstbestimmung zum Gegenstand hatte. Seit Mitte des 20. Jahrhunderts kam die Pluralisierung der Lebensstile hinzu, mit zunehmender Bedeutung von Identität und Sinn. In der spätmodernen Gesellschaft nach 1970 setzte sich dann die weiter oben (vgl. Abschn. 1.2.2) skizzierte Singularisierung durch (vgl. Reckwitz 2017).

Mit der zunehmenden Individualisierung ist nicht nur mehr Entscheidungsfreiheit, sondern auch mehr Entscheidungsdruck verbunden. Menschen müssen ihre privaten und geschäftlichen Beziehungen laufend überdenken, da ihnen Institutionen diese Entscheidungen nicht mehr abnehmen. Der Grad der Ausdifferenzierung von Märkten kann als Indikator für den Grad der Individualisierung angesehen werden.

Je größer der Wunsch nach Individualität oder gar Singularität, umso wichtiger ist das persönliche Profil. Bei der Profilierung steht eine angestrebte Wahrnehmung durch ausgewählte Zielpersonen im Mittelpunkt. Wer Profil hat, hebt sich von der anonymen Masse ab. Sowohl Unternehmen als auch Individuen streben nach Identität, um sich von anderen Unternehmen bzw. anderen Individuen zu unterscheiden. Eine zentrale Rolle für Profilierung und Identifikation spielen Marken. Während Produkte materielle Leistungen bieten, versprechen Marken ideelle Werte. Marken sind „Fiktionen, soziale Konstrukte, erfundene Wirklichkeit, Lebensgefühl und Lifestyle […], Glaubensgemeinschaften, die auf positiven wie negativen Vorurteilen sowie auf kollektiven Mythen basieren." (Albrecht 2018) Dieses Verständnis der Marke geht auf das Archetypenmodell des Schweizer Psychoanalytikers C.G. Jung (Jung 2011) zurück. Archetypen sind Grundmuster instinktiven Verhaltens und Teil des kollektiven Unbewussten, sozusagen Orientierung schaffende Urgedanken oder formale Rollenmuster. „Die allgemeine Tiefenpsychologie geht heute […] davon aus, dass unbewusste Inhalte als Deutungsmuster fungieren, die unserem Bewusstsein Orientierungshilfen bieten." (Gutjahr 2013: S. 23). Auf Marken bezogen bedeutet das: „Archetypen sind kollektive Deutungsmuster, die Marken weltweit Sinn geben können." (ebd.: S. 23) Weltweit deshalb, weil Archetypen sich als interkulturell stabil erwiesen haben und erweisen. Ein bekanntes Beispiel ist die Marke Red Bull, die sich des Rebellen-Mythos' der Ikarus-Story (‚Red Bull verleiht Flügel') bedient und wohl auch deshalb – eben weil uns die Geschichte vertraut vorkommt – in kurzer Zeit Bekanntheit und Identität aufbauen konnte.

Neben der Wirtschaftspsychologie haben die Neurowissenschaften wesentlich zum Verständnis der Funktion von Marken beigetragen. Die Marke wird nunmehr als Kommunikationsmedium beschrieben, das Bedeutungen an Zielgruppen vermittelt. Von Franz-Rudolf Esch treffend zusammengefasst: „Menschen sind Sinnsucher, Marken sind Sinnstifter" (Esch 2017). Definitionen aus Sicht des Neuromarketings lauten z. B. wie folgt: „Marken sind neuronale Netzwerke, in denen Produkteigenschaften und Emotions-welten verknüpft sind" (Häusel 2004: S. 152). Seit die Wirkung von Marken mithilfe funktioneller Magnetresonanztomographie gemessen werden kann und man damit in der Lage ist, Hypothesen zum Konsumentenverhalten zu verifizieren, ist allgemein bekannt, dass starke Marken Aktivierungen im limbischen System und Deaktivierungen im präfrontalen Cortex auslösen können. Das limbische System ist für emotionale Prozesse zuständig, in denen eine Verknüpfung mit Bedeutungsinhalten erfolgt, der präfrontale Cortex trifft die expliziten, rationalen Entscheidungen. Starke Marken funktionieren also über kortikale Entlastung und emotionale Belohnung, sie vermitteln sozusagen ein gutes Gefühl und ersparen uns anstrengende Denkprozesse. Wirtschafts-Nobelpreisträger Daniel Kahneman hat das Wirken der zwei Systeme im Gehirn aufgedeckt – das der intuitiven und das der bewussten Entscheidungen (Kahneman 2017). Das „schnelle Denken" spart nicht nur Energie, es führt oft sogar zu besseren Entscheidungen (vgl. Gladwell 2005). Implizite Entscheidungen dauern maximal zwei Sekunden, erst danach setzen kognitive Prozesse ein, die teilweise nur durchlaufen werden, um die intuitiv getroffene Wahl zu rationalisieren.

Abb. 1.5 folgt begrifflich Dieter Ahlert:

„Marken sind [..] psychologische Trägersysteme von kollektiven Deutungsmustern, die durch Konfrontation mit einem individuellen […] Zeichen im Gedächtnis aktiviert werden. Die Wirkungsstruktur einer Marke besteht aus einem veränderlichen Image und einer beständi-gen Substanz, gebildet durch komplexe gesellschaftliche Einflüsse, die z.T. im Unbewussten wurzeln. Unter der Markensubstanz wird die produktunabhängige unbewusste Sinngebung der Marke verstanden, deren wesentliche Bestandteile durch Emotionen geprägt sind. Die latente Markensubstanz wird durch Symbole und Bilder bzw. in Form von symbolischen und bildhaften Geschichten wie z. B. Märchen und Mythen transportiert. Neben der unbewuss-ten Markensubstanz ist das bereits vielseitig erforschte, bewusstseinsfähige Markenimage ein zentraler Markenbestandteil." (Ahlert 2005)

Tatsächlich sind rund 90 % des Markenwissens implizit, d. h. schnell, intuitiv und nicht bewusstseinsgegenwärtig. Fakten schaffen manchmal Differenzierung, erst die Verknüp-fung mit Emotionen aber schafft Identität (Aaker und Joachimsthaler 2001: S. 43 ff.). Marken interpretieren die von ihnen repräsentierten Produkte bzw. Programme, indem sie ihnen – eher affektiv als kognitiv – immaterielle Eigenschaften zuordnen. Dabei verbin-det die Marke das von ihr über einen Namen, ein Logo etc. repräsentierte Produkt bzw. Produktprogramm mit der ‚Speicheradresse' der Werte, Wünsche und Erwartungen im Kopf der Konsumenten. Die Markenstory liefert die notwendigen Interpretationshilfen.

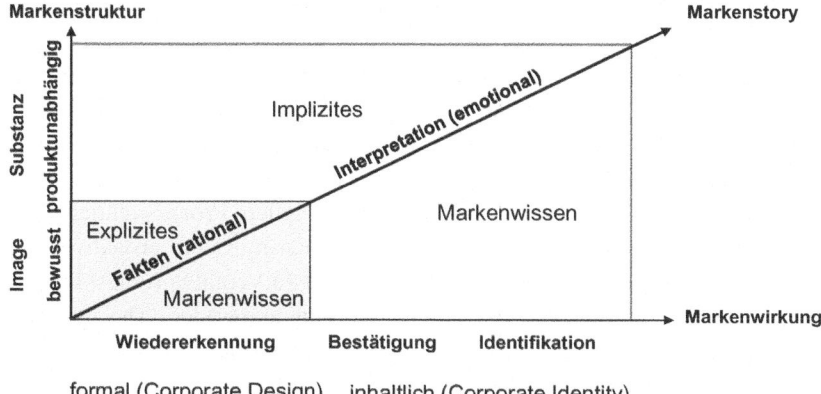

Abb. 1.5 Wie Marken funktionieren

Erfolgreiche Kommunikation zeichnet sich somit dadurch aus, dass sie Interpretationshilfen gibt, die eine Identifikation mit der Marke auslösen: Es geht um emotionales Verstehen (Empathie).

Was unterscheidet starke von schwachen Marken? Das von Gert Gutjahr entwickelte marktpsychologische Messmodell „Brand Success" sieht Markenstärke als Ergebnis der Attraktivität einer Marke mit den Komponenten Sympathie, Vertrauen und Differenzierung, der Marktpräsenz (Bekanntheit) und der Konkurrenz, mit dem Relevant Set als Messgröße (Gutjahr 2013: S. 49 ff.). Mit dem Sympathiewert einer Marke ist das emotionale Markenerlebnis gemeint, der Vertrauenswert reduziert das Kaufrisiko und unter dem Differenzierungswert versteht man die Unterscheidbarkeit vom Wettbewerb. Je stärker die Marke, umso höher ist ihr Wert, der technisch gesprochen aus dem Barwert aller zukünftigen Einzahlungsüberschüsse besteht, die mit der Marke erwirtschaftet werden (Kaas 1990: S. 48). Auf die verschiedenen Bewertungsmodelle muss hier nicht eingegangen werden. Wichtig ist aber, dass der Markenwert laut PricewaterhouseCoopers (PwC) über 50 % des Unternehmenswertes ausmacht, Tendenz steigend in Richtung 75 % (PwC Markenstudie 2019). In einem Satz zusammengefasst: Aus den immateriellen Werten der Markensubstanz ergibt sich ein erheblicher finanzieller Wert für das Unternehmen.

Erst wenn potenzielle Käufer mit einem Markennamen, einem Logo etc. Informationen (Produkteigenschaften, Verwendungszwecke u. ä.), vor allem aber Emotionen (Vorstellungen, Erlebnisse etc.) verbinden können, wird aus einem generischen Produkt eine Marke. Zu den materiellen Eigenschaften von Produkten kommt immaterieller Wert, zum funktionalen kommt ein idealer Nutzen. Unternehmen profilieren ihr Angebot, Individuen singularisieren ihren Konsum über das Kommunikationsmedium der Marke.

1.3.3 Hauptsache flexibel – Agilität als ‚Must'

Eines der populärsten Schlagwörter unserer Zeit ist ‚Agilität'. Das ihm zugrundliegende Konzept geht auf Steven L. Goldman (Goldman 1996) zurück. Im Begriff der Agilität steckt die Idee flexibler Strukturen und Prozesse. Traditionelle Aufbau- und Ablauforganisationen sind zu starr und langsam für die VUCA-Herausforderungen und müssen aufgebrochen, Hierarchien abgebaut werden. Einen agilen Prozessrahmen stellt z. B. der Scrum-Prozess dar (Maximini 2018). Hinzukommen muss ein proaktives, initiatives Mindset der handelnden Personen, also die Bereitschaft zu Verantwortungsübernahme und Eigeninitiative. Wie Bauhaus-Architekt Walter Gropius anmerkte: „The mind is like an umbrella: it functions best when open." ‚Iterativ' und ‚antizipativ' sind die Zauberwörter, auf die in diesem Buch genauer eingegangen werden soll.

Agilität ist u. a. gekennzeichnet durch:

- ein Zielbild, das sich in der Vision ausdrückt
- eine Organisationsstruktur, die sich an kundenspezifischen Abläufen orientiert
- Prozesse, die iterativ gedacht sind
- Führung, die sich nicht hierarchisch versteht („Peer Feedback" etc.)
- eine Kultur, die von Transparenz und Vertrauen geprägt wird.

Für Unternehmen und Privatpersonen gilt, bei strategischen Entscheidungen mögliche Folgeentscheidungen im Blick zu haben. Jede Entscheidung nämlich ist auch ein Präjudiz, mindestens indirekt. Steckt etwa ein Automobilhersteller alle vorhandenen Ressourcen in die Entwicklung von E-Mobilität, so ist die Möglichkeit eingeschränkt, mit einem weiteren Strategiewechsel auf grünen Wasserstoff umzusteuern, sollte sich dieser als effizientere Lösung für CO_2-neutrales Fahren herausstellen.

Das Problem von Folgeentscheidungen soll an folgendem Beispiel nochmals gezeigt werden. Bei Berufseinsteigern stehen moderaten Gehältern naturgemäß hohe Ausgaben für Wohnung, Einrichtung, Auto etc. gegenüber. Und so löst ein neues Jobangebot, verbunden mit einer attraktiven Gehaltserhöhung, einen besonderen Reiz aus. Was dabei leicht aus dem Sichtfeld gerät, ist die Tatsache, dass manche Job- und Branchenentscheidungen in eine Sackgasse führen können.

Auf das Lebenseinkommen gerechnet ist die Gehaltsentwicklung der ersten Berufsstationen von untergeordneter Bedeutung. Denn erst mit 35 Jahren plus-minus trennt sich die Spreu vom Weizen. Als Vorstand oder Partner kann inklusive Boni schon mal eine Verdoppelung oder Verdreifachung erfolgen, während die weniger Erfolgreichen weiterhin mit den üblichen 5 % Gehaltserhöhung pro Jahr leben müssen. Wenn aber der Zeitpunkt, an dem die Schere auseinandergeht, für einen heute 25-Jährigen, sagen wir in 8–12 Jahren liegt, geht es doch jetzt darum, zu diesem Tag X ein überlegenes Profil vorweisen zu können. Um über alle bis dahin notwendigen theoretischen und praktischen Fähigkeiten zu verfügen, muss man aber auf der Karriere-Autobahn unterwegs gewesen sein, nicht auf Feldwegen.

▶   Um in einer ungewissen Zukunft Chancen nutzen zu können, braucht es aus-
    reichend Handlungsoptionen, die man sich nicht unter Wert ‚abkaufen' lassen
    sollte.

Zum richtigen Zeitpunkt mit der richtigen Qualifikation und der richtigen inneren Überzeugung am richtigen Ort zu sein, setzt voraus, dass die Freiheitsgrade von Folgeentscheidungen durch die aktuelle Entscheidung nicht eingeschränkt werden. Der Verzicht auf Optionen wird in Form einer Einkommenserhöhung honoriert, d. h. Flexibilität hat einen Wert. Dieser Wert kann sich im Laufe der Zeit erhöhen, sodass der Aufbau eines ‚Optionen-Portfolios' mehr Wertschöpfung verspricht als ein schnelles Cash-in. Um auf unser Beispiel zurückzukommen, lohnt ein Deal ‚Flexibilität gegen Gehalt' gerade am Anfang der Karriere i. d. R. nicht. Dies wird einem sofort klar, wenn man das Thema vom Ende her denkt. Um in einer ungewissen Zukunft Chancen nutzen zu können, braucht es ausreichend Handlungsoptionen, die man sich nicht unter Wert ‚abkaufen' lassen sollte.

1.3.4 Der Ruf nach disruptiven Innovationen

Es ist unbestreitbar, dass in einer Welt des Wandels nur Innovationen für relevante Differenzierung zum Wettbewerb und damit für nachhaltig profitables Wachstum sorgen können. Die Frage ist allerdings, ob neue Geschäftsmodelle, neue Produkte, verbesserte Prozesse oder Marken-Repositionierungen den gesamten Markt revolutionieren müssen (wie das iPhone im Bereich der mobilen Telefonie) oder ob es auch ausreicht, durch Unternehmensinnovationen mit dem Wandel im Markt Schritt zu halten. Wie sind Chancen und Risiken gegeneinander abzuwägen?

   Clayton Christensen, bis zu seinem Tod Anfang 2020 Professor für Betriebswirtschaftslehre an der Harvard Business School, hat 1997 eine bahnbrechende Theorie disruptiver Technologien entwickelt (vgl. Christensen 1997).

   Christensen stellt fest, dass Unternehmen unter dem Druck, den Erwartungen der Shareholder zu entsprechen, Entscheidungen treffen, die disruptiven Innovationen neuer Wettbewerber unfreiwillig den Weg in den Markt ebnen. Das Muster ist immer das Gleiche: Startups mit neuen Geschäftsideen tauchen im Markt auf. Sie werden von den etablierten Unternehmen weitgehend ignoriert, weil ihre Produkte qualitativ unterlegen sind. Nach einigen Optimierungen wird das Angebot der Newcomer für experimentierfreudige und kostenbewusste Kunden allerdings akzeptabel. Die Marktführer ziehen sich unter dem Applaus der Analysten aus den margenschwachen Segmenten zurück und konzentrieren sich auf die qualitative Verbesserung ihrer profitabelsten Produkte. Auch die neuen Wettbewerber arbeiten weiter an Qualitätsverbesserungen, bis sich ihre Produkte schließlich im Massenmarkt behaupten können. Jetzt kippt der Markt: Es entsteht ein neues Wettbewerbsgleichgewicht.

„In every […] industry, the unlocked entryway is in the basement of the established firms" (Christensen et al. 2013). Der Einstieg von unten unterstellt Massenmarkttauglichkeit, also die Fähigkeit, Kunden zu gewinnen, für die die Produktkategorie bisher nicht erschwinglich war. Christensen würde etwa wie folgt argumentieren: Ein Benziner-Golf kostet mindestens 20.000 €, der elektrische VW ID3 ist ab 35.000 €, der Tesla Model 3 ab 46.000 € zu haben. Wer sich bisher kein Auto leisten konnte, kann auch keinen Tesla kaufen. Für alle anderen ist Tesla einfach eine substitutive Produktalternative.

Marktführer können sich aber auch wehren. Solange die Marktregeln gelten, die diese Unternehmen an die Spitze des Marktes gebracht haben, ändert sich nichts im Machtgefüge. Marktführer werden also – mittels sozialer Achtung oder Ächtung – auf die Befolgung dieser Regeln pochen. Wenn sie klug sind und sich des „Innovator's Dilemma" (Christensen 1997) bewusst, werden sie einem potenziellen Regelbruch proaktiv begegnen.

Ein besonderer Vorteil von Marktführern besteht darin, ihre Markenstärke in die Waagschale werfen zu können. Manche wählen sogar bewusst die ‚Second to Market'-Strategie, bei der sie einer erfolgversprechenden Innovation folgen und dabei ihre Bekanntheit (manchmal auch weitere Kundennutzen oder einen günstigeren Preis) ausspielen, um den Innovator sofort vom ersten Platz zu verdrängen. Im deutschen Raum ist Nivea ein Beispiel für diese besonders effiziente (geringe Entwicklungskosten) und effektive (geringes Risiko) Strategie.

Noch eine Anmerkung zu dem aktuell sehr präsenten Wettbewerb zwischen Tesla und VW. Wenn Economies of Scale über den Ausgang dieser Auseinandersetzung entscheiden, hat Tesla keine Chance. Wer elf Millionen Pkws mit Verbrennungsmotor im Jahr verkauft und mit 660.000 Beschäftigten diverse Produktionsstätten weltweit betreibt, ist finanziell und technisch in der Lage, auch in der Elektromobilität eine führende Position zu behaupten. So will Volkswagen bis 2025 drei Millionen Elektroautos pro Jahr fertigen. Teslas Chancen liegen in der überlegenen Software und in der selbstentwickelten Batterietechnologie. Der Showdown könnte im chinesischen Markt stattfinden: Ausgang offen.

Eines der Buzzwords unserer Zeit ist ‚Disruption'. Dabei ist der Gedanke dahinter keineswegs neu. Schon Joseph Schumpeter, bedeutender Nationalökonom der ersten Hälfte des 20. Jahrhunderts, benutzte das Synonym der ‚schöpferischen Zerstörung' als Ausdruck wirtschaftlichen und technischen Fortschritts und beschrieb damit den Prozess, durch den alte Güter und Produktionsverfahren ständig durch neue ersetzt werden. Wer geltende Regeln außer Kraft setzt und neue etabliert, wird als ‚Gamechanger' bezeichnet. Voraussetzung ist natürlich, dass Person oder Unternehmen, z. B. über ein neues Produkt (das bestehende Produkte obsolet macht) oder eine neue Technologie (die weitaus effizienter ist als existierende Technologien) starken Einfluss auf einen Markt ausüben kann. Wer ‚Gamechanger' sein will, muss Regeln brechen und damit ein hohes Risiko des Scheiterns eingehen, da unklar ist, wie der Markt (Nachfrager, Wettbewerber) und das Marktumfeld (Staat, Öffentlichkeit) reagieren werden.

Während der Begriff ‚Gamechanger' sehr plastisch auf Regeln in Spiel, Sport etc. Bezug nimmt, drückt der verwandte, aus der Welt der Wissenschaft stammende Begriff ‚Paradigmenwechsel' ein Umdenken, genauer gesagt eine Veränderung von Grundannahmen aus. ‚Gamechanger' und ‚Paradigmenwechsel' beleuchten zwei Aspekte von Disruption: den realen Anlass, der zur Disruption bestehender Märkte führt und den kognitiven Rahmen, in dem wir den Markt wahrnehmen.

Beginnen möchte ich mit einem ‚Gamechanger' im engeren Sinne: Dick Fosbury war ein durchschnittlicher US-Hochspringer, der wie aus dem Nichts kurz vor den Olympischen Spielen 1968 erstmals überregional in Erscheinung trat. Als Ingenieurstudent schien ihm die Sprungtechnik seiner Zeit, der Straddle, biomechanisch nicht optimal und so experimentierte er mit einem Sprungstil, bei dem man rücklings über die Latte fliegt. Fünf Trainer brachte er mit seiner Idee zur Verzweiflung (einer soll ihm geraten haben, damit im Zirkus aufzutreten), aber am 20. Oktober 1968 wurde er in Mexiko Olympiasieger. Innovation? Auf jeden Fall! Regelbruch? Jein! Einerseits hat Fosbury den Hochsprung mit seinem ‚Flop' revolutioniert, andererseits hat er sich an die formalen Regeln gehalten, die besagen, dass Gewinner im Hochsprung derjenige mit der größten übersprungenen Höhe ist, wie auch immer er das anstellt (und in der Tat gab es vor dem Straddle auch andere Techniken wie den Schersprung). Ich würde sagen, Fosbury hat die Regeln (verstanden als ‚Gesetze') nicht gebrochen (z. B. indem er eine neue Sportart kreiert oder absprungunterstützende Schuhe entwickelt hätte), aber neue Regeln (verstanden als ‚Technik') etabliert.

Als ‚Gamechanger' wird gemeinhin Uber angesehen. Das Unternehmen wurde 2009 als Limousinen-Service in San Francisco gegründet. 9 Jahre später betrug Ubers Umsatz bereits 11,3 Mrd. US$. Beteiligt am Unternehmen ist das ‚Who is Who' der internationalen Wirtschaftswelt, von Goldman Sachs, Google bis zu Toyota. Neu bei Uber ist nicht die Idee des Taxifahrens, sondern die digitale Abwicklung des Prozesses von der Bestellung bis zur Bezahlung, mit Nutzen für die Nachfrager (Convenience, Kosten etc.) und für die Anbieter (Einnahmequelle etc.). Die disruptive Speerspitze des breiten Unternehmensangebots ist UberPop, eine Dienstleistung, die private Fahrer mit ihren Pkw an beförderungswillige Kunden vermittelt. Eine Share-Economy-Idee, die in Deutschland auf einen stark regulierten (PBefG) Markt trifft (spezieller Führerschein, geeichter Wegstreckenzähler etc.). Mehrere Gerichte sahen UberPop als wettbewerbswidrig an, sodass Uber den Dienst 2015 einstellen musste. Doch selbst die Vermittlung an lokale Mietwagen- und Taxiunternehmen via Uber-App ist umstritten, weil Aufträge direkt beim Fahrer, nicht bei der Taxi-Zentrale eingehen. Das Landgericht Frankfurt hat Uber Ende 2019 untersagt, über seine App Beförderungen per Mietwagen anzubieten. Am Fall Uber Deutschland wird deutlich, dass Disruption in regulierten Märkten sehr schwierig sein kann. In 2022 wurden die sogenannten Uber Files, 140.000 geleakte Dokumente, von einem Netzwerk internationaler Investigativ-Journalisten veröffentlicht. Sie zeigen, wie

Uber zwischen 2013 und 2017 versuchte, Einfluss auf den öffentlichen Diskurs und auf politische Entscheidungsprozesse zu gewinnen. Mehrere PR-Agenturen steuerten Ubers kommunikativen Auftritt inklusive einschlägiger juristischer Gutachten renommierter Wissenschaftler, prominente Ex-Politiker nutzten ihr Netzwerk, um das Personenbeförderungsgesetz zugunsten des US-Konzerns zu ändern. Alles ohne durchschlagenden Erfolg.

Dass Disruption funktionieren kann, lässt sich am Fall (im doppelten Sinne des Wortes) des Weltmarktführers der Analog-Fotografie Kodak zeigen. Im Jahr 2012 stellte Kodak Insolvenzantrag. Hatte man in der Entwicklung digitaler Technologien den Anschluss verpasst? Keineswegs! Kodak selbst hatte die Digitalfotografie 1975 erfunden! Über Jahre hielt man alle relevanten Patente und verdiente mit deren Lizensierung viele Millionen Dollar. Nur brachte Kodak selbst keine Digitalkameras auf den Markt, weil man das lukrative Geschäft mit fotografischen Filmen nicht gefährden wollte. Stattdessen wurde die Analogfotografie weiter verbessert, weiter, als es Amateurfotografen brauchten und preislich honorierten. Eines Tages kippte der Markt: Die Einfachheit und Kosteneffizienz der Digitalfotografie war für viele Konsumenten zu verlockend. Innerhalb von 3 Jahren wuchs der Marktanteil von Digitalkameras von 5 % auf 90 %. Erst jetzt stieg Kodak in den Markt ein. Zu spät! Für Kompetenz in der Digitalfotografie standen andere Unternehmen, teilweise Kodak-Lizenznehmer. Der Launch misslang.

Das „Innovator's Dilemma" bestand darin, dass Kodak irgendwann zwischen 1975 und 2012 sein äußerst profitables Geschäftsmodell zugunsten einer in Umsatz und Ertrag weitaus weniger attraktiven Technologie hätte aufgeben müssen. Man wollte offenbar seinen Shareholdern diesen partiellen Einbruch nicht zumuten und hat stattdessen den totalen Zusammenbruch riskiert. Kodak ist sein eigener Erfolg zum Verhängnis geworden! Das Management hat eigentlich lehrbuchmäßig gehandelt, hat kontinuierlich die Produkte optimiert und in die profitabelsten Projekte investiert – und ist genau damit gescheitert. Bei Clayton Christensen klingt das so:

> „The very decision-making and resource-allocation processes that are key to the success of established companies are the very processes that reject disruptive technologies: listening carefully to customers; tracking competitors' actions carefully; and investing resources to design and build higher-performance, higher-quality products that will yield greater profit. These are the reasons why great firms stumbled or failed when confronted with disruptive technological change." (Christensen 1997)

Nicht unerwähnt bleiben darf an dieser Stelle, dass die Digitalkamera, also das Produkt, das die analoge Fotografie weitgehend ausgelöscht hat, ihrerseits ein bis zwei Jahrzehnte später substituiert zu werden droht. In 2021 war der Umsatz von Digitalkameras in Deutschland laut Photo-Industrie-Verband 85 % geringer als in 2011 (bei Kompaktkameras sogar 92 %). Dahinter steht natürlich die disruptive Innovation des Smartphones.

2013 haben Christensen/Wang/van Bever einen Aufsatz zur Zukunft der Unternehmensberatungs-Branche veröffentlicht, an dem die Idee der Disruption weiter verdeutlicht werden kann (Christensen et al. 2013). „Two factors – opacity and agility – have long made consulting immune to disruption" (ebd.). Typisch für Singularitätsmärkte lässt sich der Erfolg von Beratung schwer messen. Stattdessen beeinflussen Marke, Reputation und ‚social proof' die Entscheidung für ein Consulting-Unternehmen. Aber der Markt ist transparenter geworden, u. a. weil viele ehemalige Berater die Seite gewechselt haben. Jetzt sind Auftraggeber besser in der Lage, ihre Fragestellungen zu präzisieren und nicht für Funktionen zu zahlen, die sie gar nicht benötigen. Dies führt zu einer zunehmenden Modularisierung der Branche. „As access to knowledge is democratized, opacity fades and clients no longer have to pay the fees of big consulting firms." (ebd.) Aus dieser Entwicklung folgt, dass Beratungsfirmen ihr Know-how zukünftig auch in Form von Intellectual-Property-Produkten verkaufen oder lizensieren werden, wie es z. B. McKinsey mit ‚Solutions' bereits praktiziert. „The traditional boundaries between professional services are blurring, and the new landscape will present novel opportunities. […] The first firms to offer interdependent solutions to problems arising at these intersections stand to gain the lion's share of the value." (ebd.) Je spezifischer das Angebot, umso schwieriger ist es zu imitieren – es entsteht ein Nischenmonopol.

In Abb. 1.6 werden die Anmerkungen zu disruptiven und evolutionären Innovationen zusammengefasst.

Clayton Christensen unterscheidet zwischen evolutionären (oder inkrementellen) Innovationen, die das spezielle Leistungsprofil bestehender Produkte in bestehenden Märkten ausbauen, und disruptiven Innovationen, die einen ganz neuen Nutzen bieten und so neue Kundensegmente erschließen helfen. Tatsächlich beschreibt Christensen noch eine dritte Form, die Effizienzinnovation (z. B. Prozessoptimierung). Nach Christensens Auffassung

Innovation	disruptiv	evolutionär
Produkt	Neue, zunächst qualitativ unterlegene Leistungsmerkmale	Verbesserung der zentralen Leistungsmerkmale
Markt / Kunden	Nischenmarkt mit Fokus auf Innovatoren oder Kostenbewusste	Mainstream-Markt mit Fokus auf profitabelste Kunden
Geschäftsmodell	Neues Wertangebot, Digitalisierung	Für Stammkunden optimiertes Wertangebot
Ertragssituation	Verluste, hohe Risiken	Sehr profitabel

Abb. 1.6 Arten von Innovationen

bringen Effizienzinnovationen die höchsten Renditen, aber kein Wachstum, evolutionäre Innovationen substituieren Umsatz, generieren aber keinen neuen. Nur disruptive Innovationen führen zu Wachstum.

1.3.5   Beispiel E-Mobilität

Es soll Menschen geben, die Carl Benz für den Erfinder des Benziners und Elon Musk für den Erfinder des Elektroautos halten. Aber wie war es wirklich?

Tatsächlich gilt der ‚Benz Patent-Motorwagen Nummer 1' aus dem Jahr 1886 als erstes Automobil mit Verbrennungsmotor. Zu dieser Zeit gab es allerdings bereits Dampfkraftwagen und Elektroautos. Als Erfinder von Fahrzeugen mit Elektromotor und wiederaufladbarer Batterie gilt der französische Physiker Gustave Trouvé (1881).

Wie in Abschn. 1.1.2 erwähnt, wurden im Jahr 1900 in den USA etwa 40 % der Automobile mit Dampfkraft, 38 % elektrisch und 22 % mit Benzin betrieben. Der Hauptgrund für den Sieg des Verbrennungsmotors im Systemwettbewerb war die aufgrund der hohen Energiedichte von Benzin erzielbare Reichweite. Aber es spielte ein zweiter Faktor eine Rolle. Während Elektroautos als langweilige Lieferwagen wahrgenommen wurden (tatsächlich wurden sie aufgrund der Reichweitenproblematik überwiegend dafür eingesetzt), galt der Benziner als Erlebnisobjekt für Technikinteressierte. Es gab also objektive und subjektive Argumente für den Verbrennungsmotor und gegen die Elektromobilität.

In den 90er Jahren des vergangenen Jahrhunderts unternahmen verschiedene Automobilproduzenten den erneuten Versuch, Elektromodelle in Serienfertigung einzuführen. Trotz leistungsfähigerer Akkus floppten Einführungen wie der Volkswagen Golf City-STROMer auf ganzer Linie.

2006 dann kam Tesla auf den Markt. Zunächst mit dem Roadster, einem teuren Sportwagen mit 350 km Reichweite. Es folgten das Model S in 2012 (ein Oberklasse-Fahrzeug mit fast 600 km Reichweite) und das Model 3 in 2017 mit ca. 550 km Reichweite. Warum hat Tesla geschafft, was 130 Jahre lang niemandem gelang? Da ist zunächst die Reichweite zu erwähnen. Tesla hat sich von Anfang an auch als Batterieentwickler gesehen und Milliarden in F&E und eine eigene Produktion investiert. Außerdem hat man sich selbst um Ladestationen gekümmert: Weltweit gibt es etwa 40.000 T Supercharger-Anschlüsse (ecomento 2022). Ein Erfolgsfaktor, der vor allem in Zukunft entscheidend werden dürfte (und damit auch den hohen Börsenwert von Tesla erklärt) ist das Software-gestützte Datenmanagement. Das „Over the Air Update" ist Ausdruck einer Strategie, die Tesla beim selbstfahrenden Auto einen Vorsprung garantieren dürfte. Die traditionellen Autohersteller brauchen nämlich für die nächsten Schritte bei Fahrerassistenzsystemen und Infotainmentlösungen Kooperationspartner wie den Entwickler Nvidia und/oder den Chiphersteller Qualcomm. Und Tech-Konzerne lassen sich für ihre digitale Schlüsseltechnik, wie das Handelsblatt berichtet (Handelsblatt 17.02.22), nicht wie traditionelle Automobilzulieferer mit Festpreisen abspeisen, sondern verlangen ein Revenue Sharing von mehr als 40 %.

Batterieforschung, Ladeinfrastruktur, Softwareentwicklung: Bei Tesla wurde offensichtlich nicht nur ein neues Produkt, sondern ein gänzlich neues System eingeführt. Wichtig für Teslas Erfolg ist natürlich auch das Image des Unternehmens: Tesla ist Kult und Elon Musk eine Art Guru (wie vor Jahren Apple und Steve Jobs). Wo andere Firmen Kunden haben, haben Tesla und Musk Fans, insbesondere unter den Millennials in den sozialen Netzwerken. Die Mission von Tesla ist es, den Einsatz nachhaltiger, umweltverträglicher Mobilität zu beschleunigen. Die Innovatoren und Early Adopters von heute schätzen Zeitgeist-Marken mit Coolnessfaktor, technologiegetrieben und lifestylig zugleich. Die Image- oder Markenebene kann man von der konkreten Produktebene trennen. Zwischen beiden entwickeln sich die reale und wahrgenommene Differenzierung sowie Sympathie und Vertrauen. Es scheint aber noch eine dritte Ebene zu geben, die mit dem politischen und gesellschaftlichen Umfeld zu tun hat. Seit die EU-Kommission im Sinne des Pariser Klimaabkommens empfohlen hat, ab 2035 keine Autos mit Verbrennungsmotor mehr zuzulassen, bekam der Elektrofahrzeugmarkt einen starken Schub.

▶ Ob sich eine Innovation durchsetzen kann, entscheidet sich auf drei Ebenen, der Produktebene, der Markenebene und der Ebene gesellschaftlicher Trends.

Vor 130 Jahren setzten sich Elektroautos nicht durch, u. a. weil die Käufer von Pkw technikaffine Männer waren. Der zweite Versuch einer Einführung scheiterte u. a. daran, dass sich die Benzinpreise nach der Ölkrise schnell wieder normalisierten. Wenn jetzt Tesla als Pionier und die anderen Automobilproduzenten als Follower den Durchbruch geschafft haben, hat das auch damit zu tun, dass viele Konsumenten die Rettung des Planeten für wichtiger halten als die Vorzüge leistungsstarker Verbrenner-Pkw.

Ob sich eine Innovation durchsetzen kann, entscheidet sich also offenbar auf drei Ebenen: der Produktebene, der Markenebene und der Ebene gesellschaftlicher Trends. Die Ebenen sind nicht unabhängig voneinander, werden aber über unterschiedliche Dimensionen definiert. Innovatoren und Early Adopters finden im System Tesla ihren Motivmix perfekt abgebildet. Ohne Tesla wäre das Elektroauto wohl nicht so in den Fokus gerückt, wie dies seit gut 10 Jahren der Fall ist. Ohne die öffentliche CO_2-Debatte wäre aber wohl auch Tesla ein kleines Nischenthema geblieben.

Der Zusammenhang zwischen Technologie- und Nutzeninnovationen, wie sie Clayton Christensen versteht, und den großen Trends, die den gesellschaftlichen Diskurs prägen, wird uns in den folgenden zwei Kapiteln beschäftigen.

Und ich nehme gern vorweg, dass eine rein wirtschaftstheoretische Sicht Phänomene wie Tesla, Uber, Airbnb etc. nicht vollständig erklären kann.

1.4   Zusammenfassung

In diesem Kapitel haben wir uns mit folgenden Themen beschäftigt:

Wandel
Anbieter und Nachfrager reagieren auf die gesellschaftlichen und technologischen Veränderungen und verursachen so einen permanenten Wandel. Dabei geht es Unternehmen um Wettbewerbsfähigkeit und Wachstum; Individuen wollen, ihren persönlichen Motiven folgend, Probleme lösen oder Nutzen erzielen.

Trends
Megatrends sind die wirkungsstärksten Change Agents. Sie eröffnen Marktakteuren Chancen, Unternehmen ebenso wie Privatpersonen. Nur mit der Unterstützung von Trends lassen sich Innovationen gegen die Marktführer und ihre Regeln durchsetzen.

Märkte
Märkte sind die Spielfelder, in deren Rahmen strategische Entscheidungen getroffen werden und von deren Beschaffenheit Erfolg oder Misserfolg dieser Entscheidungen abhängen. Die Kommunikation zwischen Anbietern und Nachfragern läuft i. d. R. über Marken. Auf symbolischer Ebene erfolgen auch die Versuche, Einfluss auf Netzwerke und Deutungshoheit im Diskurs zu gewinnen.

Zukunft
Niemand kann in die Zukunft schauen und doch muss man mit ihr umgehen. Das setzt Strategie und Agilität voraus. Wer über keinen Plan verfügt bzw. nicht in der Lage ist, diesen flexibel an ein volatiles, unsicheres, komplexes und mehrdeutiges Umfeld anzupassen, erreicht seine Ziele nicht.

… und was hat das alles mit mir zu tun?
Eine ganze Menge, wenn es Ihnen darum geht, gute strategische Entscheidungen zu treffen. Ohne ein genaues Verständnis der Rahmenbedingungen wäre Erfolg purer Zufall. Die folgende Checkliste soll Ihnen dabei helfen, sich über die Ausgangsposition vor der anstehenden Entscheidung klar zu werden.

1.5   Checkliste: Analyse der Ausgangssituation

- Worin genau besteht meine strategische Herausforderung?
  Beschreiben Sie, welches Problem Sie lösen bzw. welchen Nutzen Sie erzielen wollen – sei es geschäftlich oder privat!

- Um welchen Markt geht es? Ist es ein Käufer- oder ein Verkäufermarkt? Bin ich Anbieter oder Nachfrager? Mit wem konkurriere ich?
  Beschreiben Sie Ihre Rolle und Verhandlungsposition im Markt!
- Welche formellen und/oder informellen Marktregeln existieren?
  Beschreiben Sie, wie das Problem heute gelöst bzw. der Nutzen generiert wird! Unterscheiden Sie dabei streng zwischen notwendigen Funktionen und überflüssigen Konventionen!
- Welche Megatrends und soziokulturellen bzw. technologischen Subtrends spielen für meine Fragestellung eine Rolle?
  Beschreiben Sie die zu erwartenden Veränderungen in den nächsten 5–10 Jahren, indem Sie in Trendmaps insbesondere die Schnittstellen analysieren, an denen es zu Tipping Points kommen kann.
- Welche Ziele verfolge ich, welche Motive bestimmen mein Handeln?
  Beschreiben Sie, was Sie wie antreibt, die Herausforderung zu bestehen!
- Ist es im Sinne Ihrer Ziele und Motive klüger, im Rahmen der bestehenden Marktregeln zu handeln oder neue Wege einzuschlagen?
  Beschreiben Sie die damit verbundenen Chancen und Risiken!
- Wenn ich jetzt eine bestimmte Entscheidung treffe, hat diese einen beschränkenden Einfluss auf Folgeentscheidungen? Wie erhalte ich mir die in der VUCA-Welt notwendigen Freiheitsgrade?
  Beschreiben Sie Ihre voraussichtlich nächsten Züge und versuchen Sie, das Thema vom Ende her zu denken!

Entscheidungen – wie man sie richtig trifft 2

Zusammenfassung

Zielsetzung des 2. Kapitels ist es, den Prozess der Entscheidungsfindung zu verstehen. Insbesondere lineares Denken und eine eingeschränkte Wahrnehmung führen zu falschen Entscheidungen. Der gezielte Einsatz wissenschaftlicher Modelle und bewährter Heuristiken trägt dazu bei, die hohe Floprate strategischer Entscheidungen zu verringern.

Abb. 2.1 stellt den Aufbau des Kapitels dar: der Einsatz von Methoden – sei es ‚science‘ oder ‚art‘ – erhöht die Wahrscheinlichkeit erfolgreicher Entscheidungen.

▶ **Wichtig**
Was der Wissenschaft gefällt, wird darum der Kunst nicht taugen.
   Beide schaun dieselbe Welt, doch mit ganz verschiednen Augen!
   Emanuel Geibel, Lyriker, 1815–1884

2.1 Herausforderungen an Entscheidungsträger

Nachdem wir uns im ersten Kapitel mit externen Bedingungen strategischer Entscheidungen beschäftigt haben, stehen in diesem Kapitel interne Aspekte im Mittelpunkt. Das soziokulturelle und technologische (natürlich auch das politische) Umfeld bestimmt den Handlungsspielraum von Entscheidern, die Entscheidungsqualität innerhalb dieses Rahmens ist, wie man so schön sagt, ‚hausgemacht‘.

© Der/die Autor(en), exklusiv lizenziert an Springer Fachmedien Wiesbaden GmbH, ein   41
Teil von Springer Nature 2023
P. Gröndahl, *Markterfolg durch zukunftsfähige Entscheidungen*,
https://doi.org/10.1007/978-3-658-41206-7_2

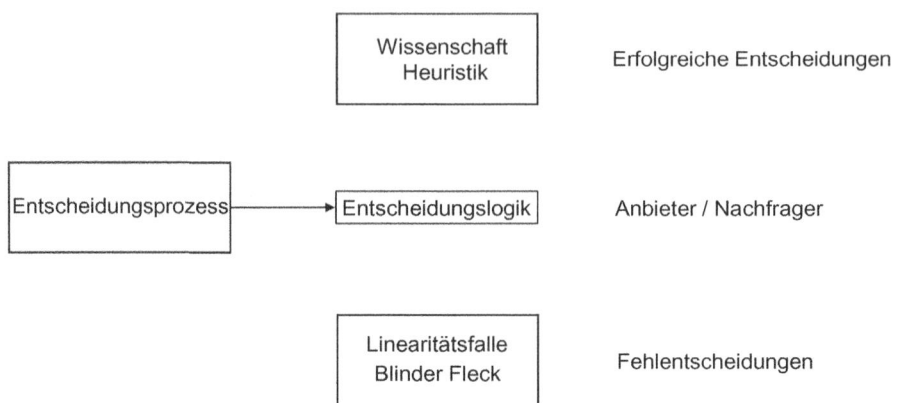

Abb. 2.1 Überblick Kap. 2

Strategische Entscheidungen werden nicht ad hoc getroffen, ihnen liegt ein Prozess aus Zielformulierung, Informationsauswertung, Definition von Handlungsalternativen, Antizipation der Entscheidungskonsequenzen etc. zugrunde. Schauen wir uns also im Folgenden Entscheidungsprozesse genauer an, um Erfolgsfaktoren und Fehlerquellen zu identifizieren.

2.1.1 Entscheidungen mit langfristiger Wirkung

Betrachten wir zunächst drei typische Fälle strategischer Entscheidungssituationen und wie zwei Wirtschaftsunternehmen und ein Kulturbetrieb damit umgingen (zu Fällen aus dem privaten Umfeld vgl. Abschn. 3.2.4).

Die Erfindung des europäischen Porzellans ist untrennbar mit den Namen Böttger und Meissen verbunden. Zwar konnte Johann Friedrich Böttger nicht das versprochene Gold, dafür aber seit 1708 ‚weißes Gold‘ entwickeln, das Kurfürst August der Starke ab 1710 von der ‚Königlich-Polnischen und Kurfürstlich-Sächsischen Porzellan-Manufaktur‘ in der Meißener Albrechtsburg herstellen ließ.

Wenn man sich vor Augen führt, welche Rolle Porzellanfiguren und -service in der höfischen Gesellschaft des 18. Jahrhunderts spielten, und wie wir heute unsere Tische decken, und wenn man die Opulenz des Barocks mit der Ästhetik unserer Zeit vergleicht, kann man sich vorstellen, welche Herausforderungen die Porzellan-Manufaktur Meissen in den 300 Jahren ihrer Firmengeschichte zu bestehen hatte.

Aber springen wir mal direkt in die Neuzeit. Anfang der 90er Jahre, also direkt nach der Wende, geriet der Porzellanmarkt in eine Krise, die bis heute mehr oder minder anhält. Der soziokulturelle Wandel brachte es z. B. mit sich, dass ‚Hochzeitstische‘ aus der Mode kamen, dass Service (nach IKEA-Prinzip) zu Verbrauchsartikeln wurden und dass man lieber ins Restaurant ging als täglich zu kochen. Überkapazitäten führten zu Preisverfall, schwächelnde Herstellermarken wurden von den Marktführern aufgekauft und der Fachhandel verschwand allmählich aus den Innenstädten. Die Zahl der Beschäftigten in der Porzellanindustrie ging seither um etwa 85 % zurück.

Immerhin genoss die Luxusmarke Meissen mit ihrer einmaligen Tradition hohe Bekanntheit und Sympathie (mehr zu Luxusmarken unter Abschn. 3.1.1.2). In einer Studie der KPMG (KPMG 2009) rangierte Meissen mit 86 % Markenbekanntheit und 35 % Markensympathie in Deutschland vor den großen Luxusmarken Louis Vuitton (43 %/9 %), Gucci (84 %/21 %) oder Prada (72 %/12 %). Diese drei realisieren allerdings Umsätze von 14, 10 bzw. 3,5 Mrd. € und setzen Marketingbudgets um die 25 % ein (Okonkwo 2007: S. 145), das sind im Schnitt etwa 2 Mrd. €. Meissen dagegen setzte in den letzten Jahren durchschnittlich 30 Mio. € um. Das Marketingbudget dürfte im niedrigen einstelligen Millionenbereich liegen, also bei etwa 0,1 % der Luxusmarken. Wie kann das sein?

Ich vermute, dass sich die Meissen-Geschäftsführung in 2009 genau diese Frage auch gestellt hat, nachdem bei rückläufigem Umsatz trotz Personalabbaus ein Verlust von 6 Mio. € eingefahren worden war. 2010 begann man daher, das Kernsortiment um Luxusartikel aus den Bereichen Inneneinrichtung, Uhren, Schmuck, Mode und Accessoires zu erweitern. Erklärtes Ziel: Das Angebot sollte durch Produktinnovationen ‚verjüngt' werden, um unter den Submarken Home, Joaillerie, Accessoires und Couture neue Zielgruppen ansprechen zu können. Es ging um eine Repositionierung der Porzellanmarke als Luxus-Lifestyle-Marke. Damit sind zwingend Signature- oder Flagship-Stores verbunden: Meissen-Stores in Berlin (2), Dresden (2), Hamburg, Erfurt, München, Stuttgart, Köln, Frankfurt und London sollten die Marke öffentlich inszenieren.

Nachdem in 2014 mehr als 19 Mio. € Verlust bei 38 Mio. € Umsatz verbucht werden mussten, stoppte das Sächsische Finanzministerium als Vertreter des Eigentümers der Manufaktur das Experiment Luxus-Lifestyle. Man stellte einen neuen Geschäftsführer ein und gab die neue Richtung mit „Konzentration auf das Kerngeschäft Porzellan" vor.

Was genau machte die strategische Entscheidung der Marken-Repositionierung von Meissen so schwierig? Dass man die Marke in den Mittelpunkt der Neuausrichtung des Unternehmens gestellt hatte, war sicher richtig, denn deren hohe Bekanntheits- und Sympathiewerte – auch wenn diese im außereuropäischen Ausland deutlich niedriger sind – stellen das wichtigste Asset des Unternehmens dar. Auch die Annahme, dass Luxuskonsum an Bedeutung gewinnen würde, war korrekt. Laut einer Studie der Unternehmensberatung Bain & Company aus dem Jahr 2019 betrug der weltweite Umsatz mit Luxusgütern ca. 275 Mrd. € (Bain und Company 2019) bei jährlichen Wachstumsraten von 5 %. An der Verknüpfung der Entscheidung mit Annahmen zur Zukunft kann es also nicht gelegen haben, wenn die Ziele verfehlt wurden. Wie aber sah die Verknüpfung der Entscheidung mit den Erwartungen des Marktes aus, anders gesagt, welches Wertangebot wurde den avisierten neuen Zielgruppen unterbreitet?

Der Markenkern von Meissen ist Handwerkskunst, ein Wert, der eng mit dem Produkt verbunden ist. Dies erschwert Markendehnungen. Das vielleicht bekannteste Gegenbeispiel ist Nivea, eine Marke, die nicht etwa für Cremes, sondern für Milde und Pflege sowie für Vertrauen und Nähe steht. Handwerkskunst beeindruckt Kenner, also die langjährige Kernzielgruppe. Jüngere Zielgruppen mit Interesse an Mode, Design, Technologie etc. sind damit kaum zu gewinnen. Das war dem Management klar, weshalb man die Markensubstanz von Handwerkskunst zu Kunst im weiteren Sinne weiterentwickeln wollte. Das aber dauert, wenn man nicht Millionen in Werbung stecken kann.

Über den Ort des Relaunches hatte man sich offensichtlich Gedanken gemacht und die neuen Kollektionen über die Mailänder Tochtergesellschaft (mit Showroom in einem Palast aus dem 16. Jahrhundert) entwickeln lassen. Als Luxus-Lifestyle-Metropole ist Mailand definitiv ein geeigneterer Standort als Meißen. Warum aber wurden die Flagship-Stores überwiegend in Deutschland eröffnet? Nichts gegen Erfurt oder Stuttgart, aber Markenshops gehören nach Shanghai oder Tokyo. Warum? Weil der Weltmarkt für Luxusprodukte zwar, wie erwähnt, um 5 % p.a. wächst, der chinesische Markt jedoch um 20 % und andere asiatische Märkte um 10 %. Die oben zitierte Bain-Studie geht davon aus, dass in der zweiten Hälfte dieses Jahrzehnts jeder zweite Luxuskäufer aus China kommen wird. Insbesondere mit Blick auf asiatische Märkte wird die Attraktivität von Luxusmarken so erklärt:

> „People have been deprived for decades, often needing the barest necessities. […] They want to access paradise now, which takes the form of owning what seems to be bits and parts of the life of the well-offs. […] The young iconize luxury brands for they epitomize consumption at its best: luxury is a condensed version of beauty, quality, eternity, humanity, love, self respect, impressing others, self-pampering, self-reward, power symbolism." (Kapferer und Bastien 2012: S. 35)

Eine 300 Jahre alte Luxusmarke repräsentiert „bits and parts of the life of the well-offs", könnte also in Asien deutlich besser funktionieren als in Europa.

Zusammenfassend kann man also sagen, dass Meissen zur richtigen Zeit, aber am falschen Ort ein theoretisch richtiges, aber von den Zielgruppen als inkonsistent wahrgenommenes Konzept durchzusetzen versucht hat. Ob man einen längeren Atem gebraucht hätte, um die Repositionierung zum Erfolg zu führen, ist im Nachhinein schwer zu beurteilen. Fakt ist, dass ein Meissen-Generaldirektor aus DDR-Zeiten, eine Bürgerinitiative und einige Politiker erheblichen Widerstand gegen die Neuausrichtung der Porzellan-Manufaktur organisierten. Man hat die Stakeholder des Unternehmens möglicherweise nicht ausreichend auf den neuen Weg vorbereitet, sich vielleicht zu sehr auf den ehemaligen sächsischen Ministerpräsidenten Kurt Biedenkopf verlassen, der den Veränderungsprozess als Aufsichtsratsvorsitzender immer aktiv mitgetragen hatte, bis er 2015 zurücktrat.

Seitdem wird rückabgewickelt nach dem Motto: Kernkompetenz Porzellan und Produkt vor Marke. Politiker diskutieren öffentlich über die richtige Unternehmensstrategie und das Finanzministerium überwacht die Einhaltung der massiv gekürzten Budgets. Schwer vorstellbar, dass unter diesen Umständen eine Wende zum Besseren möglich wird. Die Umsätze in 2020 und 2021 stagnieren auf niedrigem Niveau (wozu natürlich auch Corona beigetragen hat), das Ergebnis hat sich nach erneutem Personalabbau von minus 3,4 Mio. € auf minus 0,8 Mio. € verbessert. Auch andere Unternehmen der Porzellanbranche haben – trotz günstigerer privatwirtschaftlicher Konstellationen – festgestellt, dass Kosteneffizienz keinen nachhaltigen Turnaround schafft. Es braucht eine effektive Strategie und eine innovative Umsetzung (Gröndahl 2000).

Im Rückblick auf den vergeblichen Versuch, die Marke Meissen neu aufzustellen, muss man vielleicht sogar sagen, dass die damaligen Entscheidungen noch mutiger hätten ausfallen können. Wo taucht das Thema Technologie auf, wo die Digitalisierung des Geschäftsmodells? War die Beeinflussung des Diskurses ausreichend? Wenn eine ganze Branche daniederliegt, braucht es Disruption.

Dem Meissen- (und Kodak-) Fall in aller Kürze gegenübergestellt sei die Geschichte der Firma Cewe (vgl. Parnack 2022). Cewe wurde 1912 als „Photographische Anstalt" in Oldenburg gegründet. Man war europäischer Marktführer für die Entwicklung analoger Fotos, als Anfang des neuen Jahrtausends der Umsatz von Analogkameras und damit die Zahl der zu entwickelnden Filmrollen langsam zurückging. Cewe beschloss in 2002, dem bis dahin erfolgreichsten Jahr der Firmengeschichte, seine Transformation von einem Chemie- zu einem Digitalunternehmen, eine technologische und kulturelle Kraftanstrengung mit diversen Risiken. 2004 brachte Cewe sein Fotobuch auf den Markt. In 2021 produzierte und verkaufte man bereits 5,7 Mio. Stück davon, was Cewe einen Marktanteil von 63 % an diesem wachsenden Markt beschert. Stichwort Bescherung: Fotobücher gehören inzwischen zu den Top-Weihnachtsgeschenken in Deutschland, sodass 45 % des Umsatzes von mittlerweile 693 Mio. € im vierten Quartal erwirtschaftet werden.

Technologie also war die notwendige Bedingung der Cewe-Erfolgsgeschichte, hinreichende Bedingung war das Hauptprodukt ‚Fotobuch', nicht nur, weil dieses das Unternehmen zu einem B2C-Markenartikler machte. Mit einer analogen Kamera wurden früher rund 120 Fotos pro Jahr aufgenommen, naturgemäß recht selektiv. Mit Smartphones wird heute ein Vielfaches an Aufnahmen gemacht. Über 1000 Fotos speichert ein durchschnittlicher Deutscher auf seinem Handy, die Lieblingsfotos werden gern ausgedruckt und in Fotobüchern archiviert. Fotoalben sind schon seit über 150 Jahren bekannt und seit Entstehung der Amateurfotografie sehr populär. Fotobücher stellen eine konsequente Weiterentwicklung dar und man kann davon ausgehen, dass ihre Verbreitung weiter zunehmen wird, wenn das Handling, etwa durch KI-gestützte Lösungen, noch einfacher und smarter wird.

Neben dem funktionalen Nutzen spielt die Singularität des Artikels die entscheidende Rolle. Jedes Fotobuch ist ein Unikat, absolut individuell und voller wertvoller Erinnerungen. Hier wird Nutzern die Möglichkeit geboten, eine kuratierte Version des eigenen Lebens zu erstellen, ganz im Sinne des obigen Reckwitz-Zitates, dem zufolge heute „das Leben nicht einfach gelebt, (sondern) kuratiert wird" (vgl. Abschn. 1.2.2).

Die strategische Entscheidung der Firma Cewe aus dem Jahr 2002 war offensichtlich ein Volltreffer.

Seit 1946 finden in jedem Sommer die Bregenzer Festspiele statt. Das Besondere daran ist die Seebühne, auf der im Zweijahresrhythmus Opern aufgeführt werden. Unter den 12 Neuinszenierungen seit dem Jahr 2000 waren 4 Verdi- und 4 Puccini-Opern, also ein eher populäres Repertoire. Aktuell läuft Madama Butterfly auf einer 1340 Quadratmeter großen Bühne aus 117 Einzelteilen in Holz, Metall und Styropor, 300 t schwer und auf 119 Holzpfählen im Bodensee verankert. Die Licht- und Videoeffekte basieren auf einer ausgefeilten computergesteuerten Projektionstechnologie, die speziell für Bregenz entwickelte Beschallungstechnik stellt sicher, dass die Sänger auf der Bühne akustisch und optisch übereinstimmend lokalisiert werden können. Die Oper auf der Seebühne wird in zwei aufeinanderfolgenden Jahren insgesamt etwa 50-mal gegeben. Bei 6800 Besuchern, also ausverkauftem Haus und einem Durchschnittspreis von knapp 100 € pro Ticket hieße das, Bruttoumsätze von maximal 17 Mio. € pro Jahr erzielen zu können. Die Kapazitätsauslastung liegt naturgemäß etwas niedriger, allein schon deshalb, weil die unteren Preisgruppen bei Abbruch wegen Regens den Ticketpreis erstattet bekommen. Das Jahresbudget der Bregenzer Festspiele beträgt ca. 20 Mio. €, wovon 7 Mio. € vom Staat Österreich, dem Land Vorarlberg und der Stadt Bregenz subventioniert werden (hinzu kommen 1 Mio. € Sponsoren- und Spendengelder). Dass die Festspiele zum Bruttoinlandsprodukt der Region beitragen, versteht sich von selbst (man schätzt den Betrag auf etwa 100 Mio. €), rechtfertigt aber keine Verluste. Die strategische Herausforderung der Verantwortlichen besteht darin, sich anderen Festivals gegenüber durch technisch außergewöhnliche Effekte zu profilieren und genügend Umsatz zu erzielen, um die damit verbundenen Zusatzkosten (im Vergleich zu ‚normalen' Opernbühnen) zu decken.

Der Entscheidungsprozess beginnt mit der Auswahl des Programms drei Jahre im Voraus. Wie schon angedeutet, erreichen die Schlüsselwerke von Verdi und Puccini Rekord-Besucherzahlen, doch kann man nicht ständig das gleiche Programm präsentieren. Die Auslastung der beiden letzten Neuinszenierungen Rigoletto und Madama Butterfly lag bei 99 % und 100 %, André Chénier von Umberto Giordano erreichte in den Jahren 2011/2012 dagegen nur 74 %: eine künstlerisch interessante, aber kommerziell riskante Entscheidung.

Zukunftsannahmen stellen für die Programmplanung kein besonderes Problem dar: Puccini-Opern werden auch in 2030 noch populär sein. Das Ausfallrisiko durch Regen lässt sich unmöglich vorhersagen. Aufgrund der Künstler-Engagements dürfte es schwierig sein, durch Zusatztermine darauf zu reagieren. Auch das Wertangebot ist vertraut: Kultur mit Eventcharakter. Erfolgskritisch ist unter den erschwerten Bedingungen einer Outdoor-Performance die Technologie. Nicht nur im Sinne einer optisch und akustisch gelungenen Aufführung, sondern auch als Basis für Weiterempfehlungen. Damit rückt auch der Einfluss auf den Diskurs in den Mittelpunkt. Den regionalen Fokus bilden dabei Deutschland, Österreich und die Schweiz, die 63 %, 23 % respektive 11 % der Festivalbesucher stellen. Wie im ersten Kapitel ausgeführt, bestimmt bei singulären Kulturprodukten die Beurteilung der Experten (z. B. der Kunstkritiker) und der breiten Öffentlichkeit in sozialen Netzwerken darüber, ob eine neue Aufführung positiv oder negativ aufgenommen wird.

Das Management der Bregenzer Festspiele steht in jedem Jahr vor komplexen Entscheidungen (Programm, Inszenierung, Besetzung etc.). Immerhin ist es möglich, Eintrittswahrscheinlichkeiten zu formulieren, sodass es nicht um Ungewissheit, sondern (nur) um Risiko geht. In Abschn. 2.2.1 wird auf ein Entscheidungsinstrument verwiesen, das für ein Festival wie die Bregenzer Festspiele konzipiert wurde.

Die drei hier skizzierten Entscheidungssituationen sind sehr unterschiedlich und folglich ist mal die Verknüpfung der Entscheidung mit dem Markt (Wertangebot), mal die mit der angebotenen Leistung (Technologie) und mal jene mit der Kommunikation (Diskurs) erfolgskritisch. Im 3. Kapitel wird dieses Optimierungsthema ganzheitlich betrachtet. Hier will ich mich zunächst dem Punkt zuwenden, der allen drei Fällen gemeinsam ist: den Annahmen über die Zukunft. Da diese Annahmen in aller Regel von Unsicherheit geprägt sind, besteht hier geradezu ein Einfallstor für Entscheidungsfehler. Beispielhaft sei der Fall von Produktinnovationen betrachtet: bei Meissen wurden zahlreiche neue Sortimente aus den Bereichen Einrichtung, Schmuck, Mode etc. zur Umsetzung der Marken-Neuausrichtung eingeführt. Produktlaunches folgen idealerweise einem Entwicklungsprozess aus:

- Ideation: zukünftig relevante Probleme und Wünsche potenzieller Kunden identifizieren und Ideen entwickeln, z. B. mithilfe von Design Thinking
- Proof of Concept: prüfen, ob eine Produktidee technisch umsetzbar ist
- Prototyping: einfaches Produktmuster zum Testen und Bewerten
- Minimum Viable Product (MVP): vorläufiges Produkt mit Kernfunktionalität zur Optimierung via Nutzerfeedback
- Produkt Rollout: Markteinführung.

Sechs systematische, oft an Heuristiken orientierte Denkfehler (man spricht auch von kognitiven Verzerrungen oder Bias) seien in diesem Zusammenhang angesprochen (vgl. Wiswede 2021: S. 31 ff.). Rolf Dobelli listet in seinem Buch (Dobelli 2011) sogar 52 mögliche Denkfehler auf.

1. Wenn Menschen aufgrund eigener Denkmuster nicht erkennen können, was für andere klar sichtbar ist, spricht man von einem ‚blinden Fleck'. Denkbar, dass Kundenwünsche aus Entwicklersicht falsch interpretiert und so objektive (wie das Produkt das Unternehmen verlässt) und subjektive (wie das Produkt beim Kunden ankommt) Qualität verwechselt werden.
2. Dass uns exponentielle Entwicklungen immer wieder überraschen (‚Linearitätsfalle'), zeigt schon die berühmte Reiskorn-Schachbrett-Legende und jetzt auch Corona. Es ist nicht sicher, dass Input und Output in einem direkten Verhältnis zueinander stehen.

3. Wir scheinen auch kein sicheres Gefühl für Wahrscheinlichkeiten zu besitzen. Keinesfalls wird z. B. ein Ereignis dadurch wahrscheinlicher, dass es über eine längere Zeit nicht eingetreten ist (,Gambler's Fallacy').

4. Manche meinen, dass sie auch in komplexen Märkten über lange Zeithorizonte sichere Prognosen abgeben können, obwohl sie tatsächlich kaum besser abschneiden als ein Zufallsgenerator (,Prognoseillusion').

5. Gern sehen wir die Ursache für Erfolg oder Misserfolg in den handelnden Personen, obwohl die Rahmenbedingungen oft den größeren Einfluss haben, wie im 1. Kapitel gezeigt wurde (,Attributionsfehler').

6. Je mehr Mittel und Zeit in einen Produktlaunch geflossen sind, umso weniger sind wir bereit, Konsequenzen aus einer schlechten Performance zu ziehen (,Sunk Cost Fallacy').

Die ersten beiden Denkfehler werden im Verlauf dieses Buches noch eine wichtige Rolle spielen.

2.1.2 Tipping-Point-Management

In Abschn. 1.1.3 wurden Tipping Points als Kipppunkte eines Systems definiert. Unternehmen können sich das Tipping-Point-Phänomen auch in Form einer Führungsphilosophie zunutze machen, indem sie sich bei notwendigen Veränderungen gezielt auf asymmetrische Einflussfaktoren fokussieren. Malcolm Gladwell hat das Prinzip in seinem Buch (Gladwell 2000) auf den Punkt gebracht. Er schildert ausführlich den wohl bekanntesten Fall von Tipping Point-Management (vgl. auch Kim / Mauborgne 2016: S. 140 ff.), den sogenannten ,Broken-Windows'-Ansatz der New Yorker Polizei in den 1990er Jahren. Die Geschichte soll hier nacherzählt werden, auch weil ich mich gut daran erinnern kann, wie es im New York der achtziger Jahre zuging. Mir war auf offener Straße eine Kamera gestohlen worden und als ich aufgeregt in eine Polizeiwache gerannt kam, kommentierte der diensthabende Officer unbeeindruckt: „Keep cool, young man! We have just received reports of several murders."

Als Bill Bratton Polizeipräsident wurde, war die Kriminalitätsrate in NYC auf einem Höhepunkt: Morde, bewaffnete Raubüberfälle und Mafiakriege waren an der Tagesordnung. Die Moral unter den 36.000 Polizisten war am Boden: Budgetkürzungen hatten zu schlechter Bezahlung und mangelhafter Ausrüstung geführt. Aber in wenigen Monaten gelang es Bratton ohne jede Budgeterhöhung, die Kriminalitätsrate nahezu zu halbieren. Zugleich verdoppelte sich das Vertrauen in die Polizei und die Motivation der Beschäftigten stieg stark an. Stammt diese Geschichte aus einem Märchenbuch? Keinesfalls! Es ist eine Case Study zur Tipping-Point-Führung, an der sich Gladwells Schlüsselfaktoren erfolgreicher Veränderung perfekt nachvollziehen lassen.

In jeder Organisation gibt es Menschen und Aktivitäten, die einen stark überdurch-
schnittlichen Einfluss auf das Ergebnis haben: diese gilt es als Hebel zu nutzen ('The
Law of the Few'). Da die Ressourcen limitiert waren, konzentrierte Bratton seine Kräfte
auf die kritischen Bereiche: jene Polizeiabteilungen, die mit den Deliktbereichen zu tun
hatten, die die Kriminalität im Besonderen 'anheizten' (z. B. das Drogendezernat). Dies
beinhaltete natürlich auch das Abziehen von Personal und Geld aus unkritischen Bereichen. Bratton rückte die Mitarbeiter, die als Meinungsführer anerkannt waren, in den
Fokus: sie erhielten eine Bühne, was einerseits motivierte, andererseits die Performance-
Kultur stärkte. Schließlich beendete Bratton die üblichen politischen Spielchen, indem
er diejenigen zu seinen Verbündeten machte, die von der notwendigen Veränderung am
meisten profitieren würden und daher gern dabei halfen, die Bremser in der Organisation
zu neutralisieren.

▶   Aus traditioneller Perspektive benötigt eine umfassende Wirkung einen
      großen Ressourceneinsatz. Der Tipping-Point-Ansatz dagegen setzt auf asym-
      metrische Einflussfaktoren.

Konkret erreichte Bratton notwendige Veränderungen nicht, indem er Analysen erstellen ließ, sondern indem er Vorgesetzten und Mitarbeitern die Missstände direkt vor
Augen führte: Sie sollten mit der verwahrlosten U-Bahn zur Arbeit fahren, persönlich
mit den unzufriedenen Bürgern sprechen etc., kurz, Bewusstsein für die wahren Probleme
entwickeln ('Stickiness').

Bratton konzentrierte sich auf die Verbrechen, die ursächlich für die Frustration der
Bevölkerung New Yorks ('Kunden') waren: die als 'Broken-Windows' beschriebenen
Bagatellverbrechen. Dies wurde von Kriminellen als Symbol einer 'Null-Toleranz'-Politik
verstanden und wirkte so als Tipping-Point in der Verbrechensstatistik ('The Power of
Context').

Aus traditioneller Perspektive benötigt eine umfassende Wirkung einen großen Ressourceneinsatz. Der Tipping-Point-Ansatz dagegen setzt auf asymmetrische Einflussfaktoren, indem diejenigen Personen (Influencer, Mitarbeiter, Kunden etc.) identifiziert werden,
die besonders motiviert sind, Change-Prozesse zu unterstützen und besonders gut vernetzt
sind, um weitere Unterstützer zu mobilisieren. Es werden Hebelwirkungen genutzt. Der
Untertitel von Gladwells Buch „Wie kleine Dinge Großes bewirken können" beschreibt
genau dies. Manchmal genügt ein kleiner 'Schubs', um Veränderungen durchzusetzen,
Veränderungen im eigenen Unternehmen, vielleicht sogar Veränderungen im Markt. Es
geht darum, Trends zu seinen Gunsten zu nutzen und im Wettbewerb der Narrative aktiv
mitzuwirken.

2.1.3   Warum Innovationen scheitern

Im 1. Kapitel wurde gezeigt, dass Trends kippen können bzw. man sie selbst zum Kippen bringen kann. Aber wie kommt es zum Scheitern von Innovationen? Die 75–95-%ige Floprate bei der Einführung von Produkten wird i. d. R. falschen Innovationsstrategien, das Scheitern von 80–90 % aller Unternehmensgründungen (die ja regelmäßig mit einem neuen Produkt verbunden sind) einer unzureichenden Marktorientierung und einer inadäquaten Unternehmenskultur zugeschrieben. Das mögen wesentliche Gründe sein und doch scheint mir, dass ein wichtiger Einflussfaktor regelmäßig übersehen wird, den auch Privatpersonen als Nachfrager kennen sollten.

Als VW 1993 das E-Auto CitySTROMer einführte, war das eine echte Innovation mit – für damalige Verhältnisse – beachtlichen 90 km Reichweite. Man darf auch annehmen, dass die Dachmarke Volkswagen ausreichend Vertrauen und Sympathie für das neue Elektroauto mobilisierte. Am Ende konnten ganze 120 Stück abgesetzt werden – ein Megaflop. Im Frühjahr 2021 stellten zwei Gründer in der TV-Sendung „Höhle der Löwen" ihr neues Produkt „Pinky Gloves" vor, Hygienehandschuhe zum Entfernen und Verpacken von Tampons. Ohne Zweifel eine clevere Problemlösung mit einem sehr auffälligen Markendesign. Nur wenige Tage und einen Shitstorm später nahmen sie das Produkt vom Markt. Das sind nur zwei Beispiele gescheiterter Innovationen, die trotz ordentlicher Innovationshöhe und starkem Markenauftritt in die oben erwähnten Statistiken des Grauens eingehen.

Im Jahr 1993 war das Bewusstsein für Klimaschutz nicht annähernd so entwickelt wie heute. Ohne den Ökologietrend hatte ein PKW mit 90 km Reichweite schlichtweg keine Chance. Und im Jahr 2021 waren Frauen nicht bereit, sich von Männern ein Produkt aufdrängen zu lassen, das zur Stigmatisierung der Menstruation beiträgt. Es sind die großen Trends – hier Neo-Ökologie und Gender Shift – die maßgeblich zum Erfolg oder Misserfolg von Innovationen beitragen. Wer sich mit 10 % Erfolgswahrscheinlichkeit nicht zufriedengeben will, muss sich mit Trends auseinandersetzen und – noch besser – Einfluss auf den trendgesteuerten öffentlichen Diskurs nehmen. Es geht nicht einfach um Produktvorteile, sondern um deren Wahrnehmung und Interpretation.

2.1.4   Gut gemeint oder gut gemacht?

Nach meinem BWL-Studium führte ich Bewerbungsgespräche für die Position eines Junior Product Managers bei Unilever, Procter & Gamble und Henkel, den damaligen Topadressen für Absolventen der Fachrichtung Marketing. Eher ungewöhnlich war der vierte Kontakt, der mich zur Gustav und Grete Schickedanz Holding KG führte, die per FAZ-Anzeige einen Assistenten der Geschäftsführung suchte. Persönlich haftende Gesellschafterin war damals Grete Schickedanz, ihre zwei Schwiegersöhne hatten die besagten Geschäftsführungspositionen inne. Ich zog dann doch die transparente Struktur des Konsumgüter-Konzerns Unilever dem aus meiner Sicht etwas unübersichtlichen

Familienunternehmen aus Fürth vor. Dass dessen Flaggschiff Quelle zu dieser Zeit schon erste Wachstums- und Ertragsprobleme offenbarte, war mir, offen gesagt, nicht klar.

Das Versandhaus Quelle wurde 1927 von Gustav Schickedanz gegründet. Schickedanz erkannte früher als andere das Potenzial des Direktvertriebs ohne Zwischenhandel und des Volumeneinkaufs. Quelle wurde zum Symbol des deutschen Wirtschaftswunders und zum Wachstumsmotor der Region Franken. Als Gustav Schickedanz im Jahr 1977 starb, hinterließ er eine Firmengruppe mit 8,3 Mrd. DM Umsatz und 43.000 Mitarbeitern. 25 Mio. Pakete pro Jahr machten Quelle zum wichtigsten Kunden der Deutschen Post. Jeder zweite Haushalt in der Bundesrepublik war Quelle-Kunde. Der fast 1000 Seiten umfassende Katalog mit ca. 80.000 Artikeln erreichte eine Auflage von rund 7,5 Mio. Exemplaren und ersetzte insbesondere im ländlichen Raum den stationären Handel. Der Werbeslogan von 1973 „Erst mal seh'n, was Quelle hat" beschrieb treffend die Funktion des Katalogs.

Doch dann kam das Internet und mit ihm seit Mitte der neunziger Jahre ein hocheffizientes Konkurrenzunternehmen aus den USA: Amazon. Während der wichtigste deutsche Wettbewerber Otto zügig reagierte und auf Online-Bestellungen setzte, ohne den Katalog deshalb einzustellen, sah Quelle zunächst keine Notwendigkeit der Veränderung. Im Gegensatz zum Otto-Versand, dessen Fokus von jeher auf Mode lag und der daher ein jüngeres Publikum bediente, verfügten die Quelle-Kunden z. T. nicht einmal über einen Internetzugang, geschweige denn über eine Affinität neuen Medien gegenüber.

Natürlich war auch Quelle nicht entgangen, dass Marktwachstum fast ausschließlich aus dem Online-Geschäft kam. Die Convenience-Idee – gezielte Eingabe von wenigen Suchbegriffen anstelle einer manuellen Recherche in einem umfänglichen Katalog – setzte sich zunehmend durch, aber eben noch nicht bei Quelles Traditionskunden.

Erst im neuen Jahrtausend investierte Quelle umfangreich in E-Commerce und Teleshopping. Zu spät: 2009 musste man Insolvenz anmelden.

Nach bedeutenden Innovationen in der Anfangszeit hatte die Schickedanz-Unternehmensgruppe aufgehört, sich zu erneuern. Man könnte auch sagen, dass sie sich ausschließlich an Bestandskunden, kaum an potenziellen Neukunden orientierte. Eine nicht selten anzutreffende Fehlentscheidung.

2.1.5 Das Problem linearer Projektionen

Eine wichtige menschliche Fähigkeit besteht darin, Zukunft im Kopf durchspielen zu können. Bevor wir Entscheidungen treffen, simulieren wir im Geiste deren Folgen (manche Menschen, so muss ich zugeben, machen von dieser Fähigkeit allerdings selten Gebrauch). Dazu nutzt man sein semantisches Wissen (Fakten) und sein episodisches Gedächtnis (Erfahrung).

„Prognosen sind schwierig, besonders wenn sie die Zukunft betreffen." Auf wen immer dieses Zitat zurückgehen mag (Favorit ist der dänische Physik-Nobelpreisträger Niels Bohr) – es ist witzig und vor allem wahr!

Kürzlich fiel mir beim Aufräumen ein Buch in die Hände, das eine „Vision 2017" (Ullrich und Wenger 2008) entwickelte. Dort wurden fünf Grundorientierungen identifiziert, die die 2010er Jahre prägen würden:

- Eigenverantwortung
- Zurück zum Wesentlichen
- Weniger ich – mehr wir
- Gestalten und Partizipieren
- Nachhaltigkeit

Weniger ich – mehr wir: War hier eventuell der Wunsch Vater des Gedankens? Schaut man heute zurück auf das Jahrzehnt, so kann man sicher eine Wendung nach innen (Achtsamkeit, Selbstoptimierung etc.) ausmachen, Gemeinschaftserfahrungen (Hashtag-Kampagnen, Fridays for Future etc.) konstatieren und den Wunsch erkennen, die Welt besser zu machen (Klimaschutz, Tierschutz, Fairtrade etc.). Aber dass die Erfindung des Smartphones die Inszenierung des Ich auf eine neue Stufe heben würde (Influencer, Selfies, Photoshop etc.) konnte man ebenso wenig vorhersagen wie den u. a. von Armutsmigration angeheizten Rechtspopulismus-Trend oder die schlimmste Pandemie seit Menschengedenken. Wer hätte in 2008 Greta Thunberg oder Donald Trump voraussagen können?

Der Computerpionier und Director of Engineering bei Google, Raymond Kurzweil, beschreibt exponentielle Entwicklungen so:

„An analysis of the history of technology shows that technological change is exponential, contrary to the common-sense ‚intuitive linear' view. So we won't experience 100 years of progress in the 21st century – it will be more like 20,000 years of progress (at today's rate)." (Kurzweil 2001)

Projektionen führen deshalb so oft zu falschen Ergebnissen, weil ihnen implizit die Annahme von Linearität zugrunde liegt. Der Gedanke, dass eine Verdoppelung des Einsatzes zu einer Verdoppelung des Ertrags führen wird, ist ebenso wie der Wunsch nach kausalen Erklärungen der Welt tief in uns verwurzelt. Unser Verständnis von Ursache und Wirkung hängt mit dem Verständnis von Zeit zusammen: Wir ordnen Ereignisse zeitlich ein und stellen Zusammenhänge zwischen ihnen her. Eine Ursache muss zwingend vor der Wirkung stattgefunden haben, sodass bereits die zeitliche Reihenfolge zu kausalen Annahmen führt. Häufig existiert zwischen Ursache und Wirkung aber gar keine Kausalität, sondern lediglich eine Korrelation oder überhaupt kein Zusammenhang. Ohne eine dritte Variable ist kein Erklärungsmuster erkennbar.

Wohlgemerkt, für kurzfristige Alltagsentscheidungen ist lineares Denken kein Problem. Die Idee, eine langfristige Entscheidung in viele kurzfristige Entscheidungen zu zerlegen (vgl. Abschn. 2.1.7), also wie in der Differentialrechnung nichtlineare Funktionen zu linearisieren, funktioniert oft leider nur theoretisch.

Ein klassisches Beispiel für Entscheidungen unter Unsicherheit ist die Börse. Wie entscheiden Anleger, welche Aktien sie kaufen und welche sie verkaufen sollten? Mancher Börsianer schwört auf die Fundamental-, mancher auf die Chartanalyse. Unter einer Fundamentalanalyse versteht man die Untersuchung der Bilanzkennzahlen des hinter einer Aktie stehenden Unternehmens. Es wird angenommen, dass sich dessen Stärken und Schwächen im Marktumfeld früher oder später in den Bilanzen niederschlagen werden. Es werden also Kennzahlen herangezogen, die auf Umsätzen, Gewinnen und Dividenden basieren, z. B. die Dividendenrendite, das Kurs-Gewinn-Verhältnis oder die Eigenkapitalquote. Damit soll aufgezeigt werden, ob Unternehmen aktuell günstig bewertet sind oder nicht. Der Glaube an Beständigkeit hat etwas Beruhigendes, er hält der VUCA-Realität allerdings nicht stand.

In der Chartanalyse werden Kursentwicklungen interpretiert. Dahinter steht die Annahme, dass sich in den Kursen die gesammelten Informationen widerspiegeln, die der Markt zur Verfügung hat. Man kann also die Stimmungen der Börsenteilnehmer bezüglich bestimmter Unternehmen erkennen und daraus seine Schlüsse für die Kursentwicklung ziehen. Indikatoren sind beispielsweise Volatilitätskennziffern. Durch die Extrapolation wird aber auch hier unterstellt, dass Kursdaten der Vergangenheit Einfluss auf künftige Kursentwicklungen haben.

Es soll keineswegs bezweifelt werden, dass Fundamental- und Chartanalyse wertvolle Erkenntnisse zum heutigen und zukünftigen Wert einer Aktie bereitstellen können. Auf die Gefahr, aus einer äußerst anspruchsvollen Vergangenheitsanalyse auf lineare Zukunftsverläufe zu schließen, muss allerdings hingewiesen werden.

Ein zweites Beispiel handelt von einem populären Konsumgut, der Sonnencreme. In den Wirtschaftswunderjahren galt es als Statussymbol, braungebrannt aus dem Urlaub zurückzukehren: Man konnte sich Ferien am Mittelmeer leisten, während sich die weniger Betuchten mit der Ostsee begnügen mussten. Sonnencremes waren in den ersten Jahren nach ihrer Erfindung 1933 noch nicht als Schutz vor UV-Strahlen konzipiert, sie sollten vielmehr eine schöne Bräunung unterstützen.

Über Jahrhunderte galt gebräunte Haut im Gegensatz dazu als Indiz, dass man seinen Lebensunterhalt durch Arbeit verdienen musste. Der Adel half sogar noch mit Puder nach, um sich mit vornehmer Blässe von den einfachen Leuten abzugrenzen. Seit den 1980er Jahren, als man das Ozonloch entdeckte, machten sich Dermatologen zunehmend als Warner vor Hautkrebsrisiken durch übermäßige UV-Strahlung bemerkbar. Die Lichtschutzfaktoren von Sonnencremes wurden sukzessive erhöht. Vor allem aber war ein Urlaub im Süden kein Prestigefaktor mehr: Flüge wurden immer billiger, die dortigen Hotelpreise waren günstiger als in Deutschland. Heute lassen sich zwei Richtungen in der öffentlichen Meinungsbildung ausmachen: die einen sehen einen mittleren Bräunungston als Zeichen von Wellness, die anderen fürchten das Risiko direkter Sonnenstrahlen und betonen, dass eher gesunde Ernährung für einen schönen Teint sorge.

Würden die Hersteller von Sonnenschutzmitteln die Frage nach zukünftigen Entwicklungen produktorientiert beantworten, so liefe alles auf noch leistungsfähigere Sonnenschutzmittel hinaus, vielleicht auch auf Kombi-Produkte wie Tagescremes oder Makeup mit Lichtschutzfaktor. Es kann aber auch ganz anders kommen! Gesellschaftlich durch ein neues Schönheitsideal, technologisch durch Kleidung mit UV-Schutz oder Lösungen über Nahrungsergänzungsmittel. Sich vorzustellen, wie ein Produktportfolio in 5 bis 10 Jahren aussehen könnte, muss zwangsläufig in die Irre führen. Schließlich sind Produkte nur Problemlöser: ob das Problem in Zukunft noch besteht oder als relevant erachtet wird, ist die entscheidende Frage. Produkte folgen Trends, nicht umgekehrt!

Selbst bei der Formulierung von Unternehmensvisionen droht die Gefahr linearen Denkens. Eine Vision beschreibt einen erstrebenswerten Zustand und fasst dafür Werte, Kultur und Strategie in knapper, emotionaler und inspirierender Art zusammen. Ikea etwa verfolgt die Vision, „to create a better everyday life for the many people", Google zielt darauf ab „to provide access to the world's information in one click", Airbnb verspricht seinen Kunden kurz und knapp „to belong anywhere".

Diverse Unternehmen aber gelangen zu ihrer Vision, indem sie einfach die Ist-Situation in die Zukunft projizieren. Was heute groß und schön ist, wird morgen noch größer und noch schöner. Man sagt, dass Unternehmen, die keine Vorstellung von der Zukunft haben, keine Zukunft haben. Wer linear denkt, fällt unter die gleiche Kategorie. Der Managementtheoretiker Fredmund Malik bemerkt dazu augenzwinkernd: „Eines Tages wird die Wissenschaft vielleicht ein Gen für lineares Denken finden und dieses Gen außer Kraft setzen können. Dann wird die Menschheit von einer ihrer größten Fehlerquellen befreit sein. Bis dahin allerdings verlängern die meisten Leute Trends weiterhin linear in die Zukunft. Wichtig sind aber die Trendänderungen." (Malik 2022)

2.1.6   Das Problem des blinden Flecks

Der Begriff des ‚blinden Flecks' stammt aus der Ophthalmologie und bezeichnet die Stelle der Netzhaut des Auges, an der der Sehnerv gemeinsam mit den Blutgefäßen in das Auge eintritt und an der sich keine Lichtrezeptoren befinden. In der Sozialpsychologie spricht man von einem blinden Fleck, wenn Teile des Ichs nicht wahrgenommen werden können oder sollen.

Mit dem blinden Fleck bei Entscheidungen setzt sich Niklas Luhmann auseinander (Luhmann 1993): Bei einer Entscheidung geht es um die Wahl zwischen unterscheidbaren Alternativen, also um das eine ‚oder' das andere, wobei das ‚oder' nicht Gegenstand, sondern Voraussetzung einer Wahl ist. ‚Oder' ist das eingeschlossene Ausgeschlossene, der blinde Fleck jeder Entscheidung. Die vorangehende Unterscheidung erst öffnet den Entscheidungsraum.

Unternehmen zeigen blinde Flecken in ihren Entscheidungsprozessen, wenn sie nicht erkennen (wollen), dass ihnen disruptive Innovationen von Startups gefährlich werden könnten. Der Grund dürfte in Denkmustern liegen, die den Blick teilweise verstellen. Thomas S. Kuhn hat dieses Phänomen für den Bereich der Wissenschaft unter dem Begriff des Paradigmas untersucht. Unter einem Paradigma versteht er implizite Grundannahmen über die Welt, die von einer wissenschaftlichen Schule geteilt werden. Verschiedene Forscher sehen die Wirklichkeit durch eine kognitive Linse, die aus symbolischen Verallgemeinerungen, einer gemeinsamen Bindung an Auffassungen und aus geteilten Werten besteht (Kuhn 1996). Wie eine Parallele zu der Unterscheidung von evolutionären und disruptiven Innovationen charakterisiert Kuhn wissenschaftlichen Fortschritt durch die Elemente der Verfeinerung eines Paradigmas einerseits und des mit einem Paradigmenwechsel einhergehenden radikalen Umbruchs. Es scheint also, als würde die Sicht von Wissenschaftlern auf einen Forschungsgegenstand und von Unternehmen auf alternative Problemlösungen auf ähnliche Weise verdunkelt wie der Blick auf ein Objekt durch den blinden Fleck im menschlichen Auge. Aber so wie unser Gehirn die Datenlücke füllen und ein vollständiges Bild rekonstruieren kann, können auch Wissenschaftler und Unternehmen den blinden Fleck kompensieren, indem sie sich bewusst machen, dass ihre Forschungsergebnisse von den Grundannahmen bzw. ihre Produkte von den Rahmenbedingungen des Marktes abhängen.

Clayton Christensen hat gezeigt, wie etablierte Firmen Produkte für ihre besten Kunden optimieren und dann von Startups über die vernachlässigten Kundensegmente angegriffen werden. Das ‚Innovator's Dilemma' ist der Fall eines blinden Flecks.

▶   Christensens ‚Innovator's Dilemma' ist der Fall eines blinden Flecks.

Eine interessante Fragestellung ist in diesem Zusammenhang, ob sich der blinde Fleck durch agile Teams vermeiden, zumindest reduzieren lässt. Man möchte mit Radio Erivan antworten: Im Prinzip ja, aber auch in agilen Organisationen gibt es Regel-Fetischisten. Hans Hinterhuber nennt sie „organization men", Menschen, die einer veränderungsbedürftigen Unternehmenskultur anhängen und deshalb in ihren Einstellungen einander ähnlich sind (Hinterhuber 2010: S. 203). Ebenso interessant erscheint mir die Frage, welche Rolle die Crowd bei der Vermeidung des blinden Flecks spielen könnte, z. B. im Crowdsourcing oder Crowdfunding.

Beim Crowdsourcing geht es um kollektives Wissen und Kreativpotenzial (Bsp. Wikipedia), beim Crowdfunding um Geld. Man unterscheidet genau gesagt ‚donation-based bzw. reward-based crowdfunding' (Spenden, Anerkennungsgeschenke), ‚equity-based crowdfunding' (Investitionen bzw. Beteiligungen) und ‚lending-based crowdfunding' (Kredite). Wo immer die Crowd zu einem frühen Zeitpunkt einbezogen wird, entstehen neue Perspektiven und ein Markt-Feedback, beides äußerst wirksam gegen blinde Flecken.

2.1.7 Warum falsche Entscheidungen besser sind als keine Entscheidungen

Ständig treffen wir Entscheidungen, kleine (Was ziehe ich heute an?) und große (Nehme ich das Jobangebot in China an?), private (Machen wir Urlaub auf den Malediven?) und berufliche (Wollen wir Firma X akquirieren?). Wer sich schon von der für unsere Zeit so typischen Multioptionalität gestresst fühlt, sollte sich und anderen möglicherweise eine Managementtätigkeit ersparen (privat gibt es noch immer mehr als genug zu entscheiden!).

Aber auch entscheidungsfreudige Menschen schrecken vor manch strategischer Entscheidung zurück, weil sie befürchten, nicht über alle relevanten Informationen zu verfügen. Statt die fehlenden Daten (unter Beachtung des abnehmenden Grenznutzens) zu beschaffen, schieben sie die Entscheidung auf. Häufig führt das Aufschieben notwendiger Entscheidungen aber nur dazu, dass das Entscheidungsrisiko größer wird, was höchstwahrscheinlich zu einem erneuten Aufschub führt. Von Charles de Gaulle ist folgendes Zitat überliefert: „Es ist besser, unvollkommene Entscheidungen durchzuführen, als ständig nach vollkommenen Entscheidungen zu suchen, die es niemals geben wird."

Die Zeit arbeitet eventuell gegen uns. Eine medizinisch notwendige Operation mehrfach abzusagen, um nach der Zweit- auch noch eine Dritt- und Viertmeinung einzuholen, kann deren Erfolgswahrscheinlichkeit verschlechtern. Und unter Verharmlosung der Lage eine notwendige Sanierung aufzuschieben, kann ein Unternehmen in die Insolvenz treiben. Das Risiko einer frühen Entscheidung ist überschaubar, späte Entscheidungen können tatsächlich schicksalhaft werden. Und es kommt eines hinzu: Je öfter man entscheidet, umso mehr Verständnis und Gefühl entwickelt man für die der Problemstellung zugrunde liegenden Zusammenhänge. Oder, wie es so schön heißt: nur aus Fehlern lernt man. Solange deren Konsequenzen im Rahmen bleiben, sind falsche Entscheidungen einem Aufschub immer vorzuziehen.

Ein weiteres Argument für viele kleine Entscheidungen anstelle einer großen ist auch die in VUCA-Zeiten dringend erforderliche Flexibilität. Zwar zeichnet sich eine überzeugende Strategie durch Stringenz aus, eine unumkehrbare Entscheidung könnte sich aber als unklug herausstellen. Das Sprichwort ‚den Rubikon überschreiten' drückt das Dilemma aus: Die Entscheidung Julius Caesars, den Grenzfluss in Richtung Rom zu überqueren, war sicherlich ein starkes Zeichen an seine 5000 Legionäre, zugleich aber der ‚Point of no Return' oder, wie es der Feldherr selbst formulierte: ‚alea iacta est'.

2.2 Wie Wissenschaft strategische Entscheidungen unterstützt

Niemand kann die Zukunft vorhersehen und doch gibt es Tools, die eine Art ‚Sehhilfe' darstellen und ermöglichen, Ereignisse zumindest mit Wahrscheinlichkeiten zu versehen. Einige dieser Ansätze sollen hier kurz beschrieben und kommentiert werden.

2.2.1 Entscheidungs- und Systemtheorie

Unter einer Entscheidung versteht man die Wahl zwischen Handlungsalternativen vor dem Hintergrund übergeordneter Ziele. Sie ist Gegenstand der Entscheidungstheorie.

Ich hatte das Vergnügen, bei Prof. Dr. Dr. h. c. mult. Herbert Jacob zu studieren. Sehr gut kann ich mich an die Startveranstaltung seiner Vorlesung ‚Entscheidungstheorie‘ erinnern, als er uns Studierende ohne Umschweife bat, die Portemonnaies für ein Experiment zu öffnen. Wir hatten die Wahl, zwischen einer ‚Einzahlung‘ von 10 DM mit 100 % Verlustwahrscheinlichkeit und 100 DM mit 10 % Verlustwahrscheinlichkeit sowie verschiedenen Zwischenstufen mit identischen Erwartungswerten zu wählen. Abgesehen davon, dass ich gar keine 100 DM dabeihatte, wäre mir das Risiko sie zu verlieren definitiv zu hoch gewesen (von der Schmach, vor vollem Hörsaal als Loser dazustehen, mal ganz zu schweigen). Sehr diskret zahlte ich meine 10 DM ein und fühlte mich damit auch nicht gerade wohl. Immerhin kündigte Prof. Jacob eine Auszahlungsrunde zum Ende des Semesters an, sodass es nicht nur Verlierer geben würde. Ob er den über 3 Monate einbehaltenen Betrag in der damaligen Hochzinsphase als Festgeld angelegt hat, ist nicht überliefert, aber doch wohl eher unwahrscheinlich. Wenn also schon keine finanzielle Rendite heraussprang, so brachte das Experiment zumindest einen wissenschaftlichen Return: es folgte ein Fachartikel Jacobs zum Bernoulli-Prinzip.

Entscheidungstheorie ist angewandte Wahrscheinlichkeitstheorie. Sie will helfen, auch in Fällen von Unsicherheit ‚vernünftig‘ zu entscheiden. Dabei lassen sich Entscheidungen unter Risiko, bei denen Eintrittswahrscheinlichkeiten bekannt sind (wie im Fall des Seminar-Experiments) von solchen unter vollkommener Ungewissheit abgrenzen.

Eine der ältesten Regeln für Entscheidungen unter Risiko ist der Satz von Bayes, dem zufolge man sich für die Handlungsalternative mit dem höchsten Erwartungswert entscheiden sollte. Jetzt haben im obigen Beispiel alle Alternativen den gleichen Erwartungswert und dennoch kamen für mich nur die Optionen 10 DM oder 20 DM in Betracht. Dies hat offenbar etwas mit Risikoaffinität zu tun und damit sind wir zurück bei Bernoulli. Nach dessen Prinzip wird eine Entscheidung in zwei Schritten getroffen. Zunächst werden die subjektiven Nutzenvorstellungen des Entscheiders ermittelt, um danach die Alternative mit dem höchsten Erwartungswert des Nutzens auszuwählen. Im Unterschied zu Bayes kommt bei Bernoulli also eine Nutzenfunktion ins Spiel. Bei risikoaversem Verhalten nimmt diese einen konkaven Verlauf, bei risikofreudigen Entscheidern verläuft sie konvex.

Entscheidungen unter Risiko jedenfalls lassen sich berechnen, Entscheidungen unter Ungewissheit nicht. Leider stellen sich die meisten realen Entscheidungssituationen als Mix aus Risiko und Ungewissheit dar. Zudem begegnet man in der Praxis nicht nur quantitativen, sondern auch qualitativen Einflussfaktoren. Einiges also ist berechenbar, anderes nicht.

Eine Methode, die das Problem nicht messbarer Entscheidungskriterien zu lösen versucht, ist die Nutzwertanalyse, auch Scoring-Modell genannt. Man geht wie folgt vor:

1. Alternativen bestimmen
2. Entscheidungskriterien definieren
3. Entscheidungskriterien (in Prozent) gewichten
4. Alternativen (mit Punkten) bewerten
5. Bewertungen mit Gewichtungsfaktor multiplizieren und über die Kriterien addieren

Die Alternative mit dem höchsten Gesamtnutzwert stellt die (subjektiv) beste Entscheidung dar. Wie robust sie ist, lässt sich durch Sensitivitätsanalysen (leichte Veränderungen der Gewichtungen) überprüfen.

Neben der Dimension der Unsicherheit, die im Mittelpunkt der Entscheidungstheorie steht, ist auch die Dimension des Entscheidungsprozesses von Bedeutung. Die neoklassische (Entscheidungs-) Theorie geht von der Idee des homo oeconomicus aus, des vollständig informierten rationalen Nutzenmaximierers (vgl. Abschn. 1.2.2). Die Prinzipien rationaler Entscheidungen beinhalten vollständige Ordnung, Unabhängigkeit, Nutzendominanz und Invarianz.

Tatsächlich sind Entscheidungsträgern selten bis nie alle Optionen und deren Konsequenzen bekannt. Herbert A. Simon, für seine Forschung zu Entscheidungsprozessen 1978 mit dem Wirtschafts-Nobelpreis ausgezeichnet, hat den Begriff der „bounded rationality" eingeführt (Simon 1959). Je komplexer die Entscheidung, umso begrenzter die Rationalität. Stattdessen kommen Erfahrungen, Präferenzen, Wertvorstellungen und Risikoeinstellungen ins Spiel, ebenso Überlegungen, wie eine Entscheidung im sozialen Umfeld wahrgenommen werden könnte. Eigentlich ist jede Entscheidung von Emotionen beeinflusst, da Erfahrungen grundsätzlich mit positiven oder negativen Gefühlen verknüpft sind. Man könnte sogar behaupten, dass erst der aktivierende Prozess der Emotion (vgl. Abschn. 1.2.5) Menschen zum Handeln veranlasst und damit Entscheidungssituationen herbeiführt.

In der eigentlichen Entscheidungsphase werden die Handlungsalternativen in ihren Ausprägungen und Konsequenzen bewertet. Entscheidungen haben immer eine Vergangenheit und eine Zukunft, sie sind, mit anderen Worten, beeinflusst von vorherigen Entscheidungen so wie sie künftige Entscheidungen beeinflussen. Eine Fehlentscheidung beruht auf falschen oder unvollständigen Informationen oder aus Denkfehlern des Entscheidungsträgers.

Wer sich für eine Option entscheidet, entscheidet sich damit zwangsläufig gegen alle anderen Optionen. Dies kann kognitive Dissonanzen hervorrufen, also das Gefühl, eventuell einen Fehler begangen zu haben. Die Entscheider streben daher häufig nach Bestätigung von außen.

Ein anderer Ansatz zur Beschreibung komplexer Phänomene ist die Systemtheorie. Unter einem System wird eine Menge von geordneten Elementen verstanden, die jeweils spezifische Eigenschaften haben und miteinander verknüpft sind. Die soziologische Systemtheorie geht auf Talcott Parsons zurück, der Handlungen als konstitutive Elemente sozialer Systeme betrachtet (Parsons 2009). Niklas Luhmann sieht als grundlegendes Element die Kommunikation, wobei er diese als Einheit aus Information, Mitteilung und Verstehen beschreibt. Kommunikation erzeugt und erhält ein soziales System, solange sie anschlussfähig bleibt (Luhmann 1987).

Aus systemtheoretischer Perspektive sind Entscheidungen Teil des Regelungsprozesses, bei dem ein System seinen Zustand aufrechterhält oder ändert. Über Entscheidungen grenzen sich Organisationen von ihrer Umwelt ab. So wie jede Entscheidung auf vorausgegangene Entscheidungen referenziert, führt sie auch zu Anschlussentscheidungen, womit sich die Organisation selbst ständig reproduziert. Für Luhmann ist die Entscheidung eine Form von Kommunikation, bei der eine bestimmte Handlung ausgewählt wird, um ein bestimmtes Ziel zu erreichen. Die Fähigkeit, problematische Entscheidungen zu treffen, ist für das Überleben und die Evolution von Systemen von grundlegender Bedeutung. Gemessen werden Entscheidungen an ihrem Resultat: Erst im Nachhinein weiß man, ob eine Entscheidung gut oder schlecht war. Entscheidungen haben Auswirkungen auf das System als Ganzes und können so weitere Entscheidungen einschränken oder erst ermöglichen (Luhmann 2000).

Martin Tröndle hat auf Grundlage der Systemtheorie ein Entscheidungsinstrument für Kulturbetriebe entwickelt und auf die Konzeption und Organisation eines Festivals angewandt (Tröndle 2006). Sein Modell setzt sich aus zwei Phasen zusammen: Zunächst werden relevante Handlungsfelder, z. B. das Produkt, die Präsentation, die Organisation etc. als Entscheidungsräume konstituiert, um in der zweiten Phase zusammengeführt zu werden. Jedes Handlungsfeld wird bipolar konstruiert und die aktuelle Positionierung markiert. Ziel ist es, Ungesehenes (blinde Flecken) sichtbar zu machen. Um die relevanten Handlungsfelder zusammenführen zu können, werden die jeweiligen Pole nach dem Rekursionsprinzip aufeinander bezogen. Hier besteht das Ziel darin, die Aktivitäten in den verschiedenen Handlungsfeldern zu harmonisieren, also gleichgerichtet zu gestalten.

„Der Nutzen des Modells als analysierende und integrierende Reflexionsfolie zur Entscheidungsfindung hängt von seinen Benutzern ab. Nur wenn es tatsächlich mit den eigenen Handlungsfeldern gefüllt wird, werden interessante neue Handlungsoptionen sichtbar. Dann zeigen sich die Inkongruenzen und die blinden Flecken, aber auch das gelungene Zusammenwirken bisherigen Tuns." (Tröndle 2006, S. 270)

2.2.2 Business Tools

Im Folgenden werden – ohne Anspruch auf Vollständigkeit – Instrumente vorgestellt, die für Unternehmen entwickelt worden sind, aber auch auf private Entscheidungsprobleme adaptiert werden können.

2.2.2.1 Erfahrungskurve

Viele Konsumenten wechseln zu einem neuen Produkt, wenn der Preis ihrer Wertvorstellung entspricht. Um den relevanten Schwellenpreis zu prognostizieren, ist die Entwicklung der Stückkosten von entscheidender Bedeutung.

Die Erfahrungskurve, von Bruce Henderson, dem Gründer der Boston Consulting Group, seit 1966 populär gemacht, besagt, dass die Produktivität durch Lerneffekte, Losgrößendegression, Verfahrensinnovation, Skaleneffekte etc. steigt und damit die Stückkosten sinken. Es ist in diesem Sinne vorteilhaft, möglichst schnell Marktanteile zu gewinnen.

Elektrofahrzeuge werden vermutlich den Mainstreammarkt erst erobern können, wenn ihre Produktionskosten das Niveau der Herstellungskosten von Fahrzeugen mit Verbrennungsmotor erreicht haben. Kostentreiber sind bisher die Lithium-Ionen-Batterien. Deren Erfahrungskurve liefert also Erkenntnisse darüber, wann sich E-Mobilität endgültig durchsetzen wird. Nebenbei bemerkt hätte es natürlich Einfluss auf den Tipping Point von Elektromobilität, wenn man einen Ersatzstoff für das knappe und damit teure Lithium finden würde (an einer Alternative wie Kalzium wird geforscht).

Die Erfahrungskurve ist ein effektives Instrument zur Vorhersage von Kipppunkten in Branchen, in denen Preise den Schlüsselfaktor für Kundenentscheidungen darstellen.

2.2.2.2 S-Kurve

Das S-Kurven-Konzept ist ein Modell zur Früherkennung von Technologiesprüngen, entwickelt in den 1980er Jahren von dem McKinsey-Berater Richard Foster (Foster 1986).

Es beschreibt das Verhältnis zwischen dem F&E-Aufwand für die Optimierung von Produkten oder Prozessen und den Ergebnissen, die man durch diese Investitionen erzielt und gibt damit Hinweise auf den idealen Zeitpunkt zum Technologiewechsel.

Auf der Abszisse wird der F&E-Aufwand, auf der Ordinate die Leistung einer Technologie abgetragen. Die S-Form der Kurve signalisiert, dass bei einer neuen Technologie Aufwand und Leistung zunächst gering sind, z. B. weil nur wenige Mitarbeiter an entsprechenden Projekten arbeiten. Sobald die Technologie etabliert ist, steigt die Leistung stark an. Zum Ende des Technologie-Lebenszyklus wird der Aufwand immer höher, ohne dass die Leistung folgen kann; Signal für einen notwendigen und wirtschaftlich zu rechtfertigenden Technologiesprung (vgl. Abb. 2.2).

Nach der Identifikation technologischer Alternativen werden die Ansprüche von Nutzern an das Produkt ermittelt, um Leistungsparameter zu definieren und deren Grenzen aufzuzeigen. Diese sind erreicht, wenn Kunden Bedürfnisse haben, die nicht mehr von der aktuell verfügbaren Technologie abgedeckt werden können. So lässt sich das Potenzial einer neuen Technologie als Differenz aus ihren Leistungsgrenzen und dem heutigen Technologiestand bestimmen.

Um die S-Kurve darzustellen, werden zunächst die Entwicklungskosten des Produktes oder der Technologie ermittelt und dann die technologischen Grenzen als waagerechte Linien eingezeichnet.

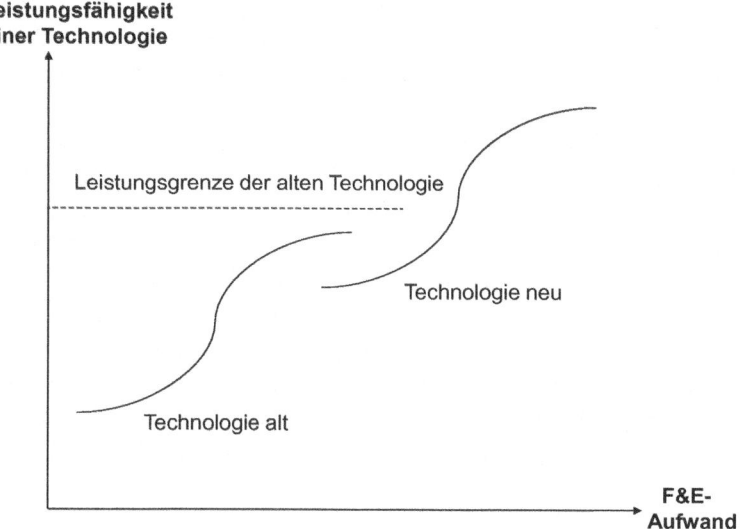

Abb. 2.2 S-Kurven-Modell

Werden die Grenzen überschritten, gehen Kunden verloren mit der Folge stagnierender oder rückläufiger Gewinne. Sofern ein Wettbewerber dem Unternehmen bei der Einführung einer neuen Technologie zuvorkommt, brechen Gewinne i. d. R. stark ein. Dann kann es für eine Innovation zu spät sein.

Angemerkt sei noch, dass unterschiedliche Segmente eines Marktes unterschiedliche S-Kurven aufweisen. Beispielsweise dürften gewerbliche Nutzer von Elektrofahrzeugen (z. B. Taxiunternehmen) bereits umsteigen, wenn die Betriebskosten die gleichen sind wie bei Verbrennern, während für Privatnutzer der Anschaffungspreis entscheidend ist.

Das S-Kurven-Konzept visualisiert die Situation eines bevorstehenden Technologiewechsels, ist aber nur eingeschränkt operationalisierbar und liefert keine eindeutigen Handlungsempfehlungen.

2.2.2.3 Customer Journey

Eine Customer Journey beschreibt Interaktionen, die ein Kunde im Zuge eines Informations- und Kaufprozesses mit einem Unternehmen eingeht. Unter der Customer Experience versteht man dabei den Grad der Erfüllung von Kundenbedürfnissen an den Touchpoints der Customer Journey.

Auf der Suche nach einem Produkt bzw. einer Dienstleistung begegnet der potenzielle Kunde vor allem analogen und digitalen Touchpoints aus dem Marketing einschlägiger Unternehmen, z. B. Werbeanzeigen, Google-Einträgen, Blogs, Website-Landingpages etc. In der Entscheidungsphase sind es schriftliche Angebote (insbesondere in B2B-Märkten) oder der Online-Shop, die den Kontakt zum Kunden halten. Ein Abbruch des Bestellvorgangs ist ein sicheres Zeichen dafür, dass der eigentliche Kaufprozess inkl. Bezahlung eine negative Customer Experience ausgelöst hat. Derartige Vorgänge können eventuell als Frühindikator für bevorstehende Veränderungen im Markt dienen. Ein wichtiger Touchpoint ist auch der After Sales-Service, der Kunden in der Richtigkeit ihrer Entscheidung bestärken soll.

Da die Customer Experience zunehmend als entscheidendes Differenzierungsmerkmal im Wettbewerb gesehen wird, sind in vielen Unternehmen Positionen auf höchster Führungsebene geschaffen worden, die die kontinuierliche Verbesserung der Customer Journey zum Inhalt haben.

Schon heute gehört zur Customer Experience eine möglichst individuelle Ansprache: Das kann so weit gehen, dass man Kunden an der Rezeptur des Produktes mitwirken lässt (vgl. z. B. MyMüsli). Weiterhin gehört ein 24/7-Service dazu: Konsumenten erwarten, dass sie jederzeit mit dem Kundenservice interagieren können und sofort Antworten erhalten (z. B. via Chatbot-Technologie). Auch eine möglichst realitätsnahe und zugleich bequeme Art der Produktauswahl unter Einsatz von Augmented-Reality-Lösungen gehört heute bereits zum State of the Art (z. B. beim Brillenkauf).

Erfolgsentscheidend wird allerdings sein, nicht nur die heutigen Customer Journeys zu verstehen, sondern zu antizipieren, welche Customer Experience Kunden in Zukunft an den relevanten Touchpoints erwarten.

Als zumindest in die Zukunft weisend kann man – wie so oft – die von Tesla angebotene Customer Journey ansehen. Von der aufmerksamkeitsstarken ‚Enthüllung‘ neuer Modelle über die Online-Konfiguration bis zur Inszenierung der Marke zwischen stationären Showrooms und idealer ökologischer Positionierung wird der Kunde auf konsistente Weise durch die innovative Welt des Elon Musk geführt.

Die Customer Experience nimmt eine zentrale Position bei der Bewertung von Innovationen und beim Blick in die Zukunft ein und wird daher im Zusammenhang mit Frühindikatoren von Marktveränderungen (vgl. Kap. 3) erneut aufgegriffen

2.2.2.4 Szenariotechnik

Die Szenariotechnik ist eine Methode der strategischen Planung, deren Ziel es ist, denkbare Entwicklungen zu analysieren und als kausale Prozesse darzustellen.

Zweck der Szenariobildung ist es, Zukunftszustände und Bedingungen ihres Zustandekommens zu beschreiben. Im Gegensatz zur Vision spielen Wunsch- oder Zielvorstellungen hier keine Rolle. Über Zeiträume zwischen 5 und 20 Jahren können Verstärkungen und Abschwächungen von Trends beobachtet und mögliche Kipppunkte identifiziert werden.

Wahrscheinliche, aus der Trendforschung abgeleitete Zukunftssituationen werden i. d. R. eingerahmt von einem Best-Case- und einem Worst-Case-Szenario. So lassen sich strategische Entscheidungsoptionen in Bezug auf Geschäftsmodelle, Technologien, Marktentwicklungen etc. unter Chancen- und Risikoaspekten frühzeitig sichtbar machen. Je weiter die Betrachtung in die Zukunft reicht, umso größer wird die Varianz möglicher Szenarien. Es besteht immer die Gefahr, dass Zukunftsszenarien Ergebnis einer spezifischen Sicht auf die Gegenwart sind und somit Diskontinuitäten unberücksichtigt lassen.

Abb. 2.3 Beispiel Megatrend-basierter Szenarien

Der klassische Ansatz etwa, bei dem die relevanten Faktoren identifiziert und verschiedene Ausprägungen dieser Faktoren zu Szenarien kombiniert werden, lässt Interdependenzen außer Acht mit der Folge, dass nichtlineare Effekte übersehen werden können.

Die typischen Phasen einer Szenarioanalyse sind die Identifizierung von Einflussfaktoren, eine Analyse der Interdependenzen, die Komposition von Szenarien, die sich in den Annahmen über die Entwicklung der Einflussfaktoren unterscheiden, deren Bewertung anhand geschätzter Eintrittswahrscheinlichkeiten und die Interpretation einschließlich möglicher Störereignisse. In einem letzten Schritt fließen die Ergebnisse in die strategische Planung ein. Richtig angewandt ist die Szenariotechnik ein gutes Analyseinstrument, um Zukunft zu antizipieren (vgl. Abb. 2.3). Die Methode spielt daher eine wichtige Rolle bei dem vorgeschlagenen Ansatz zur Optimierung strategischer Entscheidungen (vgl. Kap. 3).

2.2.2.5 Portfolio-Theorie

Die Portfolio-Theorie wurde als Teilgebiet der Kapitalmarkttheorie von Harry M. Markowitz entwickelt (Markowitz 1952). Der spätere Nobelpreisträger untersuchte das Investitionsverhalten am Aktienmarkt und wies nach, dass Diversifikation Rendite und Risiko einer Anlage verbessert. Seine mathematische Methode hilft dabei, effiziente Portfolios aufzubauen. In einem optimalen Portfolio werden die Rendite- und Risikopräferenzen des Anlegers und seine Liquidität berücksichtigt. Ein Portfolio gilt in zwei Fällen als überlegen: Erstens, wenn die erwartete Rendite mindestens so hoch ist wie die anderer Portfolios und die Standardabweichung seines Wertes kleiner, und zweitens, wenn die erwartete Rendite größer und die Standardabweichung gleich ist mit anderen Portfolios. Die Standardabweichung drückt dabei Kursschwankungen aus. Markowitz' Grundannahme ist, dass man aus der Vergangenheit keine Schlüsse auf die Zukunft ziehen kann.

Was für Aktien gilt, sollte sich auch auf andere Entscheidungen unter Unsicherheit übertragen lassen: Ein ausgewogenes Portfolio erhöht die Erfolgswahrscheinlichkeit bei gleichzeitig effektiver Kontrolle des mit der Entscheidung verbundenen Risikos.

2.2.2.6 Wertbausteine

„Strategy is based on a differentiated customer value proposition. Satisfying customers is the source of sustainable value creation." (Kaplan und Norton 2004) Die Bain-Berater Eric Almquist, John Senior und Nicolas Bloch haben sich in einem Beitrag für den Harvard Business Review (vgl. Almquist et al. 2016) mit der Frage beschäftigt, wie genau man Kunden befriedigen kann und als Antwort die „Elements of Value" definiert.

In geeigneten Kombinationen kreieren sie überzeugende Wertangebote bzw. Wertversprechen, die ihrerseits in der Abwägung mit dem Preis zu einer erhöhten Kaufbereitschaft führen. Zunächst wurden 30 Wertbausteine für B2C-Märkte, später dann 36 Wertbausteine für B2B-Märkte (vgl. Almquist et al. 2018) aus zahlreichen quantitativen und qualitativen Kundenstudien abgeleitet. Die B2C-Elemente werden in die Kategorien funktional, emotional, lebensverändernd und social impact unterteilt, die B2B-Elemente in basic, funktional, geschäftsunterstützend, individuell und inspirierend. Die Autoren ordnen die Wertelemente-Kategorien in Anlehnung an Abraham Maslow jeweils hierarchisch.

> „Most of these elements have been around for centuries and probably longer, although their manifestations have changed over time. ,Connects' was first provided by couriers bearing messages on foot. Then came the Pony Express, the telegraph, the pneumatic post, the telephone, the internet, e-mail, Instagram, Twitter, and other social media sites." (Almquist et al. 2016).

Es war den Bain-Beratern wichtig, nicht die direkten Aussagen der Konsumenten zu Produktattributen auszuwerten, sondern nach den Gründen für diese Aussagen zu fragen. Dem liegt die ,Laddering'-Technik zugrunde, die auch in der Means-End-Methode (vgl. Abschn. 1.2.5) Anwendung findet. Sie nennen ein Beispiel:

> „When the owner of a $10,000 Leica talks about the quality of the product and the pictures it takes, an underlying life-changing element is self-actualization, arising from the pride of owning a camera that famous photographers have used for a century."

Mehr Elemente mit hohen Zustimmungswerten stärken die Performance: bei vier oder mehr Elementen nimmt das Umsatzwachstum deutlich zu. Apple beispielsweise kommt auf 11, Amazon auf 8 Wertbausteine. In jeder Branche gibt es typische Erfolgsfaktoren, bei Smartphones sind dies z. B. Qualität, geringer Aufwand, Vielfalt, Organisation und Konnektivität. Wenn Unternehmen ihr Wertangebot durch neue Wertbausteine stärken wollen, gilt es zu beachten, dass es nicht nur eine Untergrenze, sondern auch eine Obergrenze gibt, weil zu viele Produkt-Features das Profil verwässern.

Eric Almquist und seine Kollegen unterscheiden – ganz im Sinne eines Schlüsselthemas dieses Buches – zwischen zwei Zielen: einer Verbesserung der Performance und einer Game-Changing-Aktivität. Geht es beim ersten Ziel darum, die Zustimmung der Kunden unter Anerkennung der Marktregeln auszubauen, wird mit dem zweiten Ziel die Schaffung neuer Märkte und damit auch neuer Marktregeln angestrebt.

Die Anreicherung von Wertangeboten stellt ein zentrales Element der vorgeschlagenen Optimierung von Entscheidungen dar (vgl. Kap. 3).

2.2.2.7 Theorie U

Der MIT-Forscher Otto Scharmer versucht mit seiner „Theorie U" (Scharmer 2019) den Ausgangspunkt zu bestimmen, aus dem heraus man wahrnimmt, kommuniziert und handelt. Ihn interessiert die Verankerung von Veränderungsprozessen im individuellen Denken und Handeln.

Wer die Kommentare an jedem Jahrestag des Mauerfalls verfolgt, erhält eine historische Einordnung des 09.11.1989, die die Ereignisse in einen logischen Zusammenhang mit den Vorgängen in Ungarn und Polen, den Montagsdemonstrationen in Leipzig etc. stellt. Was im Nachhinein fast zwangsläufig erscheint, nämlich das Ende der DDR, hat unmittelbar vor einer der größten Disruptionen der deutschen Geschichte kaum jemand für möglich gehalten oder gar prognostiziert. Wie kann so etwas sein?

Die Theorie U befasst sich mit Fragestellungen, die aus den Erfahrungen der Vergangenheit heraus nicht beantwortet werden können, sondern die Aufgabe gewohnter Denkmuster zugunsten neuer Perspektiven erfordern. Scharmer erklärt das so: Man kann das Werk eines Künstlers anhand des Ergebnisses betrachten und damit einen Blick in die Vergangenheit, also die Zeit der Entstehung des Kunstwerkes werfen. Man kann sich dem Werk aber auch aus der Perspektive des kreativen Prozesses nähern, also den Künstler bei seiner gegenwärtigen Arbeit beobachten. Man kann sich schließlich mit der künstlerischen Inspiration vor Beginn der Produktion auseinandersetzen, also gewissermaßen den Maler vor der leeren Leinwand beobachten, um die „inneren Quellen" des Künstlers und ihre zukünftige Wirkung zu verstehen. Es geht darum, sich „in die im Entstehen begriffene Zukunft hineinzufühlen", wie Otto Scharmer formuliert. Um auf den Mauerfall zurückzukommen: Man hätte die bevorstehende Veränderung erspüren können, denn sie ‚lag in der Luft'.

Ob Transformationsprozesse gelingen oder nicht, hängt ganz wesentlich von den inneren Einstellungen der handelnden Personen ab. Deren Nichtbeachtung erklärt laut Otto Scharmer den blinden Fleck in komplexen Entscheidungsproblemen. Scharmer nennt seinen Ansatz zur Optimierung von Strategie– und Innovationsprojekten „Theorie U" und unterscheidet sieben Prozessschritte, wobei die linke Seite des U den Erkenntnisprozess, die rechte Seite den Weg der Realisierung zeigt (vgl. Abb. 2.4):

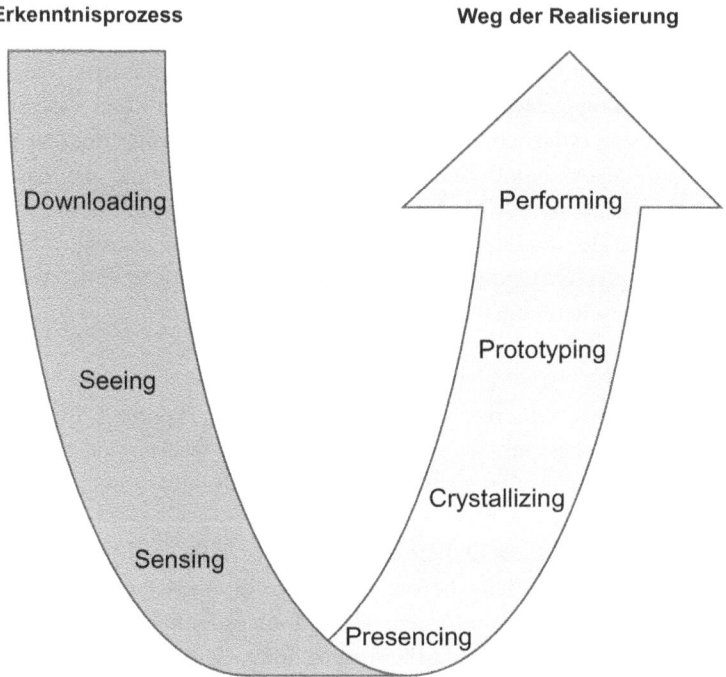

Abb. 2.4 Theorie U (Quelle: Scharmer 2019)

- „Downloading" heißt, gewohnte Muster und Routinen anzuwenden
- „Seeing" bedeutet, genauer hinzuschauen und sachliche Differenzen sowie Vorurteile wahrzunehmen
- „Sensing" meint Eintauchen, sodass sich die Grenze zwischen dem Beobachter und dem Beobachteten auflöst. Man nimmt das eigene System mit den Augen des Anderen wahr.
- „Presencing" (zusammengesetzt aus presence und sensing) beschreibt die Verbindung mit der inneren Quelle des Handelns, die es ermöglicht, die emergierende Zukunft zu gestalten.
- „Crystallizing" drückt eine Verdichtung der Vision aus
- „Prototyping" setzt die Idee in die Praxis um („Prototypen sind Landebahnen für die Zukunft und ermöglichen ein Erkunden der Zukunft im praktischen Tun.")
- „Performing" bringt zum Ausdruck, dass die Innovation in ein System einzubinden ist, um Ergebnisse zu liefern (Kernkompetenzen, Prozesse, Strukturen).

Zukunftsfähigkeit und Zukunftsorientierung sind die Schlüsselthemen strategischer Unternehmensführung. Alle Phasen des U sollten durchlaufen werden, allerdings nicht sequenziell, sondern verbunden und überlappend. Um bestehende Schwellen zu überwinden, bedarf es analytischer Fähigkeiten („Öffnung des Denkens") sowie emotionaler („Öffnung des Fühlens") und spiritueller Intelligenz („Öffnung des Willens"). Während analytische Problemlösungen auf Erfahrungen der Vergangenheit beruhen, führt Empathie in die Gegenwart. Für das zukunftsorientierte Presencing existieren bisher keine bewährten Methoden. Scharmer beschreibt es wie folgt: „Du wartest und wartest und lässt deine Erfahrungen sich mit der Situation verbinden. In gewisser Weise gibt es kein Entscheiden. Das, was zu tun ist wird (von selbst) offensichtlich." (Scharmer 2019)

Otto Scharmer formuliert einige Prinzipien, von denen hier beispielhaft zwei herausgegriffen werden sollen (Scharmer 2014: S. 199):

- Wenn sich der Spalt zur Zukunft öffnet, verbinde dich damit und handle aus dem Jetzt.
- Nicht predigen, sondern handeln. Veränderung lebt vom Mut zum Handeln.

Otto Scharmers Theorie U ist von der Idee geleitet, neue Wege und neues Denken zu implementieren, um die immer komplexer werdenden Herausforderungen bewältigen zu können. Sie stellt einerseits eine wissenschaftliche Methode dar, die die Zukunft in die Gegenwart zu projizieren versucht. Andererseits ist Theorie U eine weltweit vernetzte Bewegung für nachhaltige Veränderung und für eine gerechtere Zukunft.

2.2.3 Künstliche Intelligenz

Vor sechs oder sieben Jahren hatte ich am Rande der Hannover Messe einen Geschäftstermin mit den geschäftsführenden Gesellschaftern einer privaten chinesischen Brückenbaufirma. Da nur der Sohn des Chefs etwas Englisch sprach und mein Chinesisch nicht über die allgemeine Begrüßungsformel „Nǐ hǎo, hěn gāoxìng jiàn dào nǐ" hinausging, organisierte ich einen Online-Dolmetscher. Die chinesischen Gesprächspartner hatten eine kostengünstigere Idee: eine Dolmetscher-App. Wie so oft hatten deutsche Forscher eine wichtige Rolle in der Entwicklung von Spracherkennungssystemen gespielt, der weltweit erste Anbieter eines neuronalen maschinellen Übersetzungsprogramms aber war ein chinesisches Suchmaschinenunternehmen. Ich habe damals in Hannover jedenfalls ordentlich gestaunt, wie gut mein (nicht vorhandenes) Chinesisch klang.

Künstliche Intelligenz basiert auf Algorithmen, die mithilfe von Trainings wie auch selbstständig dazulernen können. Große Datenmengen dienen der KI dabei als Wissensbasis. Dank gestiegener Rechnerleistungen können KI-Systeme diese Daten in kürzester Zeit verknüpfen, analysieren und zu Entscheidungen führen bzw. als Entscheidungsempfehlungen aufbereiten. Wir begegnen KI heute bei Alexa, Siri, ChatGPT oder selbstfahrenden Autos.

Beim autonomen Fahren unterscheidet man fünf Stufen: Level 1 (Assistenzsysteme zum Einparken) und Level 2 (selbstständiges Lenken, Beschleunigen und Bremsen) werden bereits von allen Autoherstellern angeboten. Das Chauffeur-System des Level 3 wird hierzulande nur von Mercedes offeriert, darf aber lediglich bis zu einer Höchstgeschwindigkeit von 60 Stundenkilometern eingesetzt werden. Ab Level 4, dem vollautomatisierten Fahren mit menschlichen Eingriffen, braucht man KI, weil hier neben Programmierbefehlen selbstlernende Algorithmen notwendig sind, die alle denkbaren Manöver in allen möglichen Umgebungen abbilden können. Level 5 ist bisher nur eine Zukunftsvision.

> „Das Interessante […] ist, dass die methodische Grundlage alles andere als neu ist. Die Basis stellen neuronale Netze dar, die man schon seit den 1950er Jahren diskutiert. Durch die neuen performanten IT-Infrastrukturen kann man nun diese neuronalen Netze massiv parallel schalten. […] Durch diese massive Parallelisierung entsteht quasi eine höhere Intelligenz." (Gentsch 2019: S. 271)

Eine typische, für das Customer Experience Management zentrale KI-Anwendung ist Predictive Analytics. Etwas flapsig ausgedrückt bedeutet das, zu wissen, was der Kunde will, bevor der es selbst weiß. Predictive Analytics ermöglichen, große Datenbestände zu analysieren und über die Prädiktoren-Variablen wahrscheinliche Ereignisse zu berechnen. Die KI-Methode baut auf Big-Data- und Machine-Learning-Technologien auf. Das zugrunde liegende nichtlineare mathematische Modell berücksichtigt bei der Verarbeitung vorliegender Daten diverse Trendannahmen. Um Hypothesen zu validieren, werden statistische Verfahren eingesetzt. Die Vorhersagemodelle können auch in Entscheidungsmodelle einfließen. Hier geht es darum, die Folgen von Entscheidungen mit vielen Variablen zu optimieren.

Mit Predictive Analytics lassen sich also die Kaufverhaltensreaktionen von Kunden auf Produktinnovationen oder Markenrepositionierungen vorhersagen und Schlussfolgerungen für Maßnahmen an verschiedenen Touchpoints ableiten, um das Risiko des Kundenverlustes zu reduzieren und die Chance der Kundengewinnung zu erhöhen.

> „Der Conversational Commerce ermöglicht durch intelligente Automatisierung die Optimierung der Kundeninteraktion. Übergeordnetes Ziel ist es, den Konsumenten direkt aus der Unterhaltung zum Kauf eines Produktes oder einer Dienstleistung zu führen. Hierzu zählen beispielsweise das Abwickeln von Bezahlvorgängen, die Inanspruchnahme von Dienstleistungen oder auch das Einkaufen von beliebigen Produkten. Hierbei kommen zunehmend Messaging- und Bot-Systeme zum Einsatz, die über sprach- und textbasierte Interfaces die Interaktion zwischen Konsumenten und Unternehmen vereinfachen. Damit lässt sich die gesamte Customer Journey von der Produkt-Evaluierung über den Kauf bis zum Service durch höhere Effizienz und Convenience optimieren." (Gentsch 2019: S. 272)

KI ermöglicht es Unternehmen, eine zugleich automatisierte wie personalisierte Kundenbeziehung aufzubauen. Das daraus resultierende genauere Verständnis der Kundenwünsche und -bedürfnisse bringt einem Unternehmen Wettbewerbsvorteile gegenüber Konkurrenten.

Klar ist aber auch, dass sich „eine effiziente Infrastruktur und ein datengetriebenes Mind-Set als wichtige Implementierungsvoraussetzung im Unternehmen erst entwickeln (muss); und das braucht Zeit." (ebd.: S. 277) Eine 2021 im Auftrag des Digitalverbands Bitkom durchgeführte Studie bestätigt dies (Bitkom 2021). Die Repräsentativbefragung bei mehr als 600 Unternehmen aller Branchen zeigt, dass KI zwar von 69 % für die wichtigste Zukunftstechnologie gehalten wird, aber nur 8 % der Unternehmen KI-Anwendungen nutzen und 30 % planen, dies zu tun. Für 59 % ist KI kein Thema, weil es an Personal, Zeit oder Geld fehlt, 44 % der Unternehmen wollen die Entwicklung zunächst einmal beobachten.

Vielen Unternehmen ist klar, dass KI ihre Geschäftsmodelle verändern wird: 21 % erwarten sich eine Verbesserung ihrer Produkte und Dienstleistungen (evolutionäre Innovationen), 17 % glauben, dass mit KI völlig neue Angebote entstehen werden (disruptive Innovationen).

Die bereits realisierten KI-Lösungen verteilen sich auf folgende Einsatzbereiche: personalisierte Werbung (71 %), Verbesserung interner Abläufe in der Produktion und Instandhaltung (64 %), automatisierte Beantwortung von Anfragen im Kundendienst (63 %), Analyse des Kundenverhaltens im Vertrieb (53 %), Managementunterstützung bei der Entwicklung von Strategien (43 %).

Ein neues Anwendungsfeld von KI entwickelt sich gerade bei Fondsgesellschaften. Wenn KI die Auswahl der Titel eines Aktienfonds übernimmt, ist zu erwarten, dass nicht nur größere Datenmengen in die Beurteilung der Performance von Unternehmen einfließen, sondern auch, dass persönliche Präferenzen, die zu blinden Flecken führen, neutralisiert werden können.

Vor allem kleine Unternehmen zögern mit KI-Investitionen: nur 6 % der Unternehmen mit weniger als 100 Beschäftigten wollen in KI investieren, bei den Unternehmen bis 500 Beschäftigten sind es 15 % und bei Großunternehmen 23 %. Dabei zeigte sich gerade in der Corona-Krise, dass digitalisierte Unternehmen erhebliche Wettbewerbsvorteile haben.

Die monatlichen Lizenzgebühren für Predictive-Analytics-Software liegen nur noch im niedrigen vierstelligen Bereich. Die Sammlung und Aufbereitung der Daten ist allerdings zeitaufwendig und benötigt eventuell ebenso wie das Finetuning der Modelle Know-how und Kapazitäten, die nicht in Unternehmen vorhanden sind.

KI-basierten Analyseinstrumenten gehört auf jeden Fall die Zukunft. Hinter dem Methodensystem der künstlichen Intelligenz stehen Theorien oder Modelle. Die Zusammenhänge zu verstehen und mit Blick auf strategische Entscheidungen zu bewerten, ist Ziel dieses Buches.

2.2.4 Genauer, aber nicht immer richtiger

In der Messtechnik unterscheidet man zwischen Präzision und Richtigkeit. Je mehr Messungen man vornimmt, umso höher ist die Präzision, weil die Streuung gewissermaßen unter Kontrolle ist. Allerdings sagt die Präzision nichts über den (theoretisch) wahren Wert der Messgröße aus. Richtig ist eine Messung nur dann, wenn ihr Mittelwert nahe am echten Wert liegt.

Hohe Rechnerkapazitäten optimieren die Präzision, aber nicht zwingend die Richtigkeit von Untersuchungen. Einem Fußballfan ist es vermutlich lieber, dass ein Stürmer seines Lieblingsvereins regelmäßig Tore erzielt, egal wie (Schuss, Kopfball etc.) und wo (oben links, unten rechts etc.), als dass er immer mit dem linken Fuß den rechten Pfosten trifft.

Ziel dieses Buches ist es, Ihre Erfolgsquote zu erhöhen, nicht Ihre Vorhersagequalität bis zur dritten Stelle hinter dem Komma zu perfektionieren. Damit Sie öfter Grund zum Torjubel haben, sollten Sie sich zuerst auf die kausalen Entscheidungszusammenhänge konzentrieren und erst dann über den Einsatz leistungsfähigerer Tools nachdenken.

Vor diesem Hintergrund soll die Liste der wissenschaftlichen Ansätze im Folgenden um einige pragmatische Überlegungen ergänzt werden.

2.3   Wenn Intuition, Haltung und Pragmatismus gefragt sind

Entscheidungen unter Ungewissheit unterscheiden sich von solchen mit Risiko. „Wenn wir es mit Ungewissheit zu tun haben […], dann sollten wir nach einfachen Lösungen suchen. Haben wir es jedoch mit einer Welt von berechenbaren Risiken zu tun, dann sollten wir paradoxerweise nach komplizierten Lösungen suchen." (Gigerenzer 2019)

Wo man rechnen kann, sollte man es tun, wo dies nicht möglich ist, braucht es Intuition, Haltung und/oder Pragmatismus. Heuristiken basieren auf Erfahrung und geben Orientierung bei unvollständiger Information oder knapper Zeit. Narrative in Form eines Purpose, einer Vision oder Mission wirken als Kompass in unklaren Entscheidungssituationen. Intuition, kombiniert mit einer geeigneten Datenbasis, kreiert einen Rahmen für zukünftige Entscheidungen.

Von großen (Unternehmer-) Persönlichkeiten weiß man, dass sie ein Gefühl für richtige Entscheidungen haben bzw. hatten. Aber immer nur in ,ihrer' Zeit. Stellen Sie sich vor, man würde den Design-Visionär Philip Rosenthal (ich hatte das Glück, ihn persönlich kennenzulernen) aus den 1960er Jahren, der Zeit seiner großen Erfolge mit dem gleichnamigen Unternehmen (sowie in der Politik), in unsere Zeit ,beamen', in der Design zum Hygienefaktor geworden ist: Er könnte seine Erfolge als Unternehmer schwerlich wiederholen. Und schickte man den Technologie-Visionär Elon Musk mit seiner eigenen SpaceX-Rakete auf eine Zeitreise zurück in die 1960er Jahre – damals war die Apollo-Mondmission der NASA gerade in Vorbereitung – so ist kaum davon auszugehen, dass er zu der Leitfigur geworden wäre, die er heute ist (ich vermute eher, dass man den selbsternannten ,Technoking of Tesla' vom Gelände in Cape Canaveral verwiesen hätte). Intuition hat ihre Zeit, vielleicht auch ihren kulturellen Rahmen. Beide Persönlichkeiten waren temporär geradezu in einem Flow, wo ihnen alles gelang. Wenn sich Zeit und Kultur aber radikal verändern, brauchen auch große Unternehmer die Wissenschaft, also

Systeme, die das Bauchgefühl ergänzen. Voraussetzung ist natürlich, dass diese Business-Stars die Welt um sich herum nicht bereits als Funktion ihrer selbst wahrnehmen, was ja vorkommen soll.

▶   Von großen (Unternehmer-) Persönlichkeiten weiß man, dass sie ein Gefühl
    für richtige Entscheidungen hatten. Aber immer nur in ‚ihrer' Zeit.

Wie schon erwähnt, folge ich gern Henry Mintzberg, der strategisches Management als Kombination von Wissenschaft, Kunst und Handwerk beschreibt und in einem Science-Art-Craft-Dreieck visualisiert (vgl. Mintzberg 2010). Aus gutem Grund möchte ich an dieser Stelle noch eine weitere, außerordentlich interessante und erfolgreiche Unternehmerpersönlichkeit vorstellen: François Pinault.

1936 als Sohn eines Sägewerksbesitzers in einem Dorf in der Bretagne geboren, brach er vorzeitig die Schule ab und arbeitete in der Firma seines Vaters. 1963 gründete er das Unternehmen ‚Pinault Bois et Matériaux' mit Aktivitäten im B2B-Holz- und Möbelhandel. Seit 1991 diversifizierte Pinault mit dem Kauf des Möbelhändlers ‚Conforama', der Warenhauskette ‚Printemps', dem Versandhändler ‚La Redoute' und des Buch- und Elektronikhandels ‚Fnac' in den B2C-Handel. Das neue Unternehmen hieß PRP (‚Pinault-Printemps-Redoute'). 1999 erfolgte dann die zweite Neuerfindung des Konzerns mit dem Fokus Luxusgüter: Pinault stieg bei ‚Gucci' ein. Es folgten die Übernahmen von ‚Yves Saint Laurent', ‚Boucheron', ‚Balenciaga', ‚Alexander McQueen', ‚Puma', ‚Brioni' u. a. Das neue Unternehmen hieß ‚Kering', die Handelsfirmen wurden parallel verkauft. Mit 69 Jahren übergab François Pinault die Konzernleitung an seinen Sohn François-Henri, nachdem dieser sein Studium an der École des Hautes Études Commerciales (HEC), einer der weltweit führenden Business Schools, abgeschlossen hatte und 20 Jahre in diversen Positionen des Familienunternehmens tätig gewesen war.

Kering hat 2021 einen Umsatz von 17,6 Mrd. € und einen operativen Gewinn von 5 Mrd. € erzielt, die Finanzholding der Familie Pinault, die Groupe Artémis, weist eine konsolidierte Bilanzsumme von ca. 30 Mrd. € aus. Laut der Forbes-Liste 2021 belegt François Pinault mit einem Vermögen von etwa 45,6 Mrd. $ Platz 32 der reichsten Menschen der Welt. Er ist sozusagen das Gegenmodell zu dem von Clayton Christensen beschriebenen Niedergang von Unternehmen aufgrund der Erfolgsrezepte, die sie groß gemacht haben. Der Mann kennt offenbar keine Angst vor Veränderung und loslassen kann er auch: Das Motto seiner Firmengruppe lautet „croire, oser, agir" (glauben, wagen, handeln), ein Zitat von ihm „I have no sense of nostalgia. Tomorrow is what interests me."

Vom Rohstofflieferanten für Möbelproduzenten zum Handelskonzern für Konsumprodukte aller Lebensbereiche und weiter zur Firmengruppe für Luxusmarken ist ein weiter Weg. Aber – darauf weisen Luc Boltanski und Arnaud Esquerre hin – es ist der Weg, den auch Wirtschaft und Gesellschaft in dieser Zeit genommen haben. Das vom Konsum der Mittelschicht getragene Wachstum der Jahre um die Jahrtausendwende wurde von zwei sich verstärkenden Megatrends begleitet: der Digitalisierung und der Globalisierung, in deren Folge „in einer großen Zahl von Staaten die Ungleichheit von Einkommen und Vermögen wächst" und man „Produkte und Dienstleistungen anbieten (kann), die gestatten, das Kapital der besonders Wohlhabenden abzuschöpfen, ohne diese dadurch gleich direkt beteiligen zu müssen." (Boltanski / Esquerre 2019: S. 198). Das gilt gleichermaßen für hochentwickelte Märkte wie für Schwellenländer.

Für den Pinault-Konzern war damit ein Wandel von einem Produkt- zu einem Markenunternehmen verbunden, mit der Folge zunehmender Internationalisierung (fast die Hälfte des Umsatzes kommt jetzt aus Asien). Genutzt werden kann dabei die historisch begründete Reputation Frankreichs als Land royalen Glanzes und manufaktureller Qualität.

Halten wir fest: Es gibt Menschen, deren Mut und Gestaltungswille die Unsicherheit über die Zukunft überwindet und die intuitiv das Richtige tun. Aber nicht allzu viele.

2.3.1 Intuition und kreative Techniken

Intuition basiert auf implizitem Wissen. Implizites Wissen wiederum kann durch vormals bewusstes oder durch nicht bewusstes Lernen (man denke an die Fähigkeit, Fahrrad zu fahren) entstehen. Es wird regelmäßig intuitiv entschieden, aber ungern zugegeben, dass man sich nicht der Mühe analytischer Prozeduren unterzogen hat.

Intuition bezeichnet ein Urteil, das im Bewusstsein auftaucht, dessen tiefere Gründe uns aber nicht bewusst sind, das jedoch stark genug ist, um danach zu handeln (vgl. Gigerenzer 2007). Sich diese unbewusste Intelligenz zunutze zu machen, ist ein Schlüssel für gute Entscheidungen in der VUCA-Welt.

In Abschn. 3.2.2 wird genauer auf die Kunst eingegangen, sich Intuition gezielt zunutze zu machen.

2.3.1.1 Sichtachsenmethode

Ein analytisch-kreativer Ansatz zur Unterstützung strategischer Entscheidungen ist die Sichtachsenmethode. Günter Faltin empfiehlt Gründern, ihre Geschäftsidee aus unterschiedlichen, auch ungewöhnlichen Perspektiven zu betrachten und sie dadurch stärker zu machen (Faltin 2008: S. 139 ff.). Um neue Sichtachsen legen zu können, muss man dem bestehenden Konzept mit Abstand begegnen: Wer in den operativen Details seines Geschäftsmodells feststeckt, kann schwerlich neue Möglichkeiten entdecken.

Übliche Sichtachsen bei Foodprodukten sind z. B. Geschmack und Duft, bei Gebrauchsgütern findet man Kategorien wie Material oder Form. Aber wer sich allein am Standard orientiert, wird allenfalls Varianten von bereits Bestehendem auf den Markt bringen können. Ein Blick auf die Megatrends unserer Zeit hilft bei der Suche nach neuen Sichtachsen. Kleidung etwa wird durch Digitalisierungsansätze zu Smartwear: Laufshirts, die Körperfunktionen wie die Pulsfrequenz messen und aufs Handy senden, begründen ebenso eine neue Produktkategorie wie Textilien, die Temperaturwechsel ausgleichen oder sich selbst reinigen.

Wein kann jenseits des primären Produktnutzens (er soll gut schmecken) auch als Mittel von Kennerschaft oder Distinktion (da rückt das Etikett in den Mittelpunkt des Interesses) dienen oder im Sinne gemeinschaftlichen Genießens ein Erlebnis bieten. Bei Mode- und Lifestyle-Artikeln mit dem Symbolcharakter der Marke im Mittelpunkt ist die Sichtachse der Kommunikation eventuell interessanter als die des Materials.

Da Innovationen Nachhaltigkeit aufweisen sollten, allein schon, um die mit der Markteinführung verbundenen Investitionen zurückverdienen zu können, stellt sich folgende Frage: Sind Sichtachsen statisch oder dynamisch, definieren sie sich allein aus dem Jetzt oder auch aus der Zukunft?

Sichtachsen legen kann man nur aus unserem heutigen Wissen und Denken heraus. Orientiert man sich am Gewohnten (Geschmack, Material etc.), weisen sie kaum über die Gegenwart hinaus und versprechen allenfalls einen schwachen Return on Investment. Wählt man dagegen neue Sichtachsen, so entsteht eventuell eine tragfähige Geschäftsidee mit einem verbesserten Return, natürlich auch mit einem höheren Risiko.

Was nicht passieren sollte, ist eine bloße Projektion von Sichtachsen-Ausprägungen in die Zukunft, denn menschliche Projektionen sind linear, die Zukunft ist es definitiv nicht.

2.3.1.2   Design Thinking

Lassen Sie mich noch einen kurzen Blick auf Methoden zur Entwicklung innovativer Lösungen werfen. Die heute vielleicht bekannteste, sicher auch komplexeste Innovationstechnik ist Design Thinking, entwickelt an der Stanford University in den 90er Jahren.

Wie der Name andeutet, knüpft der Ansatz an die Arbeitsweise von Designern an, die den Kundennutzen, die technologische Umsetzbarkeit und die wirtschaftliche Marktfähigkeit im Auge haben müssen. Die HPI School of Design Thinking in Potsdam beschreibt die Schritte des Design Thinking-Prozesses wie folgt: Verstehen (Briefing und Rebriefing in einem interdisziplinär besetzten Team), Beobachten (Wünsche der Kunden erfahren), Standpunkt definieren (Personas beschreiben, Insights sammeln), Ideen generieren und bewerten (Brainstorming und Prioritätenbildung), Prototyping (anhand des Prototyps soll sich der Kunde die Lösung seines Problems vorstellen können), Testen (Feedback einholen und Verbesserungen ableiten).

Amy Whitaker hat in ihrem Buch „Art Thinking; How to Carve Out Creative Space in a World of Schedules, Budgets, and Bosses" (Whitaker 2016) einen erweiterten Begriff geprägt, sicher auch durch die Arbeiten des Kreativitätsforschers Mihály Csíkszentmihályi (Csíkszentmihályi 1996) beeinflusst.

Neugierde, Infragestellen, die Fähigkeit, Themen aus neuen Perspektiven zu betrachten, gestalterischer Ausdruck, sensible Wahrnehmung, Offenheit und Risikobereitschaft sind typische Eigenschaften von Künstlern, die sich auch die Wirtschaft zu eigen machen könnte. Kunst gilt schließlich als Heimat der Kreativität.

2.3.2 Haltung

2.3.2.1 Purpose

Der Sinn oder höhere Zweck eines Unternehmens wird als Purpose bezeichnet. Der Autor und Unternehmensberater Simon Sinek machte mit seinem Buch „Start with why" (Sinek 2011) die Purpose-Idee populär.

Um nachhaltig erfolgreich zu sein, müssen Unternehmen, so Sinek, ihren Kunden, Mitarbeitern, Shareholdern, Lieferanten sowie der Öffentlichkeit nicht nur beantworten, was sie erreichen wollen und wie sie es erreichen wollen, sondern auch warum sie es erreichen wollen. Es geht ganz entscheidend um einen übergeordneten Sinnzusammenhang. Gerade jüngere Zielgruppen erwarten genau das und strafen Unternehmen ab, deren einziger Zweck darin besteht, ihre Shareholder reicher zu machen.

Auch Günter Faltin weist darauf hin, dass erfolgreiche Entrepreneure nicht primär durch Gewinne, sondern durch ihren aktiven Beitrag zur Gestaltung der Zukunft und die Übernahme von Verantwortung für die Gesellschaft motiviert werden (Faltin 2008: S. 175).

Um Unternehmen agiler zu machen, müssen Mitarbeiter mehr Entscheidungsbefugnisse erhalten. Eigeninitiative aber setzt eine starke intrinsische Motivation durch Identifikation mit dem Unternehmen und der Arbeit voraus. Dazu braucht es einen überzeugenden Purpose. Es kommt also entscheidend darauf an, dass sich Unternehmen zu den in Megatrends zum Ausdruck kommenden Themen unserer Zeit positionieren. Gelingt ihnen dies so gut wie etwa der Firma Patagonia, so sind Umsatz und Gewinn nicht mehr Ziel, sondern Ergebnis der Bemühungen um Sinnvermittlung.

Der Purpose erleichtert nicht direkt den Blick in die Zukunft, aber er trägt dazu bei, sich intensiv mit der Zukunft zu beschäftigen und leistet damit einen indirekten Beitrag.

2.3.2.2 Gesellschaftlicher Diskurs

Als Diskurs bezeichnet man eine kulturspezifische Interpretationspraxis, also die Art, in der sich in einer Gesellschaft Bedeutungen und Wissen bilden. Reckwitz nennt den Diskurs „Ordnung des Denkbaren und Sagbaren, sei es als ein reguliertes Aussagesystem, sei es als ein Zeichensystem, als eine Narrationsstruktur oder eine ikonografische Struktur" (Reckwitz 2017: S. 37). Über eine Diskussion geht der Diskurs insofern hinaus, als er Realität schaffen und strukturieren kann. Michel Foucault spricht von Diskursen als Praktiken, „die systematisch die Gegenstände bilden, von denen sie sprechen." (Foucault 1981: S. 74) Als Beispiel kann hier eine Untersuchung der Diskurse über Terrorismus in Deutschland (RAF) und Nordirland (IRA) dienen (Musolff 1996: S. 297), der zufolge die Diskurse selbst zur Radikalisierung der Bewegungen beigetragen haben, also ihren Anteil an der Entstehung des Phänomens hatten, das sie thematisierten.

Der Kommunikationswissenschaftler Klaus Krippendorff betrachtet den Diskurs als höchste Stufe des Designs und begründet dies mit dem…

„shift in emphasis from technological to human considerations or from hardware to information. Along this trajectory design must increasingly afford a diversity of meanings (as opposed to realizing fixed functions), respond to many stakeholders (as opposed to catering to serviceable end users), address interactivity and virtuality (as opposed to materiality), support heterarchies, dialogues, or conversations (as opposed to standardizing social practices)." (Krippendorff 1997)

Er nennt diesen Paradigmenwechsel „Semantic Turn".

In unserer Mediengesellschaft wandelt sich der Diskurs von einem weitgehend auf Experten begrenzten zu einem zunehmend entgrenzten Kommunikationsprozess. Insbesondere das Internet ist durch die intensive Interaktion von Akteuren Resonanzraum sozialer Wirklichkeiten geworden. Wie hoch die gesellschaftliche Relevanz digitaler Diskurse ist, kann man z. B. an dem Thema der Wahlbeeinflussung durch ‚Fake News' sehen.

Diskurse werden als schriftliche oder mündliche Äußerungen im Zeitablauf verstanden, wobei bestätigende oder kritische Stellungnahmen über Netzwerke oder Communities ausgetauscht werden. Es geht darum, eigene Deutungen zu etablieren bzw. fremde Deutungen abzuwerten. Foucault spricht von einem ‚Wahrheitsregime', das in einer spezifischen historischen Phase bestimmt, was wahr und was falsch ist (Foucault 1994). Einem Diskurs liegen also bestimmte Deutungsmuster, abstrakte Sinnzusammenhänge zugrunde. Die sinnstiftenden, Werte und Emotionen vermittelnden Aussagen heißen Narrative (vgl. Lyotard 1979). Ein Beispiel: ‚Ökologische Modernisierung' ist ein Diskurs, ‚Win–win-Situation zwischen Ökonomie und Ökologie' ist eines von mehreren diesem Diskurs zugeordneten Narrative. Ein sehr erfolgreiches übrigens, das etwa Innovationsförderung oder Emissionshandel erst legitimiert (Espinosa et al. 2017: S. 22 ff.).

Ein Narrativ ist dann erfolgreich (ebd.: S. 27 ff.)

- wenn es von Akteuren kommuniziert wird, die als glaubwürdig anerkannt sind
- wenn es Content vermittelt, der zu einem dominanten Diskurs passt
- wenn es mehrdeutig und damit interpretierbar ist
- wenn es Bezüge zu aktuellen und/oder vergangenen Ereignissen herstellt
- wenn es Probleme durch konsistente und kohärente Strukturen kommunizierbar macht
- wenn es verständlich formuliert ist und so an das Alltagsverständnis anknüpft.

„Die besondere Funktion der Akteure im Diskurs besteht darin, Sinn zu schaffen und gleichzeitig selbst Sinnträger zu sein." (Kämper 2017: S. 259) Die Möglichkeit Diskurse zu beeinflussen (Social Impact'), also bestimmte Narrative durchzusetzen, ergibt sich aus der Rolle und Position, die Institutionen oder Personen im relevanten Kontext wahrnehmen.

Das menschliche Bewusstsein ist jedenfalls narrativ, nicht logisch-abstrakt, und Geschichten sind damit die Grundform menschlicher Kommunikation.

„Je moderner die moderne Welt wird, desto unvermeidlicher wird das Erzählen [...]. Narrare necesse est: Wir Menschen müssen erzählen. Das war so und bleibt so. Denn wir Menschen sind unsere Geschichten, und Geschichten muss man erzählen. Jeder Mensch ist der, der . . .; und wer er genauerhin ist, sagen immer nur Geschichten: Columbus ist der, der Amerika entdeckt hat; Rotkäppchen ist die, die vom Wolf gefressen wurde; Odysseus ist der, der zwanzig Jahre für die Heimkehr aus Troja brauchte. Wer auf das Erzählen verzichtet, verzichtet auf seine Geschichten; wer auf seine Geschichten verzichtet, verzichtet auf sich selbst." (Marquard 2000)

2.3.2.3 Konsekration und Valorisierung

Pierre Bourdieu, einer der einflussreichsten Soziologen des 20. Jahrhunderts, räumt in seinem Buch „Die Regeln der Kunst" (vgl. Bourdieu 1999) gründlich mit der Vorstellung des autonomen Künstlers auf. Künstler werden „selbst innerhalb des Feldes erschaffen [..]: durch alle jene nämlich, die ihren Teil dazu geben, dass er ,entdeckt' wird und die Weihe erhält als ,bekannter' und anerkannter Künstler" (ebd.: S. 271). Die Akteure im Netzwerk Kunstmarkt betreiben durch Ausstellungen und Beiträge zum Diskurs die Konsekration der Künstler und ihrer Kunst.

Der Begriff der Konsekration beschreibt eine liturgische Handlung und genau das meint Bourdieu, wenn er feststellt: „Der Diskurs über das Kunstwerk ist kein bloß unterstützendes Mittel mehr zum besseren Erfassen und Würdigen, sondern ein Moment der Produktion des Werks, seines Sinns und seines Werts" (ebd.: S. 276). Daher, so fährt Bourdieu fort, „gewinnt das Kunstwerk [...] nur Wert durch einen kollektiven Glauben als kollektiv produzierte und reproduzierte kollektive Verkennung" (ebd.: S. 277). Das Kunstwerk wird von Künstlern, sein Wert bzw. der Glaube daran von Galerien, Kunstkritikern, Sammlern, Kuratoren, Jurys etc. produziert (ebd.: S. 362).

Konsekrationskapital beinhaltet die Macht, Wert zu verleihen. Produzent des Kunstwerkes und seines Wertes ist nur zum Teil der Künstler, einen wesentlichen Beitrag liefern die Marktakteure.

„Die künstlerische Arbeit in ihrer neuen Definition macht die Künstler stärker als je zuvor abhängig von einem ganzen Gefolge von Kommentaren und Kommentatoren, die kraft ihrer Reflexion auf eine Kunst, die häufig selbst eine Reflexion auf die Kunst verkörpert, und auf eine künstlerische Arbeit, die immer auch Arbeit des Künstlers an sich selber beinhaltet, direkt zur Produktion des Kunstwerks beitragen" (Bourdieu 1999: S. 275).

Die Konsekration ist umso wirksamer, je anerkannter der Marktakteur selbst ist.

Das rezipientenorientierte Äquivalent zur Konsekration ist die Valorisierung. Geht es bei der Konsekration um Expertenurteile auf kognitiver Ebene, so steht bei der Valorisierung der affektive Aspekt im Mittelpunkt. Interessierte können jenseits der offiziellen Urteilsinstanzen Einfluss ausüben. Ein gutes Beispiel für die Wirkung der ,Crowd' liefert Banksy: Von der offiziellen Kunstkritik oft ,zerrissen', haben ihn 11 Mio. Follower bei Instagram zu einem der bekanntesten und teuersten Künstler unserer Zeit gemacht.

Es ist nicht zu übersehen, dass es eine Tendenz von der kognitiven Erklärung zur affektiven Valorisierung, vom ‚Content' zum ‚Like', vom ‚Expertenurteil' zur ‚Schwarmintelligenz' gibt (vgl. Gröndahl 2021). Nicht nur im Kunstmarkt.

2.3.3 Pragmatismus

2.3.3.1 Vergleiche von Märkten und Technologien

Vergleiche sind ein konstitutives Element der Bildung von Märkten (vgl. Mützel 2015). Was für Betriebsvergleiche gilt, sollte auch für Branchenvergleiche anwendbar sein. So orientiert sich etwa die Tischkulturbranche an den Trends der zeitlich vorangehenden Heimtextilbranche und diese orientiert sich an der zeitlich vorangehenden Modeindustrie. Die aktuelle Mode schließlich reagiert auf die gesellschaftlichen Rahmenbedingungen.

Die Digitalisierung von Kaufprozessen begann mit dem Online-Vertrieb von standardisierbaren Produkten wie Büchern und CDs. Dies führte zur Veränderung von Wertschöpfungsketten und damit zu neuen Geschäftsmodellen. Während der Buchmarkt ebenso wie der Musikmarkt grundlegend transformiert wurden, haben sich im Kunstmarkt traditionelle Strukturen und Prozesse erhalten. Und bis zum Beginn der Pandemie wurden sie auch standhaft verteidigt.

Seit CDs von Streamingdiensten verdrängt worden sind, musste die Musikbranche erhebliche Umsatzeinbußen verkraften. Die Künstler erhalten bei Spotify pro gespieltem Song nur 0,6 bis 0,8 Cents. Musiker müssen ihr Geld daher vermehrt über Konzerte verdienen, was zu höheren Ticketpreisen geführt hat. Der deutsche Buchmarkt ist größer als die Märkte für Musik, Filme und Videospiele zusammen. Er besteht zu etwa einem Drittel aus digitalen Produkten wie E-Books und Hörbüchern, die man downloaden oder streamen kann. Amazon dominiert den Markt von der Herstellung bis zum Vertrieb und nimmt so Wettbewerber weitgehend aus dem Spiel.

Ob der Kunstmarkt dem Musik- und Buchmarkt in Bezug auf Digitalisierung und damit Entmaterialisierung folgen wird, ist offen, aber doch recht wahrscheinlich. NFTs (Non-Fungible Token) zur Markierung digitaler Kunstwerke sind vielleicht ein erster Hinweis.

Branchenvergleiche können also helfen, zumindest einen indirekten Blick in die Zukunft zu werfen. Das gilt nicht nur für die Markt-, sondern auch für die Technologieseite. Man spricht von Cross-Industry- Innovation, wenn Technologien, Patente oder Prozesse von einer auf eine andere Branche übertragen werden. Hier mögen Kosten- und Risikoüberlegungen im Mittelpunkt stehen, aber es geht auch um Zukunftsperspektiven von Branchen.

Schließlich kann ein Blick über Ländergrenzen aufschlussreich sein. Viele Startups der Rocket- Internet-Group haben sich z. B. von Geschäftsmodellen aus den USA inspirieren lassen, einem Land, das Deutschland in der Digitalisierung weit voraus ist.

2.3.3.2 Die normative Kraft des Faktischen

Abraham Lincoln wird das folgende Zitat zugeschrieben: „The best way to predict the future is to create it." Von dem österreichischen Staatsrechtler Georg Jellinek, der zum Kreis um Max Weber zählte, stammt die Aussage von der normativen Kraft des Faktischen: Durch das Faktische wird aufgrund von Stabilitätsüberlegungen (Rechtssicherheit) die Norm der Realität angepasst.

Vielleicht geht es auf das Selbstverständnis von Kreativität und Autonomie zurück, dass sich die Akteure des Kunstmarktes Lincolns Statement in besonderer Weise zu Herzen genommen haben. Mit dem Unterlaufen von Marktregeln sind wohlbemerkt nicht Geldwäsche, Kunstfälschung, Steuerhinterziehung und dergleichen gemeint, obwohl es die auch gibt. Kunstmarkt-Expertin Georgina Adam behauptet, einen Händler zitierend: „Neben Drogen und Prostitution ist der Kunsthandel der größte unregulierte Markt der Welt." (Adam 2014)

Hier einige Beispiele von Künstlern

Die große Karriere des Georg Baselitz fing mit einem inszenierten Skandal an. Bei seiner ersten Einzelausstellung in der Galerie Werner & Katz am Berliner Kurfürstendamm erschien die Polizei und beschlagnahmte zwei Gemälde aufgrund des Verdachts der Pornographie. Die Presse berichtete ausführlich über den Polizeieinsatz und durch den Gerichtsprozess knapp zwei Jahre später blieben die Ereignisse noch längere Zeit öffentlich präsent, mit der Folge, dass der aus Sachsen stammende 25-jährige Künstler über Nacht bekannt wurde und sein bis heute erhaltenes Rebellenimage aufbauen konnte. Dabei führte der Prozess zu Freisprüchen und die beanstandeten Gemälde wurden wieder herausgegeben und danach vielfach ausgestellt. Das ist jedoch nicht das Ende der Geschichte. Der durch den Fall Baselitz ebenfalls zu Ruhm gelangte Galerist Michael Werner, ein Jahr jünger als der Künstler, erklärte 2011 in einem Interview mit dem Magazin Artnet, ihm sei bei einem feucht-fröhlichen Abend mit einem Kunstkritiker die Idee gekommen, der Berliner Zeitung einen anonymen Hinweis zu geben. Die Zeitungsmeldung hatte Wirkung: „Ich gehe zur Galerie, der Staatsanwalt steht schon vor der Tür und nimmt pflichterfüllt zwei Bilder mit."

Damien Hirst gilt als genialer Selbstvermarkter. Er „schafft seine Werke unter anderem auch nach marketingtechnischen, verkaufsfördernden Gesichtspunkten." (Blanché 2012: S. 15) Stichwörter sind Dachmarke und Wiedererkennungswert. „Wie Warhol in seiner Factory produzierte Hirst mit einem Heer von bis zu 160 Assistenten und stellt damit die Einzigartigkeit eines Kunstwerkes wie seine individuelle Anfertigung in Frage" (ebd.: S. 15). Seine hohe Bekanntheit verdankt er nicht Kunstkritikern, sondern der Lifestylepresse.

2008 gelang Hirst ein besonderer Coup: Er ließ entgegen aller Marktregeln 287 neue Werke, also Primärmarktkunst, unter Umgehung seiner Galeristen über Sotheby's versteigern. Erklärte Zielgruppe waren nicht traditionelle Kunstliebhaber, sondern russische Oligarchen, arabische Ölscheichs und britische Hedge-Fonds-Manager. Das brachte ihm neben einem Erlös von 172 Mio. Dollar die Bewunderung führender Business Schools ein, die darin ein Beispiel für strategische Innovation und Schaffung neuer Vertriebskanäle und Kundengruppen sahen. In diesem Zusammenhang sei darauf hingewiesen, dass Kunstauktionsergebnisse von Plattformen wie Artprice oder Artnet systematisch erhoben und veröffentlicht werden. Die Folgen sind offensichtlich: Ein Zuschlag über dem aktuellen Marktpreis dokumentiert das Wertsteigerungspotenzial des Künstlers, bleiben Gebote ganz aus oder erfolgen sie auf niedrigem Niveau, so entsteht ein bleibender Schaden für Künstler und Galerist. Es soll vorkommen, dass aus diesem Grund Zuschlagspreise für Werke bestimmter Künstler durch Strohmänner künstlich nach oben getrieben werden.

Und jetzt Beispiele von Galerien und Auktionshäusern
Inhaber der weltweit größten Galerie ist Larry Gagosian. Er hat es vom Poster-Verkäufer in L.A. zum globalen Kunsthändler, vom Kunst-Autodidakten zum Geschäftspartner des legendären New Yorker Galeristen Leo Castelli gebracht. Man sagt über Larry Gagosian, dass er ein Talent für komplexe Transaktionen besitze, bei denen gleich mehrere Deals miteinander verbunden werden (und der Galerist mehrfach verdient). Gerichtsprozesse haben gezeigt, dass Gagosian offenbar für beide Seiten eines Deals tätig war und sein eigenes Vermittlungshonorar maximieren konnte.

Von Auktionshäusern sind folgende Beispiele kreativer Marktbeeinflussung bekannt: Der britische Street Art- und Aktionskünstler Banksy ist 2018 Teil einer spektakulären Auktion bei Sotheby's in London geworden, als sein „Girl with Balloon" nach dem Zuschlag für 1 Mio. £ geschreddert aus dem Rahmen lief. Interessant ist das dazu passende Storytelling des Auktionshauses: „Im Begleittext der Auktion lobte es das Bild als ‚kitschiges Pathos-Emblem' und sah in der Geschmacklosigkeit ein Verkaufsargument." (Rauterberg 2019, in: DIE ZEIT) Nach dem Überraschungscoup der Auktion argumentierte Sotheby's, „nunmehr sei der Objektwert gestiegen, […] denn man sei Zeuge nicht einer Zerstörung, sondern einer Schöpfung geworden. Ein Wunder: das ‚erste Kunstwerk der Geschichte, das live während einer Auktion entstanden ist'." (ebd.)

Im November 2017 wurde bei Christie's New York Leonardo da Vincis Gemälde „Salvator Mundi" für die Rekordsumme von 400 Mio. Dollar plus Gebühren versteigert. Die Presseresonanz auf das Ereignis war enorm – stellvertretend sei die Berichterstattung im ‚stern' (Müller, in: stern 23.08.2018) zitiert. Entdeckt worden war das Werk 2005 von einem Experten für Alte Kunst im Onlinekatalog eines lokalen amerikanischen Versteigerers. Er zahlte etwa 10.000 $ dafür, ließ es aufwendig restaurieren und von den weltweit führenden Leonardo da Vinci-Autoritäten prüfen, um seine vermutete Zuschreibung zu bestätigen. Im Mittelpunkt stand dabei Martin Kemp: „Ein Ja von Kemp ist Millionen wert. Denn: Ohne die Zustimmung des emeritierten Oxford-Professors gibt es keinen neuen Leonardo." (ebd.) Nebenbei stellte sich heraus, dass das Gemälde 1958 – damals als Kopie einer Kopie eingestuft – für 45 £ versteigert worden war. 2008 war das Bild bereits mit 25 Mio. $ versichert. In 2013 kaufte es ein Schweizer Kunsthändler für 80 Mio. $ und verkaufte es sogleich für 127,5 Mio. $ weiter an einen russischen Milliardär, der 4 Jahre später der Verkäufer bei der Christie's-Auktion war.

Interessant sind die Maßnahmen, die Christie's in Vorbereitung der Auktion unternahm: Zunächst ging das Gemälde auf Werbetour nach Hongkong, London, San Francisco und New York. Eine Kamera unter dem Bild erfasste die bewegten Reaktionen der BesucherInnen für ein Werbevideo (insgesamt sahen 27.000 Menschen das da Vinci-Gemälde live). „Unter das Publikum mischt sich auch Leonardo di Caprio, was für ein Zufall." (ebd.)

Man könnte sich natürlich fragen, warum eine weltweite Roadshow nötig war, wenn doch nur ganz wenige Institutionen und Privatpersonen als Käufer eines Leonardo-Gemäldes in dieser Preislage infrage kommen. Die Antwort findet sich in den ‚Regeln' des Aufbaus von (Luxus-) Marken (vgl. Abschn. 3.1.1.2).

Es gibt bis heute erhebliche Zweifel an der Echtheit des Gemäldes: Dabei geht es um die Frage, ob Leonardo selbst oder Mitarbeiter seines Ateliers den Salvator Mundi gemalt haben. Wenn alle Beteiligten – vom Entdecker über den Restaurator bis zum Gutachter, vom Verkäufer über den Kunsthändler und das Auktionshaus bis zum Käufer – von der Echtheit profitieren können, dann wird man sich schnell und ohne große Aussprache einig: das Gemälde ist echt!

Schließlich noch Beispiele von Sammlern

Da gibt es z. B. die Geschichte des Sammlers (und Kunsthändlers) Charles Saatchi. Er war durch seine guten Kontakte zur britischen Regierung (erfolgreiche Wahlkampagne für Margaret Thatcher) in die Kuratorien verschiedener Museen gelangt. So erfuhr Saatchi als einer der ersten von einer geplanten Retrospektive, woraufhin er noch vor Ausstellungseröffnung 12 Bilder des betreffenden Künstlers kaufte. In einem anderen Fall setzte er die Ausstellung eines ‚seiner' Künstler in dem von ihm kontrollierten Museum durch. Die Folge war jeweils eine erhebliche Wertsteigerung der eigenen Sammlung.

François Pinault ist der vielleicht weltweit wichtigste Sammler zeitgenössischer Kunst. In über 50 Jahren hat er ca. 10.000 Werke von rund 350 Künstlern zusammengestellt. Seit 2006 zeigt er Teile davon im Palazzo Grassi und in der Punta della Dogana in Venedig. Seit 2021 verfügt Pinault über ein drittes Museum, das ehemalige Gebäude der Pariser Börse. Zu Pinaults Firmengruppe gehört auch Christie's, das älteste (Gründung: 1766) und größte (Umsatz: 7 Mrd. $ in 2018) Kunstauktionshaus der Welt mit 54 Büros und 12 Verkaufsräumen in 32 Ländern. François Pinault ist somit Sammler, Kunstvermittler und Kunstvermarkter zugleich, kontrolliert also aus verschiedenen Rollen heraus große Teile des Kunstmarktes (darauf wird in Abschn. 3.1.3.3 zurückzukommen sein).

Neben wissenschaftlichen Instrumenten zur Unterstützung strategischer Entscheidungen helfen bisweilen auch Heuristiken. Wie wir in Abschn. 3.2 sehen werden, orientieren sich gerade Privatpersonen bei ihren wichtigen Entscheidungen an intuitiven, wertorientierten oder pragmatischen Ansätzen. Genau genommen tun dies auch die Entscheider in Unternehmen: Sie sichern sich nur noch zusätzlich mit wissenschaftlichen Methoden ab.

2.4 Zusammenfassung

In diesem Kapitel ging es um die Essenz strategischer Entscheidungen:

Herausforderungen
Strategische Entscheidungen variieren über Entscheidungssituationen und sind als Verzweigung zwischen Erfolg und Misserfolg doch im Kern den gleichen Herausforderungen ausgesetzt.

Tipping Points
Trends können kippen, manchmal auch gekippt werden. Dies wird möglich durch die Nutzung asymmetrischer Einflussfaktoren.

Systematische Fehler
Lineares Denken über eine nichtlineare Zukunft führt zu falschen Entscheidungen. Starre Denkmuster verstellen den Blick auf Marktchancen und Marktrisiken.

Wissenschaftliche und pragmatische Entscheidungshilfen
Diversen wissenschaftlichen Methoden und Modellen stehen erfahrungsbasierte und intuitiv-kreative Heuristiken gegenüber. Der Mix macht's!

...und was kann ich daraus für meine Fragestellung mitnehmen?
Zunächst können Sie für sich mitnehmen, dass die Kriterien guter strategischer Entscheidungen für Privatpersonen ebenso gelten wie für Unternehmen, für Wirtschaftsbetriebe ebenso wie für Kultureinrichtungen.

Der Grund liegt in der Tatsache begründet, dass Anbieter und Nachfrager, Marktführer und Newcomer, Profit- und Nonprofit-Geschäfte bei aller Verschiedenheit im Detail doch den gleichen gesellschaftlichen Trends und ähnlich gearteten Marktregeln unterliegen.

2.5 Kleines Entscheidungstraining

Die folgende kleine ‚Trainingseinheit' soll Ihnen helfen, die Klippen systematischer Entscheidungsfehler zu umschiffen.

Lineares und nichtlineares Denken
Erkennen Sie lineares Denken bei sich selbst und bei anderen, indem Sie:

- auf monokausale Erklärungen achten. So gut wie nie lässt sich in unserer VUCA-Welt eine bestimmte Wirkung auf eine einzige Ursache zurückführen.

- skeptisch werden, wenn Ergebnisse als unabhängig voneinander betrachtet und/oder Prozesse in Schritte unterteilt werden. Das unterstellt eine lineare Logik, frei von Interdependenzen.
- vorsichtig reagieren, wenn Veränderungen als Störung und nicht als Möglichkeit wahrgenommen werden. Mangelnde Flexibilität deutet auf ein lineares Denkmodell (und im Übrigen auf ein ‚fixed mindset‘).

Trainieren Sie nichtlineares Denken, indem Sie:

- in einer Entscheidungssituation einmal nicht das wahrscheinlichste, sondern das unwahrscheinlichste Szenario ausarbeiten und auch eine nicht durchführbare Lösung zu Ende denken.
- Kausalität und Korrelation klar auseinanderhalten, vielleicht sogar einmal probieren, Ursache und Wirkung bewusst zu verdrehen, um Wechselwirkungen sichtbar zu machen.
- in Analogien und Metaphern denken. Beispiele aus der Natur, z. B. Ökosysteme, können verdeutlichen, dass alles mit allem zusammenhängt, genauer gesagt, dass Veränderungen in Teilen eines Systems Auswirkungen auf das ganze System haben.
- Entscheidungssituationen vom Ende her denken. Vom Ergebnis auszugehen, sorgt für Klarheit über den Weg sowie drohende Umwege (Coaches lassen ihre Klienten bisweilen eigene Grabreden entwerfen).

Blinder Fleck

Ein blinder Fleck kann am besten mit fremder Hilfe identifiziert werden – er bezeichnet ja gerade den Teil der psychologischen Wahrnehmung, der einem selbst verborgen bleibt.

- Suchen Sie das Gespräch mit einem Bekannten, der ‚anders tickt‘ als Sie. Setzen Sie also auf Diversität: Ein anderer Hintergrund, andere Erfahrungen und/oder andere Meinungen machen Ihren Bekannten dafür geeignet, Ihnen den Spiegel im Sinne eines Selbstbild-Fremdbild-Vergleichs vorzuhalten.
- Analysieren Sie Fehlentscheidungen der Vergangenheit gezielt mit Blick auf blinde Flecken. Was genau haben Sie übersehen? War das ein einmaliger Ausrutscher oder ein systematischer Fehler?
- Attackieren Sie Ihre eigenen (Lieblings-) Ideen. Versetzen Sie sich in die Rolle Ihres ärgsten Wettbewerbers und decken Sie die Schwächen Ihres Konzepts gnadenlos auf!
- Differenzieren Sie klar zwischen dem Ergebnis, das nach Faktenlage mit hoher Wahrscheinlichkeit eintreten wird und dem Ergebnis, das Sie sich wünschen. Wunschdenken fördert blinde Flecken!

Asymmetrische Einflussfaktoren
Überlegen Sie einmal

- wie asymmetrische Einflussfaktoren aktuelle Entscheidungen und Aktionen beeinflusst haben.
- welche Ressourcen in einer konkreten Entscheidungssituation die größte Wirkung entfalten. So entdecken Sie effiziente Handlungsalternativen und trainieren zudem Ihre Wahrnehmung nichtlinearer Zusammenhänge.

Optimierung von Entscheidungen – wie Erfolg funktioniert

3

Zusammenfassung

Zielsetzung des 3. Kapitels ist es, strategische Entscheidungen unter den Aspekten Art, Ort, Zeit und Grund zu optimieren. Den unterschiedlichen Rollen von Anbietern und Nachfragern folgend, wird zunächst die Vorgehensweise in Unternehmen dargestellt, gefolgt von Überlegungen für die Entscheidungen von Privatpersonen.

Abb. 3.1 zeigt das Innovationssystem im Mittelpunkt. Anbieter streben die Optimierung ihrer Wertschöpfung, Nachfrager die Optimierung ihres Nutzens an. Schlüsselprinzip der Optimierung ist es, Entscheidungen aus der Zukunft zu treffen.

▶ **Wichtig**

A good hockey player plays where the puck is. A great hockey player plays where the puck is going to be.

Wayne Gretzky, der vielleicht beste Eishockeyspieler aller Zeiten

3.1 Optimierung für Anbieter

Gesellschaftliche, technologische und politische Rahmenbedingungen wirken sowohl auf die Entscheidungen von Anbietern als auf die von Nachfragern (vgl. Kap. 1). Auch die Herausforderung, Entscheidungsfehler wie die Linearitätsfalle oder den blinden Fleck zu vermeiden, betrifft Unternehmen und Privatpersonen gleichermaßen (vgl. Kap. 2). Bei der Optimierung von Entscheidungen dagegen gehen die Marktakteure getrennte Wege,

P. Gröndahl, *Markterfolg durch zukunftsfähige Entscheidungen*, https://doi.org/10.1007/978-3-658-41206-7_3

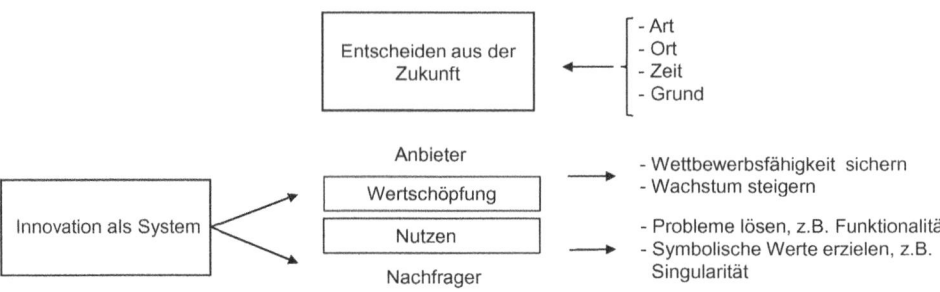

Abb. 3.1 Überblick Kap. 3

da sie unterschiedliche Ziele verfolgen. Entsprechend ist Kap. 3 zu unterteilen in eine Optimierung von Entscheidungen für Anbieter und eine solche für Nachfrager.

Angebots- und Nachfragekurve sind gegenläufig, weil Anbieter ihre Waren oder Dienstleistungen möglichst teuer verkaufen und dabei einen möglichst hohen Gewinn erzielen wollen, Nachfrager dagegen i. d. R. möglichst preisgünstig einkaufen möchten. Das Gesetz des Angebots steht dem Gesetz der Nachfrage gegenüber. Über den Gleichgewichtspreis kommen beide Seiten des Marktes zusammen (vgl. Abschn. 1.2.2).

Nun ist der Preis aber nur in sehr wenigen Märkten das alleinige Kriterium für Kauf oder Nichtkauf. Persönliche, räumliche und zeitliche Präferenzen etwa spielen nicht selten eine wichtigere Rolle für die Kaufentscheidung. Wie sonst hätte sich der dynamisch wachsende Luxusmarkt entwickeln können (vgl. Abschn. 3.1.1.2). Wenn nun aber Produkte für Luxuskäufer zu Symbolen ihrer sozialen Identität oder für Innovatoren zum Ausdruck ihrer Modernität werden, so ermöglichen sie zugleich Unternehmen ein Preispremium und Konsumenten einen Mehrwert. So kann die prinzipiell konkurrierende Zielbeziehung zwischen Anbietern und Nachfragern im Einzelfall durchaus auch neutral oder sogar komplementär sein. Anders formuliert: Die Einführung eines innovativen Produktes als Unterziel von Umsatz und Wertschöpfung kann für Käufer ein Unterziel von Nutzen werden.

Die strategischen Entscheidungen beider Seiten eines Marktes sind also nicht unabhängig voneinander. Da sie allerdings separat getroffen werden, werden sie in diesem Kapitel auch separat behandelt.

3.1.1 Logik des Erfolgs

Rankings sind ‚in‘ (Sie wissen ja jetzt, warum …) und so gibt es auch Ranglisten der wichtigsten Innovationen der Menschheitsgeschichte. In jedem Ranking dabei ist die Erfindung des Buchdrucks durch Johannes Gutenberg im Jahr 1440. Was diese so bedeutend machte, war nicht Gutenbergs technische Verbesserung existierender Druckpressen durch bewegliche Lettern, sondern die mit seiner Innovation verbundene Demokratisierung von Wissen. Hätte sich Luthers neue Lehre ohne den Buchdruck durchsetzen können und wäre die Aufklärung ohne Gutenbergs Erfindung möglich gewesen?

Eine weitere Innovation, die in keiner Rangliste fehlen darf, ist die 1769 patentierte Dampfmaschine des Schotten James Watt. Auch Watt stand nicht am Anfang der Entwicklung, er verbesserte lediglich einen schon gut 50 Jahre im Einsatz befindlichen Vorläufer. Watts Dampfmaschine markiert jedoch den Beginn der industriellen Revolution. Zudem hatte er die Idee, eine Art Leasing für seine Maschinen anzubieten, was zu schneller Verbreitung beitrug.

Ein dritter Klassiker der Innovationshistorie ist Thomas Alva Edisons Glühbirne aus dem Jahr 1879. Auch Edison hat das Produkt nicht erfunden, sondern lediglich optimiert. Aber das schmälert keinesfalls seine Leistung, die darin bestand, dass er Teile Manhattans erstmals mit elektrischem Licht versorgte. Das setzte weit mehr als Glühbirnen voraus, nämlich Energieerzeugung, eine kostengünstige Verkabelung, elektrischen Gleichstrom und Zähler, durch deren Verbrauchsmessungen die Versorgung mit Licht erst zu einem Geschäftsmodell wurde.

Und was ist mit Bi Sheng, der um das Jahr 1000 in China den Buchdruck erfand, mit Thomas Newcomen, der bereits 1712 eine Dampfmaschine entwickelte und mit Joseph Swan, der 2 Jahre vor Edison seine Glühbirne patentieren ließ. Pechvögel der Geschichte mit dem falschen Timing: sie waren zu früh. Schwacher Trost: diejenigen, die zu spät kamen, sind komplett vergessen.

Viele Erfindungen sind ihrer Zeit voraus: den von Leonardo da Vinci entworfenen Fallschirm benötigte 350 Jahre vor der Entwicklung von Flugzeugen niemand. Nicht allein das Genie des Erfinders, sondern auch sein Wille zur Umsetzung in eine Innovation und das geeignete Umfeld spielen eine Rolle für den Erfolg. Entscheidungen zur richtigen Zeit und am richtigen Ort machen den Unterschied.

3.1.1.1 Innovationen als System
Eugene Shteyn und Max Shtein (Shteyn / Shtein 2013) schließen aus den historischen Vorbildern, dass nicht das Produkt, sondern das System hinter dem Produkt über den Erfolg von Innovationen entscheidet.

Im Einzelnen unterscheiden die Autoren 5 Elemente:

- das Werkzeug
- die Quelle
- die Distribution
- die Nutzlast
- die Steuerung

Betrachten wir als Beispiel das „Werkzeug" iPhone: „Quelle" der Datenverarbeitung ist Cloud-Computing, „distribuiert" werden die Daten über ein schnelles Datennetz, ihre „Nutzlast" ist vielfältiger Content, die „Steuerung" erfolgt über diverse Apps, von unabhängigen Entwicklern zum Download bereitgestellt.

Ein Indikator für den Erfolg von Innovationen sind nach Meinung von Shteyn und Shtein die Schnittstellen zwischen den Elementen des Systems. Sie bleiben oft lange erhalten, obwohl sich im Umfeld schon Vieles verändert hat. Wenn „Interfaces" infrage gestellt werden, so ist das i. d. R. ein Zeichen, dass das System vor einer Disruption steht. Angesichts der Schwierigkeit, bei Innovationen das richtige Timing zu finden, wäre ein Frühindikator natürlich äußerst wertvoll.

Ein Beispiel für eine Schnittstelle ist das Lenkrad im Auto, das über die Lenkradsäule die Räder des Fahrzeugs in ihrer Richtung verändern kann. Ursprünglich den Zügeln einer Pferdekutsche nachempfunden, hat das Lenkrad inzwischen seine Funktion eingebüßt, da der Prozess der Lenkung im Auto komplett elektronisch gesteuert werden kann. Dennoch hat sich das Lenkrad als Schnittstelle aus Gründen der Gewohnheit bisher erhalten. Wenn jetzt mit Joysticks, wie man sie aus Flugzeugen kennt, experimentiert wird, steht die Disruption vom traditionellen zum autonomen Fahren unmittelbar bevor. An diesem Beispiel wird allerdings auch deutlich, dass eine technische Schnittstelle als Frühindikator für Tipping Points zu spät kommt, denn autonom fahrende Autos sind ja schon da. Wir verfolgen lieber die Idee, Veränderungen an den Touchpoints der Customer Journey zu beobachten: Als das Versandhaus Quelle feststellte, dass die Katalogbestellungen stagnierten, war noch genug Zeit, das Geschäftsmodell den Erwartungen neuer Zielgruppen anzupassen.

Shteyn und Shtein machen das Vorliegen einer disruptiven Innovation – ähnlich wie Clayton Christensen – an ihrer Massenmarktfähigkeit fest, eine Sicht, der ich mich auch nicht uneingeschränkt anschließen kann. Ich sehe z. B. Tesla als disruptive Innovation an, obwohl vom Pionierprodukt, dem Roadster nur 2450 Stück in 4 Jahren verkauft wurden.

▶   Es geht bei einer Innovation um das Zusammenspiel von Wertangebot, Wertschöpfung und Kommunikation.

Für Entwickler mag sich der Innovationsprozess um das Produkt drehen. Vorgelagert ist jedoch das Wertangebot. Ein Produkt, das nicht ein Problem löst und/oder einen Nutzen stiftet, ist keine Innovation, weil die Marktakzeptanz fehlt. Eine Produkterfindung bleibt – in der Sprache von Finanzämtern ausgedrückt – ‚Liebhaberei', wenn sie nicht mit einem Geschäftsmodell hinterlegt ist, wozu dann z. B. auch gehört, den mit ihr verbundenen Nutzen an potenzielle Zielgruppen zu kommunizieren.

Es geht also bei einer Innovation um das optimale Zusammenspiel von Wertangebot, Wertschöpfung und Kommunikation. Innovative Entscheidungen setzen eine systemische Integration ihrer Elemente voraus (vgl. Abb. 3.2).

Ein Beispiel: Hinter dem Produkt Elektroauto steht das Wertangebot CO_2-neutraler Mobilität. Mithilfe aufladbarer Batterien und einer Ladesäulen-Infrastruktur kommt die

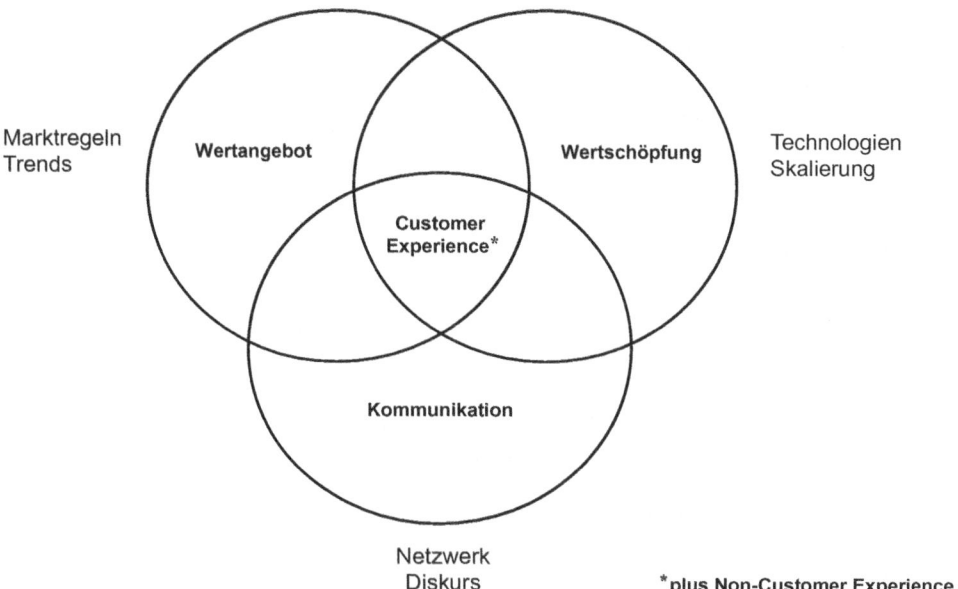

Abb. 3.2 Innovationssystem

Leistung an den Kunden. Solange die Preise von Elektroautos aufgrund geringer Stück-
zahlen und hoher kWh-Kosten von Lithium-Ionen-Batterien deutlich über denen von
‚Verbrennern' liegen, wird sich die neue Technologie nur mithilfe einer an das Umwelt-
bewusstsein appellierenden Kommunikation durchsetzen (dazu können natürlich auch
Subventionen in Form eines Umweltbonus gehören).

Es leuchtet unmittelbar ein, dass die Attraktivität eines Wertangebots von aktuellen
Trends und der Fähigkeit der Innovation abhängt, auf überzeugende Weise Probleme zu
lösen oder Nutzen zu stiften. Wesentliche Merkmale von Wertschöpfungsprozessen sind
die eingesetzte Technologie und die Skalierbarkeit der Innovation. In der Kommunikation
geht es im Wesentlichen um die Kontrolle der Netzwerke und relevanten Diskurse. Je
stärker die Wettbewerbsposition eines Unternehmens in einem der drei Systemelemente,
umso größer ist der jeweilige Kreis darzustellen. Im Mittelpunkt eines Innovationssystems
steht der Kunde mit seiner Customer Experience (vgl. Abschn. 2.2.2.3). Je stärker die
Synergien zwischen den Systemelementen aus Kundensicht erscheinen, umso robuster
ist das Innovationssystem, was sich in einer größeren Überschneidungsfläche der Kreise
darstellt. Da der erwünschte Erfolg der Innovation in der Zukunft liegt, ist es natürlich
interessant, auch die ‚Non-Customer Experience' in den Blick zu nehmen, nicht nur,
weil es ein Kernanliegen von Unternehmen ist, Neukunden zu gewinnen, sondern auch,
weil die Differenzen zwischen Customer und Non-Customer Experience Hinweise auf
bevorstehende Tipping Points liefern könnten.

Auf die Systemelemente Wertangebot, Wertschöpfung und Kommunikation sowie auf deren Zusammenspiel wird im Verlauf dieses Kapitels an verschiedenen Stellen näher eingegangen. Das unter Abschn. 3.1.6 vorgeschlagene Online-Tool basiert auf dem hier skizzierten Modell des Innovationssystems.

3.1.1.2 Wertangebot

In Abschn. 1.3.2 wurde der Mechanismus von Marken dargestellt, deren Hauptaufgabe in der Kommunikation von Sinn und Bedeutung an die Zielgruppen besteht. Die Marke ist somit auch Träger der Wertangebote. Dies wird besonders deutlich in Luxus- und Lifestyle-Märkten, in denen es im Wesentlichen um symbolischen Konsum geht.

Laut Trendforscher Peter Wippermann entwickelten sich seit den 90iger Jahren

> „Premiummarken […] zu Kultmarken. Sie besetzten Mythen und entwickelten Rituale, um mit ihren Konsumenten eine engere Beziehung aufbauen zu können. Die Themenwelten der Marken wurden auf die emotionale Reichweite hin optimiert. […] Die Konsumenten wurden mit ihren Sehnsüchten gelockt, denn die Bedürfnisse waren in unseren Breiten alle gesättigt. Der Symbolwert der Marke wurde wichtiger als der Nutzwert der Produkte. […] In Zukunft wird der Markenwettbewerb um Qualität an Bedeutung verlieren, denn Qualität ist die Voraussetzung für die Teilnahme am Markt. Der Symbolwert einer Marke wird für den Erfolg entscheidend sein. Es geht um Haltungen und Ideen." (Wippermann 2005: S. 375)

Viele Luxusmarken ermöglichen durch Line Extensions wie Düfte oder Accessoires (vgl. Silverstein und Fiske 2003: S. 50) auch breiteren Käuferkreisen eine Markenerfahrung zu bezahlbaren Preisen und damit die Möglichkeit, ihre Identität zum Ausdruck zu bringen und nonverbal zu kommunizieren, welcher sozialen Gruppe sie sich zugehörig fühlen (vgl. Fischer und Wiswede 2009).

> „More than other products, luxury items are bought for what they mean, beyond what they are." (Dubois und Paternault 1995: S. 71)

Worum es bei Lifestyle-Marken geht, macht ein Zitat von Steve Jobs deutlich:

> „Marketing is about values. […] Apple was able to encourage people to define themselves as anti-corporate, creative, innovative rebels simply by the computer they used […] Apple is about people who think outside the box, who want to use computers to help them change the world." (vgl. Albrecht 2018).

Durch die Wahl der Marke Apple erwirbt der Käufer ein Symbol seiner Werte und Überzeugungen.

Der mit dem Kauf von Luxus-Lifestyle-Produkten verbundene emotionale Nutzen kann nach außen (Selbstinszenierung) oder nach innen (Selbstverwirklichung) gerichtet sein und so einer Verstärkung der sozialen bzw. persönlichen Identität dienen (vgl. Sirgy 1982: S. 287 ff.).

Wichtig ist die Herstellung von Öffentlichkeit:

> „The luxury dream is boosted by the distance between those who know and those who can. First, without awareness there is no dream. [...] Second, if awareness is high, then it is the distance between the number of people who recognize it and the number of wearers of the brand that creates the dream." (Kapferer/Bastien 2012: S. 154 f.)

Begehrlichkeit braucht breitgestreute Bekanntheit und selektiven Besitz, also weit mehr Menschen, die die Marke kennen, als solche, die die Marke besitzen. Porsche z. B. hat in Deutschland eine Markenbekanntheit von 95 % und einen Marktanteil von 1 %. Die Differenz von 94 % gibt der Luxusmarke ihren Glanz.

> „Somit lässt sich festhalten, dass Luxusmarken [...] einen wichtigen Beitrag zur Bestätigung oder Verstärkung der persönlichen Identität (Vorstellungen des Konsumenten von sich selbst im Rahmen der Selbstreflektion) und der sozialen Identität (Eigenschaften, die dem Konsumenten durch die soziale Gruppe zugewiesen werden) leisten." (Thieme 2017: S. 45)

An Luxus- und Lifestylemarken wird besonders deutlich, dass Wertangebote mehr umfassen (können) als eine funktionale Produktleistung. Es ist das Wertangebot, welches Kunden veranlasst, Produkte oder Dienstleistungen zu erwerben. Da Märkte zunehmend fragmentiert sind, ist das Wertangebot für einzelne Segmente, jeweils repräsentiert durch eine ‚Persona', zu formulieren. Da sich die Erwartungen der Zielgruppen im Zeitablauf verändern, müssen auch Wertangebote immer wieder angepasst werden. Das setzt laufend Entscheidungen voraus. In Abschn. 3.1.2.1 wird näher erläutert, wie das Wertangebot durch gezielte Anreicherung die Attraktivität von Produkten oder Dienstleistungen für Anbieter (finanzieller Wert) und Nachfrager (ideeller Wert) steigern kann.

3.1.1.3 Wertschöpfung

Das zweite Element eines Innovationssystems, der Wertschöpfungsprozess, definiert, welche Kompetenzen benötigt werden, um das Versprechen des Wertangebotes zu erfüllen. Hier geht es insbesondere um das Zusammenspiel von Schlüsselaktivitäten, Schlüsselressourcen und Schlüsselpartnern. Dabei spielen insbesondere zwei Themen eine wichtige Rolle: die Technologie und die Skalierung.

Wie in Abschn. 1.3.4 aufgezeigt, führen für Clayton Christensen, Vordenker des Silicon Valley, nur neue Technologien zu nachhaltigem Wachstum. Der sogenannte ‚first mover advantage' schafft nicht nur die Möglichkeit, Marktanteile und Markteintrittsbarrieren aufzubauen, sondern auch, sich durch die vorübergehende Monopolstellung ein Preispremium zu sichern, das für hohe Profitabilität sorgt. Die Unternehmensberatung Bain nennt ein Beispiel für ‚first mover'-Renditen (vgl. Gottfredson und O'Keeffe 2019): 3 Jahre Vorsprung brachten der Firma Uber gegenüber ihrem Wettbewerber Lyft in 2018 einen Mehrumsatz von 42 Mrd. US$, was in einer dreifach höheren Bewertung resultierte. Umgekehrt verlieren Unternehmen, die den Anschluss an Technologie-Veränderungen verpassen, oft stark an Wert, weil Investoren schneller auf mögliche Disruptionen reagieren als Verbraucher. So verlor der BlackBerry-Hersteller ‚Research in Motion' von 2007 (dem Jahr des iPhone-Launches) bis 2011 rund 90 % seiner Marktbewertung, obwohl sich ihr Umsatz in diesem Zeitraum verdreifachte (ebd.).

Ein zweiter wichtiger Faktor der Wertschöpfung ist die Skalierbarkeit der Leistung. Wie gut gelingt es zu wachsen, ohne die Fixkosten proportional erhöhen zu müssen? Allgemein gesagt nimmt die Skalierbarkeit zu, wenn die Fixkosten gering, die Automatisierung durch Anwendung von Algorithmen oder Nutzung von Software hoch und die Kapazitäten ausbaufähig sind. Skalierbarkeit ist die große Stärke digitaler Geschäftsmodelle, man denke an Plattformen, die user generated content erzeugen können

In Abschn. 3.1.2.2 wird ausgeführt, wie der Wertschöpfungsprozess über die Optimierung von Geschäftsmodellen zielführend gestaltet werden kann.

3.1.1.4 Kommunikation

Wie gerade beschrieben, bestehen Innovationssysteme aus kundenorientierten Wertangeboten und produktorientierten Wertschöpfungsprozessen. Aber wie gelangen die Informationen über Markenversprechen und Produktnutzen an potenzielle Zielgruppen (und an sonstige Stakeholder)?

„Kommunikation bedeutet die Übermittlung von Informationen und Bedeutungsinhalten zum Zweck der Steuerung von Meinungen, Einstellungen, Erwartungen und Verhaltensweisen bestimmter Adressaten gemäß spezifischer Zielsetzungen." (Bruhn 2018: S. 3)

Kommunikationspolitik beschreibt die entsprechenden zielgerichteten Entscheidungen. Manfred Bruhn unterscheidet zwischen externer (z. B. Werbung), interner (z. B. Intranet) und interaktiver (z. B. Kundenberatung) Kommunikation und stellt fest, dass die externe Kommunikation zwar immer noch die höchste Aufmerksamkeit erhält, interne und interaktive Kommunikation aber immer wichtiger für den Unternehmenserfolg geworden sind.

Eine offene Mitarbeiterkommunikation ist ein zentrales Element guter Unternehmenskultur (vgl. Abschn. 3.1.3.9), Netzwerkkommunikation ist die Voraussetzung für funktionierende Communities, in denen Content produziert wird.

Erfolgreiche Kommunikation hat eine qualitative Seite (Stichwörter Differenzierung, Sympathie, Glaubwürdigkeit, Relevanz) und eine quantitative Seite (Bekanntheit, die i. d. R. mit der Höhe der Werbeausgaben korreliert). Je reifer der Markt, umso mehr verschiebt sich der Wettbewerbsfokus vom Produkt über die Marke zum Unternehmen und vom Nutzen zur Vermittlung: Wer kann vergleichbare Kompetenzen effektiver kommunizieren? (vgl. Gröndahl 2000).

Marktakteure / Innovation	Anbieter (Ziel: Verkäufermarkt)	Nachfrager (Ziel: Käufermarkt)
Wertangebot	Alleinstellung	Alternativen
Wertschöpfung	Technologievorsprung, Kosteneffizienz	Gutes Preis-Leistungs-Verhältnis
Kommunikation	Meinungsmonopol (Expertise)	Demokratisierung (User generated Content)

Abb. 3.3 Innovationssystem und Marktakteure

3.1.1.5 Position der Marktakteure zu den Systemkomponenten

Wie weiter oben angesprochen, vertreten Anbieter und Nachfrager prinzipiell konträre Positionen (deshalb werden sie hier auch in den Abschn. 3.1 und 3.2 separat dargestellt). Abb. 3.3 stellt die Positionen in der Übersicht dar.

Es geht letztlich um die Machtfrage. Je profilierter das Wertangebot, je überlegener die Technologie und je größer die Deutungshoheit, umso mehr nähert man sich einem Verkäufermarkt mit entsprechendem Preisspielraum für Unternehmen. Je auswechselbarer das Wertangebot, je ausgeglichener die Preis-Leistungs-Verhältnisse und je größer der Einfluss der Crowd, umso mehr verschieben sich die Machtverhältnisse zugunsten der Nachfrager (Käufermarkt).

3.1.2 Erfolgskonzepte

Nachdem im letzten Abschnitt die 3 Elemente eines Innovationssystems identifiziert wurden, geht es nun darum, sie mit Leben zu füllen.

3.1.2.1 Wertanreicherung

Das Apple iPhone gilt als Wegbereiter des mobilen Internets und somit als Meilenstein disruptiver Innovationen. Mehr als 2 Mrd. Stück wurden in knapp 15 Jahren verkauft.

Seit 2007 sind durchnummerierte Versionen zunächst in einem 2-Jahres-Rhythmus, seit 2018 jährlich herausgekommen, begleitet von Varianten wie den S-, Mini-, Pro-Versionen etc.

Das erste Modell, das in Deutschland ohne Vertrag erhältlich war, hieß 3 GS, wurde 2009 eingeführt und kostete in der Basisversion € 519. Einem Ranking des britischen ‚The Telegraph' zufolge (The Telegraph 10.09.2019) war es das schlechteste iPhone aller Zeiten, weil es nur einige Software-Verbesserungen gegenüber dem Vorgängermodell bot.

In 2010 folgte das iPhone 4 zu einem Preis von € 629, das in dem Ranking als das bis heute beste iPhone bezeichnet wird. Es hatte ein Retina-Display, eine neue Form mit vollverglastem Korpus und eine Frontkamera.

Mit jeder neuen Version bot Apple eine Wertsteigerung in Technik, Handling, Design etc. für seine Käufer. Gleichzeitig stiegen auch die Preise bis auf € 999 für die Basisversion des aktuellen iPhone 14, was im Schnitt ca. 5 % pro Jahr bei einer durchschnittlichen Inflationsrate von 1,2 % entspricht. Die den Preiserhöhungen gegenüberstehenden Leistungssteigerungen waren, wie gesagt, von Fall zu Fall unterschiedlich, was sich in einem Presseecho von Begeisterung bis Enttäuschung niederschlug.

Ich habe in Abschn. 2.2.2.6 die Studie „The Elements of Value" vorgestellt (Almquist et al. 2016). Den Autoren geht es darum, Produkte oder Dienstleistungen mit Wertbausteinen anzureichern, die die Customer Experience verbessern. Hier wird also der Begriff Wertangebot wörtlich genommen und insofern präzisiert, als die Value Proposition nicht nur aus einem Wert, sondern aus verschiedenen Wertelementen besteht.

Was Eric Almquist und seine Kollegen nicht genauer untersuchen, ist das Zusammenspiel von Produkt und Marke bei der Wertbildung. Die Autoren fokussieren auf Product-Features und sehen die Marke als eines davon. Problem: Ein funktionaler Wert wie „reduces risk" ist Teil des Produktes (z. B. einer Versicherung), ein lebensverändernder Wert wie Selbstverwirklichung ist es nicht. Die Legende der Harley Davidson findet sich auch nicht zwischen Motor und Getriebe, sondern in der Markenstory. Als Red Bull mit dem Sponsoring von Extremsportarten das Wertelement „connect" im Sinne einer Community hinzugefügt hatte, blieb das Getränk davon unberührt.

Was bedeutet die Art der Wertbausteine für die Customer Experience? Das Samsung Galaxy bietet ebenso viel Konnektivität wie das Apple iPhone, aber die Marke Samsung dürfte bei Selbstbelohnung oder Zugehörigkeit deutlich hinter der Marke Apple liegen, was der Firma aus Cupertino ein Preispremium sichert.

Die französischen Soziologen Luc Boltanski und Arnaud Esquerre benutzen den Begriff der Anreicherung („enrichissement") zur Beschreibung einer neuen Form der Ökonomie, die „weniger auf der Produktion von neuen Dingen beruht, als vielmehr bereits vorhandene Dinge vor allem dadurch reicher zu machen versucht, dass sie sie mit Geschichten verknüpft." (Boltanski / Esquerre 2019: S. 16).

Es ist zu vermuten, dass bestimmte Wertekombinationen einen stärkeren Einfluss auf Kaufentscheidungen haben als andere. Das glauben auch Almquist und sein Team, die die erfolgskritischen Wertelemente anhand von Branchen definieren. „The broad appeal of smartphones stems from how they deliver multiple elements, including reduces effort, saves time, connects, integrates, variety, fun/entertainment, provides access, and organizes." Dies scheinen mir allerdings eher Hygienefaktoren zu sein, die kaum Differenzierungskraft besitzen (ein Smartphone ohne Konnektivität ist kein Smartphone!).

Definiert man also die Wirkung einer Marke über ihre sinnvermittelnde Substanz (vgl. Abschn. 1.3.2 und 3.1.1.2), so interpretiert diese das repräsentierte Produkt. Bisweilen wird das Produkt erst durch eine derartige Anreicherung zur Innovation, wie am Beispiel

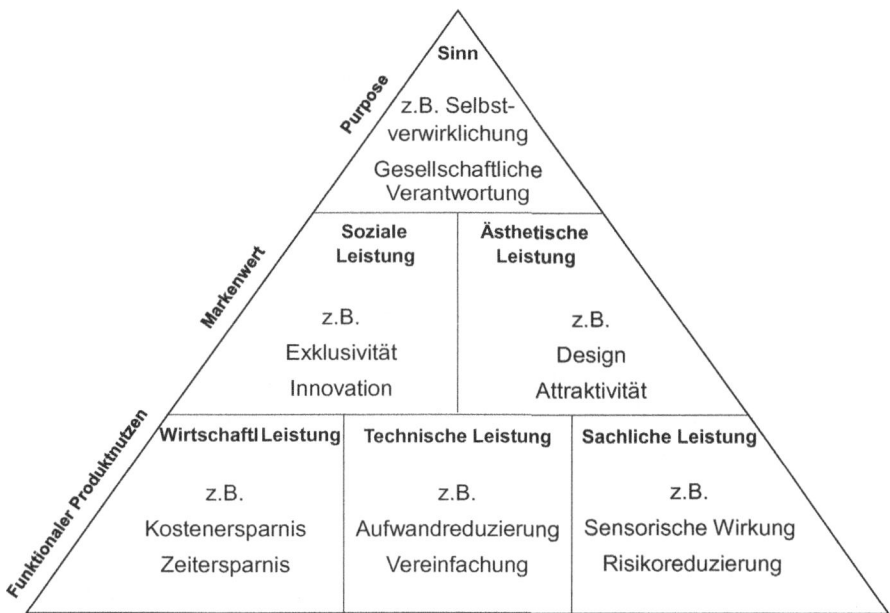

Abb. 3.4 Wertehierarchie

der Singularitätsmärkte (vgl. Abschn. 1.2.2) gezeigt wurde. Auf jeden Fall liefern die über Marken (und Purpose) vermittelten Werteelemente der oberen Hierarchieebenen den stärksten Differenzierungseffekt und den, auch im Sinne von Preisbereitschaft, höchsten Wertbeitrag (vgl. Abb. 3.4).

Das „Elements of Value"-Konzept muss m. E. in Richtung eines optimalen Mixes von Produkteigenschaften und Markencharakteristika weitergedacht werden, wobei die Gewichtung je nach Marktkategorie unterschiedlich sein kann. Sie scheint mir auch zwischen Regionen zu schwanken: ganz im Sinne von Maslow spielen sowohl ökonomische wie kulturelle Unterschiede hier eine Rolle. Allgemein gilt: Markenversprechen müssen von Produkten erfüllt und Produkte müssen von Marken gedeutet werden.

▶ Markenversprechen müssen von Produkten erfüllt und Produkte müssen von Marken gedeutet werden.

Wenn die Elemente der oberen Hierarchieebenen den stärksten Beitrag zum Wertangebot liefern, sei hier kurz angemerkt, dass viele Unternehmen es versäumen, ihre kulturfördernden Aktivitäten mit der Dachmarke zu verbinden. Die Deutsche Bank etwa verfügt seit 1979 über eine bedeutende Sammlung zeitgenössischer Kunst und mit dem PalaisPopulaire in Berlin über ein weithin beachtetes Museum. Dennoch läuft die Aktivität losgelöst von der Markenpolitik und trägt zum Wertangebot der Deutschen Bank kaum etwas bei.

Fast konsequent, dass man die Sammlung seit 2020 über Auktions- und Direktverkäufe verkleinert.

Man kann durch Kunst- und Kulturförderung – wenn der Markenfit stimmt – sein Wertangebot erweitern und so zugleich neue Zielgruppen gewinnen und die Unternehmenskultur stärken. Die Adolf Würth GmbH & Co. KG etwa unterhält fünf Museen in Deutschland und zehn Kunstdependancen in ihren europäischen Tochtergesellschaften. Zur Begründung heißt es: „Seit jeher ist das gesellschaftliche und kulturelle Engagement fester Bestandteil unserer Unternehmenskultur." Ähnlich das Konzept der Alfred Ritter GmbH & Co. KG, die sich so äußert: „Wir sehen Kunstförderung als Investition in die Zukunft und als unseren Beitrag zur kulturellen Verantwortung in der Gesellschaft." Gerade nichtfunktionale, produktferne Wertelemente können zur Identität eines Unternehmens und zu dessen Erfolg wesentlich beitragen.

In Abschn. 1.2.5 wurde die Means-End-Methode zur Untersuchung der Mittel-Ziel-Beziehungen zwischen Motiven vorgestellt. Da Kunden ein Wertangebot i. d. R. ganzheitlich wahrnehmen, ist es wichtig, dass die Wertbausteine ein in sich konsistentes ,Gebäude' ergeben. Beispiel: Eine sensorische Wirkung unterstützt die ästhetische Wahrnehmung und Ästhetik kann ein Element der Selbstverwirklichung sein. Ein Wertangebot, das widersprüchlich erscheint, wird nicht in der Lage sein, Kunden zu gewinnen und zu binden.

3.1.2.2 Geschäftsmodelloptimierung

Geschäftsmodelle sind Handlungsoptionen im Strategieprozess (vgl. Casadesus-Masanell / Ricart 2010). Sie übersetzen die strategischen Überlegungen in Wertdimensionen. „Ein Geschäftsmodell beschreibt das Grundprinzip, nach dem eine Organisation Werte schafft, vermittelt und erfasst." (Osterwalder / Pigneur 2011: S. 18).

Und weiter: „Das Geschäftsmodell ist wie eine Blaupause für eine Strategie, die durch organisationale Strukturen, Prozesse und Systeme umgesetzt werden soll" (ebd.: S. 19). Bei Geschäftsmodellen geht es also einerseits um den Bauplan des avisierten Geschäftes (wie wirken die einzelnen Bauelemente zusammen?), andererseits um den Sinn der Operation (warum sollte es dieses Geschäft überhaupt geben?). Ein Geschäftsmodell repräsentiert die Sicht der Akteure auf die Realität, nicht die Realität selbst (vgl. Stähler 2017: S. 27).

Das Wertangebot stellt den Ausgangspunkt für die Marktstrategie (welche Segmente sollen über welche Kanäle in welcher Art und Weise adressiert werden?), für die Wertschöpfungsarchitektur (welche Schlüsselaktivitäten, -ressourcen und -partner sind notwendig, um die Marktstrategie effizient umsetzen zu können?) und für das Ertragsmodell (was sind die Zielkunden bereit, für das Wertangebot zu zahlen und welche Kosten sind mit der Marktstrategie verbunden?) dar. Es kommt darauf an, dass das Wertangebot „in den Augen der Zielgruppen so attraktiv ist und gegenüber konkurrierenden Angeboten so abgegrenzt wird, dass es den konkurrierenden Angeboten vorgezogen wird." (Kroeber-Riel / Esch 2015: S. 89).

▶   Ein Geschäftsmodell muss sich an den Kundenerwartungen von morgen, nicht
    von heute orientieren.

So gesehen stehen Geschäftsmodelle in Konkurrenz zu anderen Geschäftsmodellen. Voraussetzung für Erfolg ist einerseits die gerade angesprochene Orientierung an den Kundenerwartungen, andererseits die strategische Integration der Geschäftsmodell-Elemente.
Von Michael Porter stammt die Idee des ‚Strategic Fit‘, einem „geschlossene(n) System
von Aktivitäten“, das die Differenzierung verstärkt oder die Kosten reduziert. Wettbewerbsvorteile beruhen „auf der Art und Weise, wie sich [..] Aktivitäten ineinanderfügen
und einander gegenseitig unterstützen“ (Porter 1999: S. 67). „So erhöht die strategische
Integration die Wettbewerbsvorteile und die Gewinne.“ (ebd.: S. 67)
    Porter unterscheidet drei Stufen des Strategic Fit. Bei der Integration erster Ordnung
geht es um Konsistenz: Die Einzelaktivitäten harmonieren mit der übergeordneten Strategie. „Konsistenz gewährleistet, dass die Wettbewerbsvorteile der Aktivitäten einander
verstärken, anstatt sich gegenseitig zu beeinträchtigen oder aufzuheben.“ (ebd.: S. 68) Als
Integration zweiter Ordnung bezeichnet Porter die Komplementarität von Aktivitäten: Hier
unterstützen sich die Aktivitäten gegenseitig, mit der Folge von Wirkungsverstärkung oder
Kostensenkung. Die Integration dritter Ordnung beschreibt eine Optimierung der Abläufe.
„Koordination und Informationsaustausch über die Aktivitäten hinweg“ […] reduzieren
„Redundanzen und überflüssige Aktivitäten.“ (ebd.: S. 70) Der Wettbewerbsvorteil ist
umso größer, je höher der Grad der Integration ist. Verknüpfungen in einem System,
das eine Integration zweiter und dritter Ordnung aufweist, sind „von außen schwer zu
durchschauen und damit kaum zu imitieren.“ (ebd.: S. 71)
    Wenn also ein Geschäftsmodell dadurch stärker wird, dass seine Elemente nicht nur
konsistent, sondern mindestens komplementär gestaltet werden, so stellt sich für das Innovationssystem die Frage des Zusammenhangs zwischen Wertangebot, Wertschöpfung und
Kommunikation. Dahinter steht wiederum der Gedanke, dass Systeme aus Teilen bestehen, deren Funktionen erst im Rahmen des Ganzen ersichtlich und wirksam werden. Die
Teile eines Systems sollten daher nicht unabhängig voneinander gestaltet werden (vgl.
Bleicher 1999).
    Die Wertschöpfungsarchitektur umfasst alle Aktivitäten, die ein Unternehmen durch-
führt, um Wert für seine Kunden (und andere Stakeholder) zu generieren. Neue Technologien, effizientere Prozesse, verbesserte Produktqualität, optimierte Skalierung etc. sind
Voraussetzung für Wertangebote, die Kunden Problemlösungen und/oder Nutzen bieten.
    Nespresso etwa kann seinen Kunden ‚Kaffee in Barista-Qualität für zuhause‘ (Wert-
angebot) bieten, weil das Unternehmen ein patentiertes Verfahren entwickelt hat, das in
eigener Fertigung und in Kooperation mit Kaffeemaschinenherstellern (Wertschöpfung)
umgesetzt wird. Kommunikation fördert das Verständnis der Kunden für ein Wertangebot,
indem sie das dahinterstehende Produkt beschreibt und interpretiert. So vermittelt Nes-
presso etwa durch seinen Markenauftritt, die exklusiven Stores und den Nespresso-Club
den mit dem Wertangebot verbundenen Qualitätsanspruch.

Kommunikation verbindet das Wertangebot zugleich mit dem öffentlichen Diskurs. Wertangebote können in den gesellschaftlichen Diskurs Eingang finden, indem sie z. B. auf der Purpose-Ebene Antworten auf relevante Bedürfnisse bieten. Werte wie Nachhaltigkeit, soziale Verantwortung etc. können so in der öffentlichen Wahrnehmung mit dem Unternehmen verknüpft werden und eine positive Reputation in der Öffentlichkeit aufbauen. Umgekehrt kann das Wertangebot eines Unternehmens auch durch den gesellschaftlichen Diskurs beeinflusst werden. Unternehmen können auf Erwartungen der Öffentlichkeit reagieren, indem sie ihre Wertangebote z. B. sukzessive den ‚Sustainable Development Goals' der UN anpassen. Dadurch wiederum erbringen Unternehmen ihren Beitrag zu einer veränderten gesellschaftlich-wirtschaftlichen Wertschöpfung.

Kurz gesagt: Wertangebote werden erst durch Wertschöpfung möglich. Damit sie wahrgenommen werden können, braucht es Kommunikation auf verschiedenen Ebenen. Die Kommunikation schafft ihrerseits Wert, der wiederum die Wertangebote optimiert. Die Größe der Überschneidungsfläche in Abb. 3.2 reflektiert also auch den ‚Strategic Fit'. Auf die zirkulären Effekte zwischen den Elementen eines Systems wird in Abschn. 3.1.3.3 zurückzukommen sein.

Ein Geschäftsmodell muss sich an den Kundenerwartungen von morgen, nicht von heute orientieren. Frühzeitig, insbesondere früher als andere, Markt- und Technologieentwicklungen abschätzen zu können, dürfte der wichtigste aller Erfolgsfaktoren sein. Wer die Zukunft antizipieren kann, gewinnt!

Wie wir gesehen haben (vgl. Abschn. 1.3.4), setzt Clayton Christensen dabei vor allem auf eine überlegene Technologie, wobei sich Überlegenheit darin ausdrückt, dass mit ihrer Hilfe Kunden im Massenmarkt gewonnen werden können, die nie zuvor Produkte dieser Kategorie gekauft haben.

Dieser Logik folgend stellt Tesla für Christensen keine disruptive Innovation dar, weil deren Premium-Fahrzeuge lediglich eine Alternative zu Mercedes oder BMW bieten, also substituieren. Anders verhält es sich mit den chinesischen Elektroautos, die durch ihre günstigen Preise ganz neue Kunden gewinnen und damit Wachstum schaffen können. Modelle wie der BYD Dolphin für 14.000 € kommen über das „basement" einer etablierten Automobilfirma wie VW, deren Golf-Benziner mindestens 20.000 € kostet.

Auch Uber hat Christensen zunächst (er hat sich später korrigiert) als nicht-disruptiv eingestuft. Begründung: Uber hat weder seinen Ursprung im unteren Marktsegment noch in einem gänzlich neuen Markt.

Dass disruptive Innovationen den langen Atem einer mehrjährigen Payback-Periode und ein hohes Maß an Resilienz verlangen, würde Christensen nicht bestreiten. Auch würde er vermutlich zugestehen, dass disruptive Innovationen mit einem ungleich höheren Risiko behaftet sind als evolutionäre Innovationen. Dies alles ist eben der Preis für eine zumindest temporäre Monopolstellung mit hohen Margen und schnellem Wachstum.

Christensens Fokus auf Technologien schränkt die Anwendbarkeit seines Modells m. E. ein:

- Natürlich hat Uber nicht das Taxifahren neu erfunden, aber durch seine Geschäftsmodellinnovation die Wertschöpfungskette disruptiv verändert.
- Natürlich hat Tesla die Verbrennungsmotoren-Technologie nicht von unten angegriffen. Weil sie es nicht mussten. Der Druck des öffentlichen Diskurses zum Klimaschutz war so groß, dass Tesla das Argument des günstigen Preises gar nicht benötigte. Die verbesserte Batterietechnologie für mehr Reichweite spielte sicherlich eine Rolle, der eigentliche Treiber der Elektromobilität war jedoch die CO_2-Debatte. Nur unter diesen Rahmenbedingungen konnte Tesla mit einer in Bezug auf Reichweite und Infrastruktur nach wie vor unterlegenen Technologie das Premiumsegment des Automobilmarktes angreifen.

Technologien schaffen nur indirekt Wert, indem sie neue Geschäftsmodelle ermöglichen (vgl. Stähler 2001). Entscheidend für den Erfolg von Strategien ist das Geschäftsmodell. Ein aktuelles Beispiel ist die KI-basierte Software ChatGPT (Chat Generative Pre-trained Transformer) des kalifornischen Startups OpenAI, die als ernste Bedrohung für Google betrachtet wird (vgl. Lobo 2022). Der Grund dafür liegt nicht in der Technologie, die Google auch beherrscht, sondern im Geschäftsmodell. Während ChatGPT nämlich mit seinen Nutzern wie ein Mensch kommuniziert und Fragen direkt beantwortet, stellt Google nur Suchergebnisse zur Verfügung, in denen man sich seine Antwort selbst – bisweilen recht mühsam – zusammenstellen muss. Das Google-Geschäftsmodell – Erträge aus Adwords-Werbeeinnahmen – lässt eine nutzerfreundlichere Lösung gegenwärtig eben nicht zu.

Günter Faltin führt in gleichem Sinne aus: „Ausschlaggebend ist nicht die Qualität einer Erfindung oder Technologie, sondern ihre Akzeptanz im Markt." (Faltin 2008: S. 38) Er beleuchtet noch einen anderen Aspekt, wenn er darauf hinweist, dass reine Technologie-Gründungen selten erfolgreich sind, da Startups i. d. R. noch nicht über ein Netzwerk mit den weltweit führenden Forschungseinrichtungen verfügen. Genau dies aber braucht es, um mit dem rasanten Tempo technischen Fortschritts mithalten zu können (ebd., S. 214).

Bei digitalen Geschäftsmodellen unterscheidet man u. a. folgende Kategorien:

- Free-Modell
  Dieses Geschäftsmodell ist kostenfrei für den Nutzer, dessen Daten aber an Werbetreibende verkauft werden (Bsp.: Google, Facebook).
- Freemium Modell
  Nutzer erhalten kostenfreien Zugang zu einer Basisversion, die leistungsstärkere Premiumversion ist aber kostenpflichtig (Bsp.: Spotify, Parship)
- On-Demand Modell

Hier kann man das zeitlich begrenzte Recht an einem Produkt erwerben (Bsp.: Amazon Video).

- E-Commerce-Modell/Marktplatz-Modell
  Einseitige oder zweiseitige Verkausplattformen zählen zu den ältesten und erfolgreichsten digitalen Geschäftsmodellen (Bsp.: Amazon, eBay).
- Sharing-Modell
  Hier erwirbt man ein zeitlich limitiertes Nutzungsrecht an Immobilien oder Mobilien (Bsp.: AirBnB, car2go).
- Abo-Modell
  Das Abo-Modell wird z. B. für Software benutzt, indem neben dem Zugang auch Updates geboten werden (Bsp.: Office 365).
- Ökosystem-Modell
  Wo die globalen Marktführer (,Big Five') versuchen, Nutzer mit diversen Dienstleistungen im eigenen Universum zu halten (,Lock-in-Effekt'), können spezielle Dienstleister als Key Partner profitieren (Bsp.: Paypal).

3.1.2.3 Diskursdesign und die Rolle der Netzwerke

Wie in Abschn. 2.3.2.2 gezeigt, kann der Diskurs über seine Narrative Realitäten schaffen. Bei seiner Beeinflussung geht es also darum, Deutungsmuster zu verstärken bzw. abzuschwächen und neue Sinnzusammenhänge herzustellen. Zur Gewinnung einer (relativen) Deutungshoheit im Markt wird über Institutionen und/oder soziale Medien laufend Einfluss auf den Diskurs genommen.

Der Austritt des Vereinigten Königreichs aus der Europäischen Union (,Brexit') lieferte ein gutes Beispiel für die Möglichkeiten der Beeinflussung. Mit größtem Erstaunen hatte man in Europa und darüber hinaus den Ausgang des britischen EU-Mitgliedschaftsreferendums vom 23. Juni 2016 zur Kenntnis genommen. Das Thema sollte fortan für Jahre im Mittelpunkt des politischen Diskurses und der entsprechenden Medienberichterstattung stehen.

Noch im Jahr 2016 erfuhr die international geführte Debatte eine regionale Ergänzung in Frankfurt am Main: man argumentierte, dass viele in London tätige Banken ihren Europasitz verlegen müssten und spekulierte, dass bis zu 10.000 hochbezahlte Banker von London nach Frankfurt umziehen würden. Bevor ein einziger von ihnen seine Koffer gepackt hatte, zogen die Immobilienpreise in Frankfurt bereits deutlich an. An die 100 Banken und Finanzdienstleister als potenzielle neue Nachfrager nach zentral gelegenen Gewerbeimmobilien und 10.000 potenzielle Käufer bzw. Mieter hochwertiger Wohnobjekte heizten den Markt spekulativ an. Die Tatsache, dass bestimmte Finanztransaktionen in Deutschland gar nicht zugelassen sind, spielte in der Debatte ebenso wenig eine Rolle wie die Attraktivität anderer europäischer Metropolen wie Paris, Dublin, Luxemburg oder Amsterdam.

Bis 2020 erhielten etwa 30 Banken und 20 Finanzdienstleister ihre Lizenzen von der BaFin, was zu rund 1500 neuen Arbeitsplätzen in Frankfurt führte. Gut möglich, dass sich die Zahl der Stellen noch verdoppelt, 10.000 aber werden es sicher nicht. Das hat damit zu tun, dass die meisten Institute bereits in Frankfurt vertreten sind und lediglich ihre Präsenz erweitert haben. Aber: Die Immobilienpreise blieben auf dem hohen Niveau. Cui bono – wem zum Vorteil? Ein Preisanstieg kommt natürlich den Anbietern und Vermarktern von Immobilien zugute. Ohne behaupten zu wollen, dass deren Interessenvertreter eine Kampagne auf das Topthema Brexit aufgesetzt haben, sie hätten es jedenfalls tun können. Wo immer ein politisch-gesellschaftlicher Diskurs hohe Aufmerksamkeit erhält, lohnt es sich für Lobbyisten, über die klassischen und neuen Medien aktiv den eigenen Standpunkt einzubringen.

In der Politik heißen die Medien- und Kommunikationsberater ‚Spin-Doctors‘. Der Name leitet sich aus der Aufgabe ab, Ereignissen den richtigen ‚Dreh‘ zu geben, der zu einer gewünschten Wahrnehmung in den Medien führt. Die eigenen Klienten sollen hohe Aufmerksamkeit erzielen und dabei besonders positiv (ihre politischen Gegner besonders negativ) wahrgenommen werden. Mittel sind insbesondere Inszenierungen (z. B. Fernsehdebatten) und ein gezieltes Agenda-Setting in den Medien.

Ein sehr trauriges Beispiel für die Beeinflussung des Diskurses bietet gerade der Krieg in der Ukraine, wo die militärischen Auseinandersetzungen vom Krieg der Bilder und Narrative in den Medien der Welt mit dem Ziel begleitet werden, die eigene Geschichte politisch wirksam zu erzählen.

3.1.3 Erfolg 4.0

Der digitale Wandel begann mit dem statischen Web 1.0, als man Inhalte passiv konsumierte. Das soziale Web 2.0 ermöglichte Vernetzung: in Netzwerken wie Facebook konnte man sich aktiv am Austausch von textlichen oder bildlichen Informationen beteiligen. Mit dem semantischen Web 3.0 kam das gemeinsame Verständnis der Daten von Menschen und Maschinen hinzu. Das symbiotische Web 4.0 schließlich beschreibt eine Zukunft, in der jeder jederzeit mit jedem und allem vernetzt ist, was Machine Learning beinhaltet (Internet der Dinge, Künstliche Intelligenz). Auch wenn KI nicht im Mittelpunkt dieses Buches steht (in Abschn. 2.2.3 wurde lediglich angedeutet, dass den Technologien des Web 4.0 eine Schlüsselfunktion bei der Optimierung strategischer Entscheidungen zukommt), so wollen wir hier doch von ‚Erfolg 4.0‘ sprechen.

Nachdem im letzten Abschnitt Erfolgskonzepte vorgestellt worden sind, ist es jetzt an der Zeit, Wege zu deren Optimierung zu beschreiben.

3.1.3.1 Mit dem richtigen Konzept und der richtigen Begründung zur richtigen Zeit am richtigen Ort

Die Regierung von Wuhan gab am 31.12.2019 den Ausbruch einer neuen Lungenkrankheit bekannt. Covid-19, eine der schlimmsten Pandemien seit Menschengedenken, löste naturgemäß einen internationalen System- und Zeitwettlauf der Impfstoffentwicklung aus. Letztlich setzten sich die mRNA-Impfstoffe durch, aber zwischen den Vertretern dieser Technologie, in Deutschland Biontech und CureVac, begann ein Kopf an Kopf-Rennen.

Beide Startups wurden von Krebsforschern gegründet und von Investoren finanziert. Bei Biontech waren es die Mediziner Ugur Sahin und Özlem Türeci als Gründer (2008) sowie Andreas und Thomas Strüngmann als Investoren (damals Platz 11 der reichsten Deutschen mit einem Vermögen von je 9,1 Mrd. €, nachdem sie ihre Firma Hexal für 5,6 Mrd. € an Novartis verkauft hatten). An Biontech beteiligten sich die Strüngmanns mit einem Startkapital von rund 120 Mio. € entsprechend 47 % Anteil. Bei CureVac war es der Biologe Ingmar Hoerr als Gründer (2000), Investor (seit 2004) war der SAP-Mitgründer Dietmar Hopp (Platz 12 der reichsten Deutschen mit 8,4 Mrd. € Vermögen). Hopp investierte für einen Anteil von 46,5 % ca. 250 Mio. €.

Zunächst hatte CureVac die Nase vorn. Ingmar Hoerr erforschte bereits in seiner Promotion Ende der 90er-Jahre das Molekül, das die Medizin Jahrzehnte später revolutionieren sollte: die Messenger-mRNA. Bill Gates, dessen Stiftung in CureVac investiert hatte, bewertete die Pionierarbeit von Hoerr im Interview mit dem Handelsblatt als bahnbrechend: „Die ersten mRNA-Impfstoffe, die Pfizer-Biontech und Moderna im Jahr 2020 entwickelten, sind das Produkt einer Vielzahl von Ideen und Entdeckungen des deutschen Wissenschaftlers Ingmar Hoerr, der zwanzig Jahre lang Experimente mit messenger-RNA durchführte." Auch der deutsche Staat setzte in der Pandemie auf CureVac und stieg mit 300 Mio. Euro ein. Aber das Rennen machte Biontech. CureVac musste seinen Impfstoffkandidaten der ersten Generation wegen zu schwacher Wirksamkeit aus dem Zulassungsverfahren zurückziehen (u. a., weil er – spät beantragt – nicht nur gegen die Wuhan-Variante wirken musste). Wie konnte das passieren?

Biontech brauchte weniger als 3 Wochen vom Bekanntwerden des Virus bis zum Kick-off ihres „Lightspeed"-Projektes, das zum Ziel hatte, schnellstmöglich einen wirksamen und verträglichen Impfstoff gegen Covid-19 zu entwickeln. 11 Monate später war der Biontech-Impfstoff als weltweit erstes Corona-Vakzin in Großbritannien, den USA und Europa (in dieser Reihenfolge) zugelassen – normalerweise rechnet man für Entwicklung und Zulassung von Impfstoffen mit 8–10 Jahren. Von Anfang an hatte Biontech klare Prioritäten gesetzt („Unsere Krebsforschung ruht"). „Schnelligkeit vor Perfektion" setzte auch neue Prozesse voraus. Nur über selbststeuernde Teams ließ sich das notwendige Tempo erreichen. Sofort setzte Biontech auf Kooperationen (insb. mit Pfizer). Biontechs Purpose war klar: Leben retten! Ihr Mission-Statement

„Wir möchten mithilfe wissenschaftlicher Erkenntnisse neue Immuntherapien entwickeln und so das Leben von Menschen verbessern."

klingt wie der hippokratische Eid.

Zugegeben: CureVac hatte Pech (man könnte allerdings auch sagen: eine unzureichend entwickelte Innovationskultur). Ausgerechnet im März 2020 erlitt Ingmar Hoerr einen Gehirnschlag und lag sechs Wochen im Koma.

In den ersten 9 Monaten 2022 setzte Biontech 13 Mrd. € um und realisierte einen Nettogewinn von 7,2 Mrd. €. CureVac verzeichnete im gleichen Zeitraum 55,7 Mio. € Umsatz mit einem Verlust von 120 Mio. €.

Biontech ist in Rekordzeit von einem nur Insidern bekannten Biotechnologie-Startup zu einem der wertvollsten deutschen Unternehmen avanciert. Dass sich auch die hochverschuldete Stadt Mainz durch unerwartete Gewerbesteuereinnahmen in kürzester Zeit sanieren konnte, ist eine amüsante Randnotiz der Geschichte. Der Erfolg von Biontech ist ganz wesentlich auf die Gründer Ugur Sahin und Özlem Türeci zurückzuführen. Sie hatten das richtige Konzept zum richtigen Zeitpunkt. Sahin und Türeci forschen nämlich seit Gründung des Unternehmens in 2008 an einer Immuntherapie gegen Krebs. Und sie bewiesen großen unternehmerischen Mut, als sie ihr Unternehmen mit sofortiger Wirkung auf die Corona-Bekämpfung umsteuerten.

Im antiken Griechenland unterschied man zwei Arten von Zeit: Chronos und Kairos. Chronos war die verstreichende Zeit („Chronologie"). Mit Kairos bezeichnete man dagegen den besonderen, den entscheidenden, den günstigen Augenblick, den es zu nutzen galt („Momentum"). Die Gründer und Investoren von Biontech haben den Moment genutzt.

Aber wäre der märchenhafte Erfolg auch eingetreten, wenn Biontech seinen Standort nicht in einem der fünf wichtigsten Pharmamärkte der Welt gehabt hätte? Es spricht zumindest einiges dafür, dass er nicht so schnell eingetreten wäre.

Malcolm Gladwell hat in seinem Buch „Überflieger: Warum manche Menschen erfolgreich sind – und andere nicht" (Gladwell 2009) die Ursachen des Erfolgs untersucht. Seine erste Erkenntnis: Wir erzählen und hören gern emotionale Heldengeschichten und übersehen dabei die viel wichtigeren Rahmenbedingungen des Erfolgs. Die zweite Erkenntnis: um bereit zu sein für die Lösung komplexer Aufgaben, sollte man etwa 10.000 Stunden ‚geübt' haben. Dieser Ansatz geht auf die Psychologen Anders Ericsson, Ralf Krampe und Clemens Tesch-Römer zurück, die die sogenannte 10.000-Studen-Regel formulierten (Ericsson et al. 1993). Gladwell beschreibt u. a. den Werdegang von Bill Gates, um seine Thesen zu stützen: Gates hatte das Glück, die private Lakeside School in Seattle zu besuchen, die als eine der ersten überhaupt 1968 einen Fernschreiber anschaffte, mit dem die Schüler bei General Electric Computerzeit nutzen konnten. Zusammen mit seinem Schulfreund Paul Allen gründete Gates bereits mit 14 Jahren seine erste Firma, die Programmieraufträge abwickelte.

Als die Silicon Valley-Revolution begann, hatte er über 10.000 Stunden Programmiererfahrung und war mit 21 Jahren wie geschaffen für disruptive Innovationen. Sein Talent, seine Intelligenz, seine Neugier, sein Durchsetzungsvermögen, das alles waren wichtige Erfolgsvoraussetzungen, aber wäre Bill Gates 10 Jahre früher oder später in Ghana oder Nepal zur Welt gekommen, wäre vermutlich jemand anders zum Software-Pionier geworden. So aber war es Gates, der zur richtigen Zeit am richtigen Ort mit dem richtigen Konzept zum Inbegriff unternehmerischen Erfolgs wurde. Was bedeutet das alles für die Gründer von heute? Zunächst einmal heißt es, dass die Wahrscheinlichkeit des ganz großen Coups nahezu null, aber eben nicht ganz null ist, wie der Fall Sahin und Türeci beweist. Die Wahrscheinlichkeit, den Jackpot im Lotto zu knacken, ist bekanntlich 1:140 Mio. und doch gibt es regelmäßig Gewinner. Erfolg als solcher ist nicht planbar, aber der Weg zu einer erhöhten Erfolgswahrscheinlichkeit ist es sehr wohl. So liegt die Erarbeitung des ‚richtigen Konzeptes‘ in den eigenen Händen. Die Macher von Biontech hatten ihre 10.000 Stunden absolviert, als sich die große Chance bot.

Vor einigen Jahren traf ich in Shenzhen einen deutschen Unternehmer, der Langstrecken-Drohnen entwickelte. Er erklärte mir, sein Startup nach China verlegt zu haben, weil Deutschland diesen Markt durch Regulierungen ‚abwürge‘. Bei entsprechender Mobilität lässt sich also auch der ‚richtige Ort‘ im Sinne höherer Erfolgswahrscheinlichkeit beeinflussen.

Und wie ist es mit der ‚richtigen Zeit‘? Diese lässt sich sicherlich am wenigsten beeinflussen, im Corona-Beispiel überhaupt nicht. Allerdings gibt es Entwicklungen soziokultureller und technologischer Art, die erahnen lassen, wann die Zeit reif ist für etwas Neues. Und ein wenig beeinflussen lässt sich der entsprechende Diskurs auch.

Bleibt das Thema der ‚richtigen Begründung‘. Hier sind die Anmerkungen zum Purpose in Erinnerung zu rufen (vgl. Abschn. 2.3.2.1).

3.1.3.2 Strategien aus der Zukunft entwickeln

Zukunftsfähigkeit heißt, auf ein dynamisches und komplexes Umfeld von Globalisierung, Digitalisierung und soziokulturellem Wandel gut und schnell mit dem Ziel nachhaltigen Unternehmenserfolgs reagieren zu können. Sinn, Strategie, Transparenz und Fehlerkultur gelten als die Antworten auf Volatilität, Unsicherheit, Komplexität und Ambiguität. Ergebnis ist Resilienz.

▶ Entscheidend ist, dass wir Strategien nicht in die Zukunft, sondern aus der Zukunft entwickeln, also antizipieren statt (linear) zu prognostizieren.

Es geht darum, die notwendige Transformation zu planen und mittels eines passenden Mindsets bzw. einer aktivierenden Kultur umzusetzen. Die gelebten Unternehmenswerte müssen mit dem Wertesystem der Kunden von morgen in Einklang gebracht werden.

In einem sich mit zunehmender Geschwindigkeit verändernden Umfeld können Unternehmen nur erfolgreich sein, wenn sie die richtigen Antworten auf die zukünftigen Erwartungen ihrer Stakeholder geben. Aber in welche Richtung entwickeln sich diese Erwartungen? In der Corona-Pandemie haben wir alle gelernt, was exponentielle Entwicklungen sind. Auch Strategien besitzen eine Art ‚R-Wert‘, wobei Ausprägungen über 1 regelmäßig mit digitalen Lösungen verbunden sind. Das Internet beschleunigt Prozesse signifikant.

Große Wirkung heißt dabei nicht zwingend großer Ressourceneinsatz oder hoher Zeitaufwand, wenn man die Hebelwirkungen des Tipping Point-Managements (vgl. Abschn. 2.1.2) für sich nutzt.

Entscheidend ist, dass wir Strategien nicht in die Zukunft, sondern aus der Zukunft entwickeln, also antizipieren statt (linear) zu prognostizieren. ‚Future-Back'-Führung setzt Visionen in Strategien und Strategien in Innovationen um; ein Möglichkeitsraum ist Ausgangspunkt zur Mobilisierung all dessen, was zu seiner Realisierung nötig ist. Das ist etwas gänzlich anderes als ‚Present-Forward'-Führung, die sich zwangsläufig an die heutigen Marktregeln hält (Johnson und Suskewicz 2020).

Strategische Entscheidungen wirken weit in die Zukunft hinein. Sie sind daher viel fehleranfälliger als operative, kurzfristig wirkende Entscheidungen. Das erklärt die weiter oben zitierten Flopraten. Auf die typischen Fehler des linearen Denkens in einer nichtlinearen Welt und der Denkmuster des blinden Flecks wurde in den Abschn. 2.1.5 und 2.1.6 hingewiesen. Sie verschwenden Zeit und Geld und ziehen meist auch noch Imageschäden nach sich.

Richtig wäre es zu fragen, welche neue Rolle ein Unternehmen in einem Zukunftsszenario spielen könnte. Eine bloße Anpassung an bestehende Märkte setzen Unternehmen einem Wettbewerb aus, den sie i. d. R. nicht lange durchhalten können. Disruptive Innovationen dagegen sind an viele Voraussetzungen geknüpft und verlangen gute Nerven, weil man ins Visier diverser Interessengruppen gerät. Immerhin holen sie Unternehmen zumindest partiell und temporär aus der Vergleichbarkeit zum Wettbewerb heraus und verbessern so die Gewinnmargen. Ein Denkprozess aus der Zukunft macht Innovationsnischen sichtbar.

Ein wesentlicher Erfolgsfaktor von Unternehmen ist das Leitbild, das die strategischen Ziele und die Art ihrer Realisierung nach innen und außen kommuniziert. Die Formulierung der Vision hilft dabei, ‚vor die Welle' operativer Zwänge zu kommen. Purpose und Werte leiten die Unternehmenskultur, deren aktivierende Wirkung wesentlich für die Erreichung der Ziele ist. Die Schlüsselelemente eines Unternehmensleitbildes zu gestalten, gehört zu den wichtigsten Voraussetzungen nachhaltiger Unternehmensführung. Es kommt darauf an in Lösungen zu denken (was eine entsprechende Kundenorientierung und Innovationskultur voraussetzt) und durch Engagement für die Gesellschaft ein Netzwerk hinter sich zu bringen.

3.1.3.3 Aufbau eines Innovationssystems am Beispiel eines Startups

Versetzen wir uns einmal in die Situation eines Startups kurz nach dem Markteintritt. Mit der Gründung eines Unternehmens sind komplexe Entscheidungen wie die Entwicklung einer Technologie, die Einführung neuer Produkte, ein Finanzplan, die Einstellung von Mitarbeitern etc. verbunden, sodass ein Bezug zu diversen in diesem Buch angesprochenen Methoden, Modellen und Heuristiken hergestellt werden kann.

Unser Startup hat – davon gehen wir einmal aus – eine differenzierende Geschäftsidee entwickelt und ein aus Kundensicht attraktives Produkt (bzw. eine entsprechende Dienstleistung) ‚am Start‘. Die Vorstellung, damit ein Problem besser lösen oder mehr Nutzen erzeugen zu können als es die heutigen Marktteilnehmer zu tun vermögen, begründet von Beginn an ein Konkurrenzverhältnis. Da die bestehenden Machtverhältnisse mit expliziten und impliziten Marktregeln zusammenhängen, stellt sich unserem Startup damit sofort die Frage, ob es seinen Platz im Markt – relativ unbemerkt und unbehelligt – innerhalb des bestehenden Regelwerks finden möchte oder ob es sich traut, Regeln zu verletzen und damit ggf. eine Reaktion der etablierten Akteure auszulösen. Es ist nicht ganz falsch, den Grad der Disruption an der Zahl von Abmahnungen und einstweiligen Verfügungen abzulesen.

Der erste Weg ist mit geringen Risiken, aber auch mit limitierten Marktchancen, der zweite mit erheblichen Risiken, aber auch mit großen Marktchancen verknüpft. In wachsenden Märkten kann es sinnvoll sein, nach den bestehenden Marktregeln zu spielen und sein Stück vom Kuchen risikolos zu beziehen. Schrumpfende Märkte, in denen es nichts zu verteilen gibt, verlangen eine Alles oder Nichts-Strategie: Entweder gelingt die Disruption oder es folgt der Exit.

Wie sich das Startup entscheiden wird, hat gewiss mit dem Charakter des Gründers und seiner Teammitglieder zu tun, aber natürlich auch mit der Stärke der Geschäftsidee und der Kapitalausstattung des Unternehmens. Auch am Roulette-Tisch von Casinos sitzen Leute mit hoher und weniger hoher Risikobereitschaft, Profis mit einem starken, auf einem Spielsystem gründenden Selbstbewusstsein und vorsichtige Anfänger; Menschen, für die ein Betrag von 10.000 € Spielgeld darstellt und andere, die hoffen, dass ihr Casinobesuch mit den 150 € im Portemonnaie nicht schon nach 5 Minuten zu Ende geht. So wie es Fälle gegeben haben soll, in denen jemand zum ersten Mal in seinem Leben ein Casino betritt, sein gesamtes Geld auf die Zahl seines Geburtstages setzt und gewinnt (vielleicht gibt es das aber auch nur in der Filmwelt von Hollywood!), so gibt es sicher auch Geschäftsideen, die so stark sind, dass sie den Markt revolutionieren und Newcomer, die finanziell so potent sind, dass sie sich eine marktbeherrschende Position, z. B. über große Werbeetats, ‚kaufen‘ können. Aber diese Fälle sind so untypisch und so selten, dass wir sie hier nicht weiter betrachten müssen. Stattdessen schlagen wir unserem Startup vor, die obige Frage – also Regelnutzung oder Regelbruch – mit einem beherzten ‚sowohl als auch‘ zu beantworten. Wie das?

Märkte bilden sich, weil bestimmte Wertangebote (‚Pain Relievers‘ oder ‚Gain Creators‘) nachgefragt werden und nachgefragt werden diese, weil Trends latente Bedürfnisse zu manifestem Bedarf machen:

- Die mächtigsten Elemente in diesem Spiel sind die Megatrends, in denen der gesellschaftliche, wirtschaftliche und technologische Wandel zum Ausdruck kommt.

- Ebenfalls einflussreiche Akteure sind die marktbeherrschenden Unternehmen, die den Impact von Megatrends auf ihren Markt zwar nicht verhindern, aber eventuell verzögern oder beschleunigen können, je nach Interessenlage.
- Die schwächsten Player dürften kleine Unternehmen sein, also auch das betrachtete Startup.

Markteintritte erfolgen i. d. R. dann, wenn Startups das Gefühl haben bereit zu sein, nicht unbedingt dann, wenn ein Kipppunkt des Systems bevorsteht, der ihnen als Erfolgswelle dienen könnte. Das ist manchmal auch gut so, da ein Unternehmen Zeit braucht, um die Regeln seines Marktes wirklich zu verstehen und nicht nur theoretisch, sondern auch praktisch zum Experten geworden zu sein (die 10.000 Stunden-Theorie lässt grüßen).

Aus einer solchen ‚Standby-Position' der Regelnutzung heraus kann im richtigen Moment durchaus eine Attacke des Regelbruchs gestartet werden. Das ‚sowohl als auch' lässt sich also im Sinne zeitlich koordinierter Aktivitäten verstehen. Wann aber ist der richtige Moment? ‚Nicht zu spät und nicht zu früh' bedeutet: kurz vor einem Tipping Point. Wenn man denn wüsste, wann dieses Ereignis eintritt.

Hier lassen sich einige Erkenntnisse aus den geschilderten Theorien und Heuristiken ableiten (vgl. Abschn. 2.2 und 2.3):

- Vermeidung des Linearitätsfehlers durch den Einsatz der Szenariotechnik
- „In die im Entstehen begriffene Zukunft hineinfühlen" der Theorie U
- Analyse zeitlich ‚vorangehender' Märkte

Wenn unser Startup die Zukunft in Form von Megatrend-basierten Szenarien antizipiert, ist ein entscheidender Schritt getan: die Loslösung von der Ist-Situation. So viele strategische Entscheidungen misslingen, weil die Zukunft eben nicht einfach größer oder schöner (oder was immer für ein Komparativ Ihnen noch einfallen mag), sondern weil sie schlichtweg anders sein wird (ein Smartphone ist eben keine Telefonzelle in klein). Die Vielzahl von Einflussfaktoren und ihre Interaktionen, sei es ihre wechselseitige Verstärkung oder Neutralisierung, verbindet Gegenwart und Zukunft in nichtlinearer Weise.

Die Szenarien müssen Aussagen zu vorherrschenden Nachfragemotiven ebenso wie zu dominanten Technologien enthalten. Aus solchen Detaillierungen lässt sich auch die Art des zukünftigen Wettbewerbs ableiten, der fortan eine besondere Beobachtung erfahren sollte. Ein Beispiel, das in Abschn. 3.1.4 vertieft werden wird, liefert die Uhrenindustrie: Hätte man vor zehn Jahren aus den Megatrends ‚Individualisierung' und ‚Gesundheit' das Nachfragemotiv ‚Selbstoptimierung' herausgefiltert, wäre einem frühzeitig klar geworden, dass Halbleiter- und Mikrosensoren-Technologien wichtig werden und man es früher oder später mit Consumer Electronics-Wettbewerbern zu tun bekommen würde.

▶ So viele strategische Entscheidungen misslingen, weil die Zukunft eben nicht einfach größer oder schöner, sondern weil sie schlichtweg anders sein wird.

Ein imaginärer Wettbewerber lässt sich in Form einer Vision seines Geschäftsmodells heute simulieren, um einen strategischen Abwehr- oder Angriffsplan für die Zukunft zu entwerfen.

Zum Prozess gehört natürlich auch, die Eintrittswahrscheinlichkeiten diverser Szenarien abzuschätzen und so die realistischsten zu identifizieren. Falls Sie jetzt meinen, das sei doch Kaffeesatzleserei, kann ich nur sagen: erstens liegt der eigentliche Wert der Szenariotechnik nicht darin wahrzusagen, sondern sich mit den wichtigsten Einflussfaktoren und ihren gegenseitigen Abhängigkeiten eingehend zu beschäftigen. Und zweitens werden die Aussagen mit jedem Update aufgrund neuer Umfeldentwicklungen präziser und damit realitätsnäher.

Sind die wahrscheinlichsten Szenarien bestimmt, gilt es, sich eine Vorstellung davon zu bilden, welche Rolle das eigene Unternehmen mit seinen spezifischen Kompetenzen – die im Betrachtungszeitraum gezielt ausgebaut werden können – in der untersuchten Zukunftskonstellation spielen soll. Um das Uhrenbeispiel fortzusetzen: Uhrwerksmechanik ist etwas anderes als Mikrochip-Technik. Da stellt sich schon die Frage, ob man das entsprechende Wissen aufbauen kann und will oder ob es klüger wäre, mit einem Elektronikunternehmen zu kooperieren, ob man auf andere Megatrends setzen oder seine Marktposition über eine Nischenpositionierung absichern möchte.

Damit kommen wir zur Theorie U. Wie in allen Veränderungsprozessen ist auch für strategische Entscheidungen nach dem ‚Was' (Ergebnis), dem ‚Wie' (Prozess) und dem ‚Warum' (Motiv) zu fragen. Aus letzterem lässt sich „die im Entstehen begriffene Zukunft erfühlen" (Scharmer 2019). ‚Erfühlen' ist das entscheidende Stichwort: um Entwicklungen zu antizipieren, also den blinden Fleck zu überwinden, braucht es neben Analysefähigkeit (IQ) und Empathie (EQ) auch – so Otto Scharmer – spirituelle Intelligenz (SQ). Man muss versuchen, die innere Quelle von Wahrnehmung, Kommunikation und Handeln zu erfassen.

Die Analyse zeitlich ‚vorangehender' Märkte (thematisch wie regional) ist für alle Unternehmen hilfreich, auch für Startups. Was, wenn das Versandhaus Quelle auf den US-Markt geschaut hätte, wo Amazon neue Maßstäbe setzte? Und was, wenn sich Uhrenfirmen bewusst gemacht hätten, dass ein Hard- und Software-Entwickler wie Apple nach dem PC-Markt (Mac 1984), dem Musikmarkt (iPod 2001) und dem Telefonie- und Fotografie-Markt (iPhone 2007) auch den Uhrenmarkt (Apple Watch 2015) angreifen würde, um immer wieder, wie Steve Jobs zu sagen pflegte, „the next big thing" präsentieren zu können.

Stichwort ‚präsentieren': Am Beispiel Apple lässt sich deutlich erkennen, dass Innovation und Kommunikation untrennbar miteinander verbunden sind. Das kann man gerade wieder erleben: verschiedene Medien ‚wollen erfahren haben', dass Apple in 2023 ein Augmented Reality-Headset herausbringen wird. Diese Information kommt nicht von Apple selbst, sie wird gestreut, was nicht nur die Neugier steigert, sondern auch, wie bei Gerüchten üblich, virale Effekte erzeugt und, nebenbei bemerkt, auch ein frühes Markt-Feedback generiert. Inoffiziell wird verbreitet, dass das Produkt die Markennamen

„Reality One" und „Reality Pro" erhalten soll, dass das Betriebssystem rOS (für Reality OS) heißen wird und dass der Preis um die 3000 US$ liegen dürfte. Wie schon mehrfach erlebt, ist Apple auch beim AR-Headset nicht der erste im Markt, aber dank kommunikativer Power eventuell der erste, der den Volumenmarkt erobert. Mit dem iPhone wurden die Smartphones populär, mit der Apple Watch die smarten Uhren und mit den AirPods die Bluetooth-Kopfhörer. Zum Einfluss auf Netzwerk und Diskurs gleich mehr.

Sobald unser Startup im Markt Fuß gefasst hat, kommen zwei weitere, oben dargestellte Konzepte zum Tragen:

- Die Touchpoints der Customer Journey, an denen sich eventuell ,verdächtige' Veränderungen feststellen lassen.
- Das S-Kurven-Prinzip, entwickelt für ein besseres Verständnis von Technologiesprüngen.

Der direkte Kontakt zwischen Unternehmen und Kunden findet an den Touchpoints der Customer Journey statt. Wenn es erfolgsentscheidend ist zu antizipieren, welche Customer Experience Kunden in Zukunft wünschen, muss ein Unternehmen schon heute ermitteln (und erspüren), wo eventuell Brüche an den Touchpoints sichtbar werden.

Kommen wir noch einmal auf den Fall des Versandhauses Quelle zurück. Man kann den Verantwortlichen sicher einiges vorwerfen, aber nicht mangelndes Engagement für ihre Kunden. Die Orientierung an den loyalsten Kunden, die den Katalog weiterhin einer Online-Bestellung vorzogen, ist Quelle ja gerade zum Verhängnis geworden. Wenn also davon die Rede war, dass auf Brüche an den Touchpoints der Customer Journey zu achten ist, so kann das zweierlei bedeuten:

- Ein Teil der Kunden wendet sich vom Unternehmen ab, weil sie eine schlechtere Customer Experience hat als beim Wettbewerb (Bruch in der individuellen Kundenbiografie).
- Der Unterschied in der von Stammkunden und Neukunden erwarteten Customer Experience nimmt zu (Bruch durch die Zielgruppe hindurch).

Die ausschließliche Orientierung eines Unternehmens an den Treuesten der Treuen vergrößert den blinden Fleck. Wer diesen vermeidet, kann Veränderungen an der Schnittstelle als Frühindikator nutzen. Nochmal zum Uhrenmarkt-Fall: Schon vor dem Launch der Apple Watch gab es Smartwatches im Markt, vor allem von Samsung, die den einen oder anderen Kunden von Mechanik- oder Quarzuhren haben abspringen lassen. Nur gemerkt hat das offenbar niemand.

Unternehmen haben Bestandskunden und Neukunden und können daher sowohl individuelle Veränderungen als auch Unterschiede zwischen beiden Kundengruppen analysieren.

▶ Wenn es erfolgsentscheidend ist zu antizipieren, welche Customer Experience
   Kunden in Zukunft wünschen, muss ein Unternehmen schon heute ermitteln
   (und erspüren), wo eventuell Brüche an den Touchpoints sichtbar werden.

Damit kommen wir zur S-Kurve. Zum Ende des Lebenszyklus alter Technologien wird
das Verhältnis von Aufwand zu Leistung immer ungünstiger. Kunden merken genau, wenn
die laufenden Optimierungen so gering oder so speziell geworden sind, dass sie keine
Preiserhöhung mehr rechtfertigen.

Neue Technologien sind oft schon viele Jahre im (Nischen-) Markt, bevor sie
Mainstreamstatus erreichen. Auch wenn ihre Leistung noch nicht dem Marktstandard entspricht, lohnt sich irgendwann ein Wechsel – zumindest für experimentierfreudige oder
kostenbewusste Nachfrager.

Hinter der Preis-Leistungs-Betrachtung stehen natürlich wieder die Trends, die darüber
entscheiden, welche Leistung als Nutzen oder Wert wahrgenommen wird und welche
nicht. Die Mega- und Subtrends wirken für sich genommen als ‚Lawinen in Zeitlupe',
aber wenn sie mit anderen Trends interagieren, kann der berühmte Tropfen das Fass zum
Überlaufen bringen. Nehmen wir beispielsweise an, dass die Zukunft digitaler und weib-
licher wird. Spätestens wenn in einem Markt mehr als 50 % des Umsatzes online getätigt
wird, kann man von einem Tipping Point der Digitalisierung sprechen, spätestens wenn
mehr als 50 % der Käufer Frauen sind, ist auch hier ein Kipppunkt erreicht. Wenn aber
Frauen bevorzugt Online-Einkäufe tätigen bzw. sich die Online-Angebote schwerpunkt-
mäßig an Frauen richten, verstärken sich beide Effekte und der Markt dreht sich (auf
das vereinfachte Beispiel bezogen). So gesehen handelt es sich eher um Tipping Phasen
als um Tipping Points, wobei man im Rückblick natürlich von einem Zeitpunkt sprechen
kann, z. B. dem Tag, an dem Online-Verkäufe die stationären Verkäufe überholten.

Die führenden Unternehmen erkennen die drohende Gefahr für ihr plötzlich unzeitge-
mäßes Geschäftsmodell nicht, weil – zum wiederholten Mal angesprochen – der Blick der
vom eigenen Programm geblendeten Manager getrübt ist: man denke an Digitalfotografie,
Elektromobilität, Smartwatches – die Liste ließe sich beliebig verlängern.

Wenn das Preis-Leistungs-Verhältnis erkennbar schlechter wird, hat das Folgen an den
Touchpoints, wo Kunden mit dem Unternehmen interagieren. Entweder wandern die Kun-
den ab oder es verändert sich die Relation von Neu- und Bestandskunden in signifikantem
Maße. Die Customer Experience jedenfalls wird schlechter, wie man anhand von Key
Performance Indicators (KPIs) messen kann (vgl. Abschn. 3.1.3.4).

Der Wertschöpfungsprozess beschreibt, in welcher Konfiguration Nutzen für Kunden
generiert wird. Was sind die Stufen der Wertschöpfung und welche internen und externen
Akteure übernehmen welche Rollen? Es geht um Schlüsselaktivitäten wie das Produktdesign, um Schlüsselressourcen wie Technologien sowie um Schlüsselpartner wie Zulieferer
oder Vertriebsorganisationen.

Der Computerhersteller Dell etwa schaffte den Durchbruch mit einer von den Usancen
der Branche abweichenden Wertschöpfungsarchitektur, bestehend aus Direktvertrieb und

Auftragsfertigung. Das brachte Wettbewerbsvorteile (immer die neueste Computertechnik) und Kosteneinsparungen (keine Lagerhaltung und keine Wertabschreibungen), aber auch Nachteile, insbesondere in der Reichweite. Diese versuchte man durch eine Fokussierung auf Großkunden zu kompensieren, die durch Zusatzleistungen wie das Aufspielen von kundenspezifischen Software-Konfigurationen oder zusätzlichen technischen Support gewonnen wurden. Seit 2007 baut Dell sein Geschäftsmodell um: Zusätzlich zum Direktvertrieb werden Dell-Computer jetzt auch über den Einzelhandel verkauft. Zudem erweitert man sein Leistungsspektrum von reiner Hardware zu Gesamtlösungen und Services wie Consulting, u. a. durch eine Reihe von Übernahmen. Schließlich konzentriert sich Dell auf spezifische Branchenlösungen, etwa im Gesundheitswesen.

Das Beispiel macht deutlich, dass die sich verändernden Rahmenbedingungen eine permanente Weiterentwicklung von Geschäftsmodellen verlangen. Das Erfolgsmodell von heute kann schon morgen ein Unternehmen in Schwierigkeiten bringen.

Der Chairman des Unternehmens, für das ich in verschiedenen Führungspositionen tätig war, pflegte zu sagen: „Die größte Innovation ist nichts wert, wenn der Markt nicht davon erfährt."

Wir sind an anderer Stelle auf den gesellschaftlichen Diskurs (vgl. Abschn. 2.3.2.2) und seine Beeinflussbarkeit (vgl. Abschn. 3.1.2.3) eingegangen. Eine Innovation ist ohne Kommunikation schwer vorstellbar, sie wird vielleicht sogar erst im Diskurs real. Nach einigen Vorbemerkungen sollen die Überlegungen für unser fiktives Startup unter kommunikativen Aspekten fortgesetzt werden.

Märkte sind nicht einfach vorhanden, sie werden u. a. in einem narrativen Wettbewerb ‚gemacht'. Dieser Konkurrenz müssen sich Unternehmen ebenso stellen wie dem Produktwettbewerb. Marktkonstituierender Faktor in modernen Mediengesellschaften sind starke Narrative, der Kampf um die Deutungshoheit in relevanten Diskursräumen. Zwar kann die öffentliche Meinung nicht einfach geändert, sehr wohl aber uminterpretiert werden. Man nennt das ‚Reframing' und versteht darunter, einer Situation durch Umdeutung einen anderen Sinn zu geben. Durch eine Veränderung des sichtbegrenzenden Rahmens entsteht eine neue Perspektive mit neuen Deutungsmöglichkeiten. Potenzielle neue Märkte werden real, wenn Öffentlichkeiten sie als sinnvoll und wünschenswert unterstützen. So wurde der e-Golf von VW in den neunziger Jahren des vergangenen Jahrhunderts nur belächelt, der e-Golf dieser Tage wird vermutlich ein großer Geschäftserfolg.

▶   Eine Innovation ist ohne Kommunikation schwer vorstellbar, sie wird vielleicht sogar erst im Diskurs real.

Im Diskurs können Dinge laut gedacht werden, die in der Umsetzung noch an der einen oder anderen Stelle ‚haken'. Kommunikation läuft somit der Realisierung zeitlich voraus, ebnet dieser bisweilen erst den Weg. Ein Beispiel dafür sind Visionen, die – richtig formuliert – Unternehmen durch eine Konzentration der Kräfte notwendige Energie zuführen. Der Philosoph Ernst Bloch hat das so ausgedrückt: „Visionen suchen eine Straße".

Google kann hier als Musterbeispiel dienen und so zitiere ich einmal mehr Ray Kurzweil, Director of Engineering:

> „Computer games have pioneered virtual reality, and within ten years – but probably more like five – these will be totally convincing, full-immersion virtual realities, at least for the visual and auditory senses, and there will be some simulation of the tactile sense. To fully master the tactile sense we have to actually tap into the nervous system. That will be a scenario within 20 years. We'll be able to send little devices, nanobots, into the brain and capillaries, and they'll provide additional sensory signals, as if they were coming from your real senses. You could for example get together with a friend, even though you were hundreds of thousands of miles apart, and take a virtual walk on a virtual Mediterranean beach and hold their hand and feel the warm spray of the moist air in your face." (vgl. t3n Digital Pioneers 2014)

Vielleicht wird es so oder so ähnlich kommen, sicher jedenfalls ist, dass Alphabet/Google (neben den anderen ‚üblichen Verdächtigen') hier ein Wörtchen mitzusprechen gedenkt und das wird über das Interview kommuniziert. Nebenbei gesagt prägen derartige Beiträge zum Diskurs auch die Equity-Story. Zukunft ist grundsätzlich in Aktienkurse eingepreist, was aber auch bedeutet, dass die Wachstumsfantasie endet, sobald die Story erzählt ist.

Mit ‚Think big' beschäftigt sich auch die deutsche Unternehmerin Lea Sophie Cramer in ihrer Kolumne im Magazin ‚Business Punk' (Cramer, Oktober 2021). Sie fragt zu Recht, ob man etwa beim Megatrend Gesundheit nicht größer denken müsste: „Man könnte sich natürlich fragen, wie man die Lebensqualität heute noch ein Stück verbessern könnte – durch Nahrungsergänzung oder Fitness-Tracker. Zielführender kann es aber sein, gleich an Unsterblichkeit zu forschen, wie es Jeff Bezos und Larry Page angekündigt haben." Und sie fährt fort: „Klingt nach einer größenwahnsinnigen Milliardärsidee, hilft aber konkret heute, weil als Nebenprodukte dieser Forschung Erkenntnisse über Demenz oder Herzerkrankungen anfallen." Dazu nochmals ein Zitat von Ray Kurzweil:

> „Twenty years from now, we will be adding more time than is going by to your remaining life expectancy. We've quadrupled life expectancy in the past 1,000 years and doubled it in the past 200 years. We're now able to reprogram health and medicine as software, and so that pace is only going to continue to accelerate. There are three bridges to life extension. Bridge 1 is taking aggressive steps to stay healthy today, with today's knowledge. The goal is to get to bridge 2: the biotechnology revolution, where we can reprogram biology away from disease. Bridge 3 is the nanotechnology revolution. The quintessential application of that is nanobots – little robots in the bloodstream that augment your immune system. We can create an immune system that recognises all disease, and could be reprogrammed to deal with new pathogens." (vgl. t3n Digital Pioneers 2014)

Jetzt wird nicht jeder so umfassend wahrgenommen wie Google. Das Startup, das wir hier beispielhaft betrachten, wird vermutlich ‚kleinere Brötchen backen müssen'. So oder so: Die Botschaft muss den Kundennutzen in den Mittelpunkt stellen, Werte zum Ausdruck bringen und idealerweise Faszination auslösen und Fantasie wecken.

In Abschn. 1.2.2 wurde der französische Soziologe Lucien Karpik mit seinen „Instanzen der Urteilsbildung" zitiert. Medien fallen für ihn unter die unpersönlichen Instanzen, Netzwerke, die eine besonders hohe Glaubwürdigkeit genießen, unter die persönlichen Instanzen.

Das Netzwerk-Thema wurde in diesem Kontext bereits genauer beleuchtet. An dieser Stelle soll auf den Gedanken der avisierten ‚Medici 2.0'-Strategie eingegangen werden, also auf die Frage, wie man gut 600 Jahre nach den Medicis nicht nur ‚irgendwie' kommuniziert, sondern die Kommunikation über das Netzwerk kontrolliert.

In der Stadtgesellschaft von Florenz gelang es Cosimo de' Medici, die zentrale Schnittstelle von gesellschaftlicher und wirtschaftlicher Elite zu besetzen und zu Gunsten seiner Familie zu nutzen. Auch wenn die Kontakte zum überregionalen Heiratsmarkt und zum regionalen Handelsmarkt für die Zeit ungewöhnlich waren, gezielt disruptiv waren sie nicht. Sie folgten eher den Umständen und führten quasi ‚wie von selbst' zu einer Kontrolle der Kommunikation.

Es wird berichtet, dass Cosimo de' Medici seinen Wissensvorsprung durch Isolierung des Gegenübers bewahren konnte. Gewiss erklärt sich seine Alleinstellung aber auch aus den strengen Regeln der Ständegesellschaft jener Zeit. Was den Medicis unter den gesellschaftlichen Rahmenbedingungen der Renaissance gelang, würde man heute wohl als Schaffung eines Nischenmonopols, aufgrund des kommunikativen Schwerpunktes vielleicht auch eines Meinungsmonopols bezeichnen.

Angesichts der Vielfalt medialer Möglichkeiten und der Komplexität moderner Netzwerke dürfte es heute extrem schwierig sein, eine Schnittstelle komplett ‚abzuriegeln'. Aber unmöglich ist es nicht, falls es einem gelingt, mehr als einen Knoten im Marktnetzwerk zu besetzen.

Das gilt es genauer zu untersuchen.

Wir haben weiter oben geschildert, wie François Pinault die großen Veränderungen unserer Zeit wie kaum ein zweiter antizipiert hat und sogar seine Leidenschaft für zeitgenössische Kunst zu einer marktprägenden, vielleicht sogar marktbeherrschenden Position ausbauen konnte. Der Abb. 3.5 ist zu entnehmen, welche Knoten er dafür besetzt. Als bedeutender Sammler repräsentiert er – zumindest für die von ihm präferierten Kunstrichtungen – einen relevanten Teil der Nachfrage, als Besitzer dreier Museen kontrolliert er bedeutende Konsekrationsinstanzen und als Inhaber des marktführenden Auktionshauses hat er Einfluss auf die inhaltliche und kommerzielle Kunstvermittlung. Schließlich dürften Luxus-Lifestyle-Medien wissen, wie wichtig Pinaults Konzern für sie als Anzeigenkunde ist. Folgendes Szenario wäre also theoretisch denkbar (ob es tatsächlich so passiert, spielt für unsere Überlegungen keine Rolle): Ein Kunstberater von François Pinault entdeckt einen bis dahin weitgehend unbekannten Künstler und veranlasst den Kauf von fünf seiner Werke über dessen Galerie. Der Galerist freut sich doppelt: er hat nicht nur Umsatz gemacht, sondern auch ‚seinen' Künstler in einer weltberühmten Sammlung platziert.

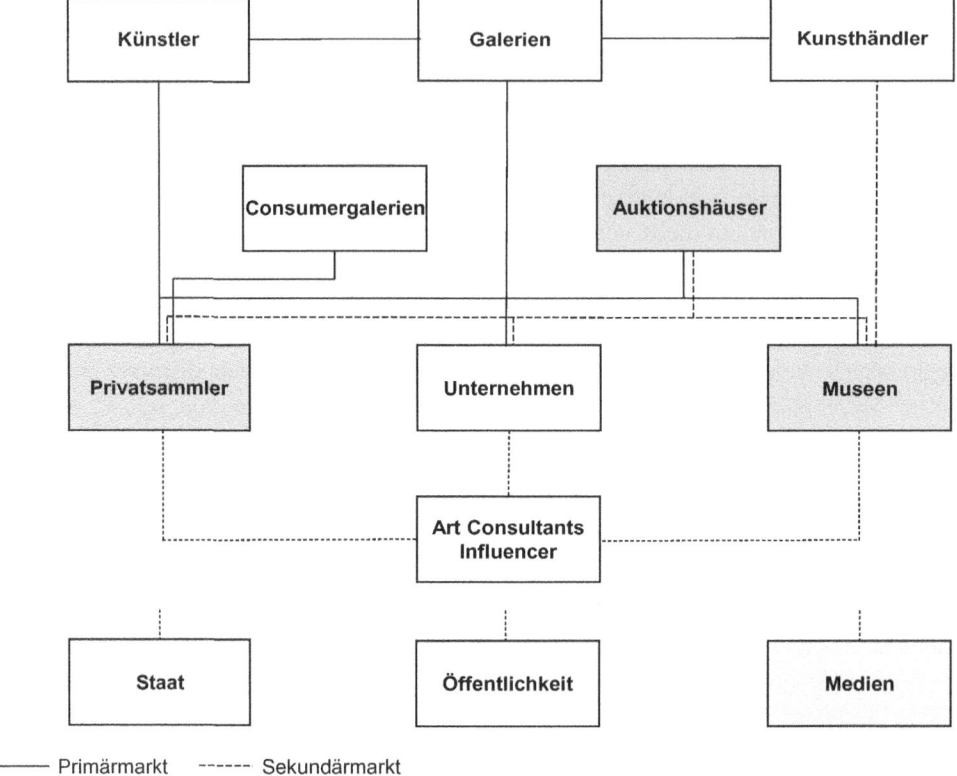

Abb. 3.5 Einfluss auf Netzwerke (Beispiel Pinault)

Ein Reputationsgewinn mit der Möglichkeit steigender Verkaufspreise wird daraus natürlich erst dann, wenn sich der Deal in der interessierten Öffentlichkeit herumgesprochen hat. Dafür sorgt der Galerist selbst, aber auch die Kunstplattformen, die die Wertentwicklung von Künstlern verfolgen und veröffentlichen. Nicht unwahrscheinlich ist, dass besagter Galerist nur noch eine kurze Zeit Freude an seinem Coup hat, da größere Galerien ein Auge auf den Künstler geworfen haben und ihn nunmehr international vermarkten. Je erfolgreicher sie das tun, umso besser für Pinault und die Wertentwicklung der fünf erworbenen Werke (vielleicht sind es ja auch schon zehn, weil rechtzeitig nachgekauft wurde).

Käme ein Sammler der ersten Stunde auf die Idee, ein paar Objekte des Künstlers etwa bei Christie's einzuliefern, um seinen Buchgewinn zu realisieren, so würde das Auktionshaus in Form des Aufgelds profitieren und damit auch François Pinault als dessen Inhaber.

Viel wesentlicher aber ist, dass Auktionsergebnisse publiziert werden und die Wertentwicklung unseres Künstlers und seiner Werke damit international dokumentiert wird. François Pinault könnte diesen Wert nochmals gewaltig steigern, wenn er die Werke in einem seiner Museen ausstellen würde. Spätestens jetzt würden auch die internationalen Fachmedien sich des Künstlers annehmen und an seiner Konsekration mitwirken.

Ich will an dieser Stelle gar nicht weiterfantasieren, sondern einfach festhalten, dass jemand, der entscheidende Knoten im Marktnetzwerk besetzt, einen Wachstums- und Wertschöpfungsprozess initiieren und zum Laufen bringen kann, der verschiedene Akteure mit gleichgerichteten Interessen involviert – alle profitieren von einer Wertsteigerung. Das ist es, was ich mit „Medici 2.0" meine.

▶ Wer entscheidende Knoten im Marktnetzwerk besetzt, kann einen Wachstums- und Wertschöpfungsprozess in Gang setzen, der verschiedene Akteure mit gleichgerichteten Interessen involviert – alle profitieren von einer Wertsteigerung.

Natürlich höre ich sofort den Einwand: „Bin ich Pinault oder was?" Daher holen wir die Story mal schnell vom Olymp der Kunst auf den Boden der (Unternehmens-) Realität zurück.

Der Begriff des „Growth Circles" wurde im Zusammenhang mit dem sogenannten „Growth Hacking" in Internet-basierten Unternehmen geprägt (vgl. Lennarz 2017). Wenn sich Ziele in Form einer Win–Win-Konstellation gegenseitig verstärken, entsteht ein Prozess nachhaltigen Wachstums (vgl. Abb. 3.6) Der Prozess beginnt mit einer positiven Customer Experience und setzt sich dadurch fort, dass andere Akteure im Marktnetzwerk davon erfahren und zu Interessenten oder Käufern werden (ein aktiver Distributions- und Networking-Prozess). Aufgrund medialer Aufmerksamkeit werden Informationen und Produkte einem breiteren Kreis von potenziellen Nachfragern bekannt und verfügbar (kommunikative Einflussnahme auf den Diskurs) und das Wertangebot wird um neue Elemente ergänzt (Anreicherung mit Funktionen und Stories). Zwischenergebnis ist eine noch überzeugendere Customer Experience, womit der Zirkel von vorn beginnt.

Da sich Innovationen grundsätzlich in Nischen mit geringen Absatzvolumina entwickeln, existiert das Potenzial von Stückkostensenkungen durch Ausweitung der Menge. Effizienzsteigerungen können – abhängig von der Art des Marktes und von der Wettbewerbssituation – in Form günstigerer Preise weitergegeben werden, mit der Folge einer beschleunigten Marktdurchdringung (der Mainstream entwickelt aufgrund eines jetzt besseren Preis-Leistungs-Verhältnisses Interesse an dem Produkt bzw. der Dienstleistung).

Wenn es unserem Startup gelingt, sein Ausgangsprodukt oder seine Ausgangsdienstleistung über das Unternehmensnetzwerk kommunikativ und faktisch in den Markt zu ‚drücken‘, ist der Schritt von der Invention zur Innovation vollzogen.

Entscheidend ist das richtige Zusammenspiel von Diskurs- und Verkaufsebene, von Pull und Push, von Begehrlichkeit und Besitz. Das obige Beispiel der Luxusindustrie (vgl. Abschn. 3.1.1.2) macht besonders deutlich, wie stark die Systemkomponenten integriert sein müssen, um Erfolg zu schaffen. Um die Unterstützung anderer Marktakteure zu erhalten, muss es gelingen, Win–Win-Konstellationen herzustellen. Anders ausgedrückt: unser Unternehmen muss den Growth Circle aus eigener Kraft (sprich: durch die

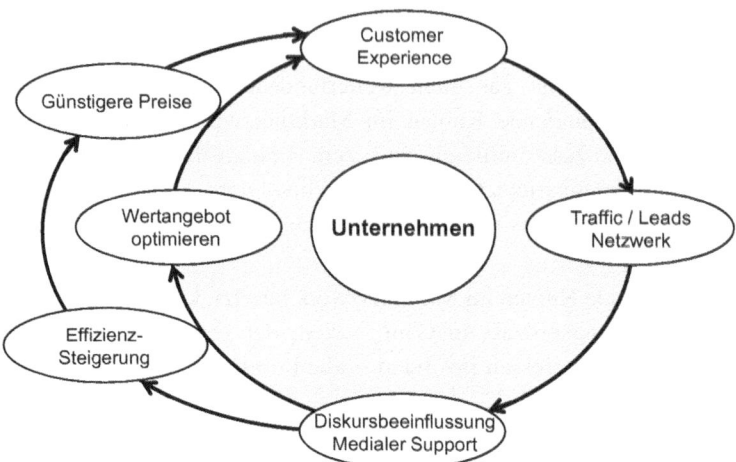

Abb. 3.6 Growth Circle

Besetzung von mehr als einem Knoten im Netzwerk) zum Laufen bringen, damit die erwünschten Kooperationspartner ihren Nutzen in einer unterstützenden Funktion erkennen und realisieren können. Ein starkes Netzwerk spart Marketingkosten.

Erwähnt sei, dass sich dort, wo an Win–Win-Konstellationen gearbeitet wird, nicht selten Akteure mit einer Win-Lose-Strategie ‚dazwischendrängen', um konstruktive Ansätze anderer für sich zu nutzen. Ergebnis ist oft Vertrauensverlust.

3.1.3.4 Zielvariable und KPIs

In den heute vorherrschenden Käufermärkten liegt der Erfolg von Unternehmen letztlich in einer positiven Customer Experience. Diese bildet daher die Zielvariable in einem Optimierungsprozess.

Wenn Unternehmen in die Verbesserung der Customer Experience investieren, wollen sie den Effekt der Kundengewinnungs-, Kundenengagements- und Kundenbindungs-Maßnahmen auch messen können. Dazu werden KPIs definiert. Geeignete KPIs sind z. B.:

- der RoI (Return on Investment) einer Marketingkampagne
- der erzeugte Traffic mit Wirkung auf die Markenbekanntheit
- die Verweilzeit auf der Website bzw. die Abbruchrate
- die Conversion-Rate an den Touchpoints der Customer Journey
- die Akquisitionskosten für neue Kunden bzw. deren Abwanderungsrate
- der NPS (Net Promoter Score) als Maßeinheit der Kundenzufriedenheit.

Diese beispielhaft aufgeführten KPIs lassen sich zu einem individuellen Ansatz kombinieren. Die Payback-Periode einer Innovation spielt auch eine Rolle: Innovationsperspektive und Investitionsrahmen müssen zeitlich zusammenpassen.

3.1.3.5 ‚Hätte – hätte – Fahrradkette': Argumente für ein Innovationsportfolio

Ein Bekannter von mir äußerte kürzlich ganz beiläufig: „In 2019 wollte ich ein Unternehmen gründen, das Masken zum Schutz von Fahrradfahrern vor Feinstaub anbietet. Alle haben mir damals gesagt, dass keiner in diesem Land bereit wäre, eine Maske zu tragen."

Leute sagen viel, wenn der Tag lang ist. Warum hat mein Bekannter seine Idee nicht wenigstens als ‚Vorratsprojekt' (für kleines Geld) zu Ende entwickelt? Seine Motivation als jemand, der jeden Morgen und jeden Abend auf dem Weg zur Arbeit und zurück 8 km mit dem Fahrrad durch dichten Stadtverkehr fährt, war stark und echt. Hätte mein Bekannter nicht beim ersten Gegenwind aufgegeben, so wäre er Anfang 2020 vielleicht der einzige deutsche Anbieter von FFP2-Masken gewesen. Selten passte das geflügelte Wort ‚Hätte – hätte – Fahrradkette' besser als zu diesem Fall.

Günter Faltin nennt ein ähnliches Beispiel, einen Berufsskeptiker zitierend: „Glauben Sie bloß nicht, dass Sie der Erste mit dieser Idee sind" (Faltin 2008: S. 48). Obwohl er weder der Erfinder der Großpackung war noch als Erster Zwischenhändler ausgeschaltet hat, wurde er mit seiner Teekampagne zum größten Darjeeling-Importeur der Welt.

3.1.3.6 Strategische Entscheidungen in 11 Schritten

In diesem Abschnitt soll der Prozess hinein in die Zukunft und zurück in die Gegenwart nochmals zusammenfassend beschrieben und visualisiert werden.

Phase eins beinhaltet das Screening von Trends und Marktregeln, Pflichtprogramm für alle, die am wirtschaftlichen Leben teilnehmen. Wer nicht einzuschätzen vermag, nach welchen Regeln Märkte funktionieren und in welche Richtung sie sich entwickeln, sollte in diesen besser nicht aktiv werden.

Die zweite Stufe hat die Antizipation von Zukunftsszenarien zum Gegenstand. Die Szenarien werden allein aufgrund der Trendanalyse, also möglichst unabhängig von der Ist-Situation, gebildet. Der Antizipationsprozess sollte nicht nur alle 5 oder 10 Jahre, sondern rollierend jedes Jahr durchgeführt werden. Die Präzision der Vorhersage nimmt schrittweise zu: Man geht davon aus, dass Veränderungen im soziokulturellen und technologischen Zusammenhang mit einem Vorlauf von etwa 3 Jahren zuverlässig identifiziert werden können.

Im dritten Schritt geht es um die zeitliche Eingrenzung des erwarteten Tipping Points. Abb. 3.7 zeigt beispielhaft drei Trendszenarien mit einem Zeithorizont von 10 Jahren (t_{10}) sowie die Ist-Situation (t_0). Die Differenzen zwischen den Zukunftsszenarien und dem Status Quo deuten auf mögliche Tipping Points hin. Der Zeitrahmen, in dem diese zu erwarten sind, lässt sich durch Zwischenszenarien weiter eingrenzen.

Wenn man verschiedene Zukunftsszenarien entwickelt hat, ist es relativ einfach, die Unterschiede zur Ist-Situation zu benennen. Dazu muss man nicht einmal verstehen, welche nichtlinearen Effekte zu diesen Unterschieden führen. Folgende Fragen sind zu beantworten: In welchen Dimensionen zeigen sich Veränderungen? Wo ist der Unterschied zur Ist-Situation am größten? Lässt sich eine Kumulierung von Trends ausmachen? Sprechen die Veränderungen dafür, dass sich das Wettbewerbsumfeld signifikant ändern wird?

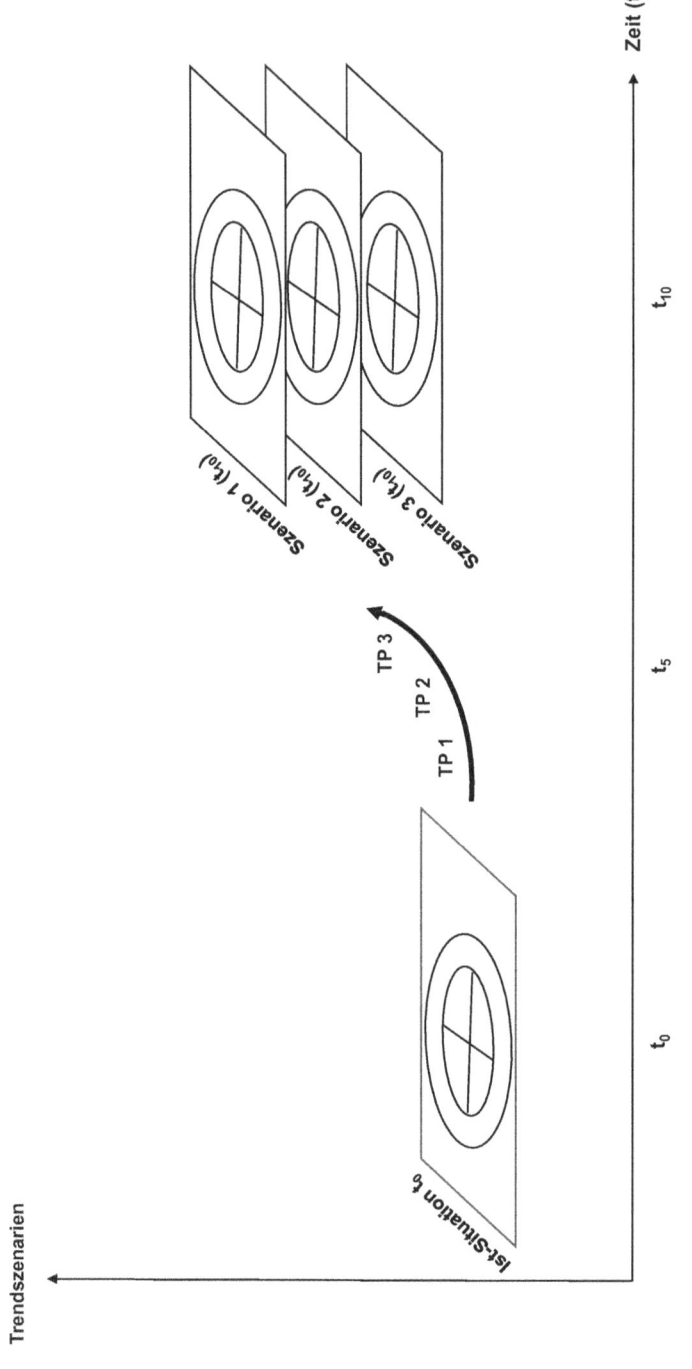

Abb. 3.7 Zeitliche Eingrenzung eines Tipping Points

Die Entwicklungen lassen sich im öffentlichen Diskurs und über auffällige Veränderungen an den Kunden-Touchpoints, im Fall preissensibler Themen auch anhand der
Entwicklung der Stückkosten verfolgen. Der wahrscheinliche Tipping Point kann zumindest eingegrenzt werden. Strategisch ist es von größter Bedeutung, Tipping Points früher
zu erkennen als die Wettbewerber.

Die vierte Etappe beschreibt die mögliche Positionierung des Unternehmens innerhalb der wahrscheinlichsten Zukunftsszenarien. Das ist weniger schwierig als es klingt.
Ein detailliertes Zukunftsszenario liest sich nicht anders als eine aktuelle Marktanalyse
(auch wenn sein Eintritt weniger sicher ist) und die Ableitung einer erfolgversprechenden
Positionierung folgt den gleichen Regeln.

Schritt fünf: Aus der Positionierung ergeben sich auch die Defizite in der Befriedigung
zukünftiger Kundenerwartungen. Veränderte Rahmenbedingungen verlangen erweiterte
Wertangebote. Es wird also aus der Zukunft zurückgeplant. Abb. 3.8 visualisiert die Differenzen zwischen den Kundenerwartungen der Zukunft (t_{10}) und den Kundenerwartungen
von heute (t_0) und weist so den Weg zu einer schrittweisen Anreicherung des Wertangebots (mit möglichen Zwischenstufen, z. B. t_5). Zur Identifizierung der mit Priorität zu
kompensierenden Defizite sind Neukunden besonders wichtig, wie in Abschn. 3.1.3.3 ausgeführt wurde. Je kleiner der Gap, umso empfehlenswerter ist eine zügige Durchsetzung
der Innovation. Geht man von einem baldigen Kipppunkt des Marktes aus, kann es auch
Sinn machen, mit einer qualitativ unterlegenen Innovation zu starten.

Angemerkt sei noch, dass Abb. 3.8 höhere Kundenerwartungen in der Zukunft unterstellt, es also nicht leichter wird, seine Kunden zufriedenzustellen. Diese Annahme
erscheint realistisch, denkt man nur an den intensiven Servicewettbewerb und die
Transparenz der Angebote.

Die sechste Stufe beinhaltet den Aufbau eines Innovationssystems. Wertangebot, Wertschöpfung und Kommunikation müssen so kombiniert werden, dass der Markt auf seiner
materiellen, nutzenorientierten und diskursiven Ebene adressiert wird. Ein Zusammenwirken ist essenziell: viele Likes führen nicht zwingend zu mehr Umsatz, ein starkes
Produktkonzept nicht notwendig zu mehr Begehrlichkeit.

Etappe sieben umfasst die Anreicherung des Wertangebots um Elemente, die zukünftig
von Kunden erwartet werden. Diese können auf der Produktnutzen-, Markenwert- und/
oder Unternehmenspurpose-Ebene angesiedelt sein. Es ist zu klären, wie Defizite auf den
drei Ebenen am besten auszugleichen sind, wo Synergien erzielbar erscheinen und wie
Verwässerung vermieden werden kann.

In Stufe acht geht es um die Beeinflussung des Diskurses in Netzwerken und Medien
zwecks Gewinnung von Deutungshoheit.

Schritt neun handelt von den Kosten und Risiken einer Innovation. Durch eine
kontinuierliche Effizienzsteigerung des Leistungsprozesses und die Prüfung möglicher
Technologietransfers können Kosten und Risiken unter Kontrolle gehalten werden. Wenn
zwei Drittel aller Innovationen auf Neukombinationen vorhandenen Wissens über Märkte,
Produkte, Technologien etc. basieren (vgl. Dingler und Enkel, 2016), gibt es eine gute

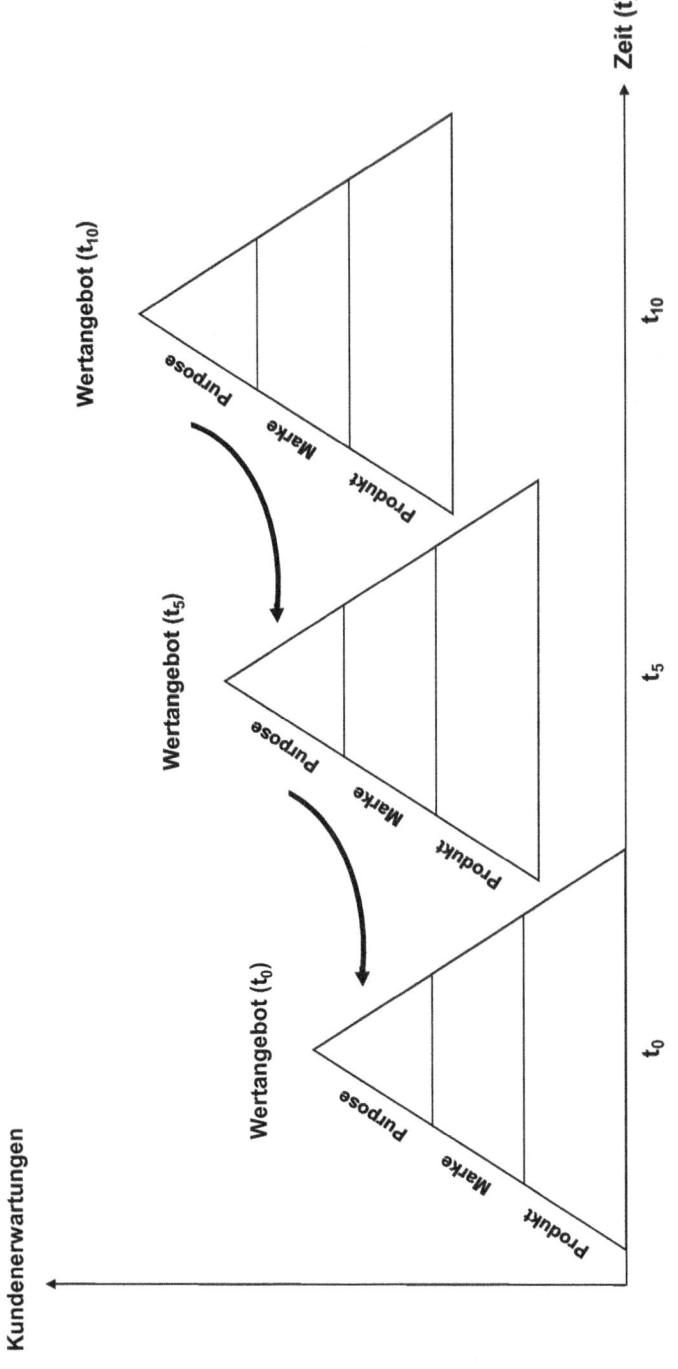

Abb. 3.8 Gestaltung des Wertangebots aus der Zukunft

Chance, eine vorhandene Technologie zu screenen und erfolgreich zu adaptieren (der hohe Anteil von Rekombinationen begründet auch das große Potenzial von KI, die in diesem Sinne kreativ sein kann). Wichtig ist auch, Innovation und Investition aufeinander abzustimmen.

Auf der zehnten Etappe wird ein ausgewogenes Portfolio aus evolutionären und disruptiven Innovationsansätzen gebildet. Was Ausgewogenheit bedeutet, sehen wir gleich. Die Idee setzt jedenfalls bei Markowitz' Portfoliotheorie an (vgl. Abschn. 2.2.2.5).

Auf der elften Stufe geht es schließlich um die Optimierung der Innovationspolitik anhand der Zielgröße Customer Experience und einem Mix geeigneter KPIs.

3.1.3.7 Die Doppelstrategie der Selbstdisruption

Mit einer Doppelstrategie versucht man zwei konkurrierende Ziele gleichzeitig zu erreichen. Als Beispiel kann die Handelspolitik Chinas dienen: das Seidenstraßenprojekt ‚One Belt, one Road' auf der einen, das Hightech-Förderprojekt ‚Made in China 2025' auf der anderen Seite, hier Freihandel, dort Protektionismus. Unsere Doppelstrategie besteht in der Verfolgung einer evolutionären Innovationspolitik bei gleichzeitiger Vorbereitung disruptiver Innovationen. Was als totaler Widerspruch erscheint – evolutionäre Innovationen stabilisieren die Machtverhältnisse im Markt, disruptive Innovationen lösen sie auf – erweist sich unter dem Zeitaspekt (wann führen Trendakkumulationen zu einem Tipping Point?) als optimale Lösung.

An verschiedenen Stellen dieses Buches wurde das Problem des blinden Flecks angesprochen. Gefangen in den eigenen Denk- und Wahrnehmungsmustern übersieht man Marktchancen und Marktrisiken. So werden auch Brüche an den Touchpoints der Customer Journey übersehen, die hervorragende Frühindikatoren für Marktveränderungen darstellen könnten. So wie unser Gehirn die durch den blinden Fleck auf der Netzhaut entstehende Datenlücke zu füllen in der Lage ist, löst Selbstdisruption das Problem einer Fehleinschätzung des eigenen im Vergleich zu konkurrierenden Wertangeboten.

Bei der Selbstdisruption geht es nicht darum, sich selbst oder sein Unternehmen neu zu erfinden, so sinnvoll und notwendig dies in volatilen Zeiten auch sein mag. Es geht auch nicht darum, theoretisch zu untersuchen (etwa in einem ‚Kill your Company'-Workshop), welche Entwicklungen ein Unternehmen vernichten könnten, um frühzeitig Gegenmaßnahmen einzuleiten, so spannend ein solcher Ansatz auch sein könnte. Mit Selbstdisruption ist gemeint, evolutionäre Innovationen kontinuierlich zu testen und zu substituieren, wenn sie den Test nicht bestehen. Man fühlt sich an Schumpeters ‚Schöpferische Zerstörung' erinnert (Harvard Business Manager 2013/2020). Durchschnittlichkeit ist gefährlich, weil sie Konkurrenten zu einem Angriff ermutigt, mit eventuell fatalen Folgen.

Mit der vorgeschlagenen Doppelstrategie wird also fortlaufend an disruptiven Innovationen gearbeitet, die – je nach Stärke der Ansätze und je nach Entwicklung der Rahmenbedingungen inklusive erwartetem Kipppunkt – die evolutionären Innovationen verdrängen könnten. Christensens „Innovator's Dilemma", also der Druck, eigene Erfolgskonzepte unter Umständen zerstören zu müssen, ist durch den internen Wettbewerb immer gegenwärtig. Man könnte auch sagen: es ist besser sich selbst anzugreifen als von Konkurrenten angegriffen zu werden.

Als aufmerksamer Leser müssen Sie aber spätestens jetzt einschreiten: der blinde Fleck macht doch vor dem eigenen Unternehmen nicht halt. Nie im Leben lässt eine Organisation zu, das eigene Kerngeschäft zu unterhöhlen. Die Manager der internen disruptiven Alternativen würden sofort in die ‚Querulantenecke' gestellt, Doppelstrategie hin oder her.

Die Lösung des Problems: Gründung eines unabhängigen Startups oder – eine Nummer kleiner – Engagement eines unabhängigen Innovationsberaters. Für den erstgenannten Ansatz steht z. B. BMW. Dort startete man 2008 das ‚Project i', eine Art Thinktank mit der Aufgabe, Elektroautos für den Stadtverkehr zu entwickeln. Eine Nachhaltigkeits-Beauftragte kontrollierte die ökologischen Ziele; zugleich wurde die disruptive Innovation von Anfang an als System gedacht:

„Elektrische Antriebe, eine CO_2-minimierte Produktion, bei der auch 70 Prozent weniger Wasser verwendet (wird), 100 Prozent Grünstrom in der Herstellung, kundenfreundliches Laden daheim und unterwegs, innovative nachwachsende Rohstoffe und Rezyklate, extremer Leichtbau mit CFK (Kohlenstofffaser-verstärkte Kunststoffe) und neue digitale Services." (BMW 21.02.2021)

Das Projektteam wurde räumlich vom BMW-Forschungszentrum getrennt.

Auch Beratung kann ein Weg sein, die Doppelstrategie zu unterstützen. Entscheidend sind die externe Perspektive, Unvoreingenommenheit und Unabhängigkeit, allein der Maximierung des Kundennutzens verpflichtet.

So verstanden ist Selbstdisruption der Weg, das existierende Geschäft permanent an alternativen Ansätzen zu messen (vgl. Abb. 3.9).

Produkte, Produktionsverfahren, Absatz- und Zulieferketten sowie Markenpositionierungen umzuwerfen ist schwer, nicht nur aus Kostengründen. Aber es ist der Preis, den die VUCA-Welt fordert.

3.1.3.8 Innovations-Audit

Audits sind wichtig, um die Innovationsfähigkeit eines Unternehmens im Wettbewerbsvergleich und im Zeitablauf analysieren und Optimierungsmaßnahmen einleiten zu können.

Dabei geht es sowohl um die Innovationsprojekte als auch um das Innovationsmanagement. Audits verbessern das Verständnis der Einflussfaktoren und ihrer kausalen Beziehungen. Innovationsprojekte müssen kontinuierlich bewertet werden, um Ressourcen anhand von Erfolgspotenzialen zuordnen zu können und um Projekte mit negativer Customer Experience nach vorher definierten Exit-Kriterien einzustellen.

Wenn zu lange an wenig attraktiven Innovationsprojekten festgehalten wird, werden Entwicklungsgelder verschwendet, die dann für attraktivere Innovationen fehlen (vgl.

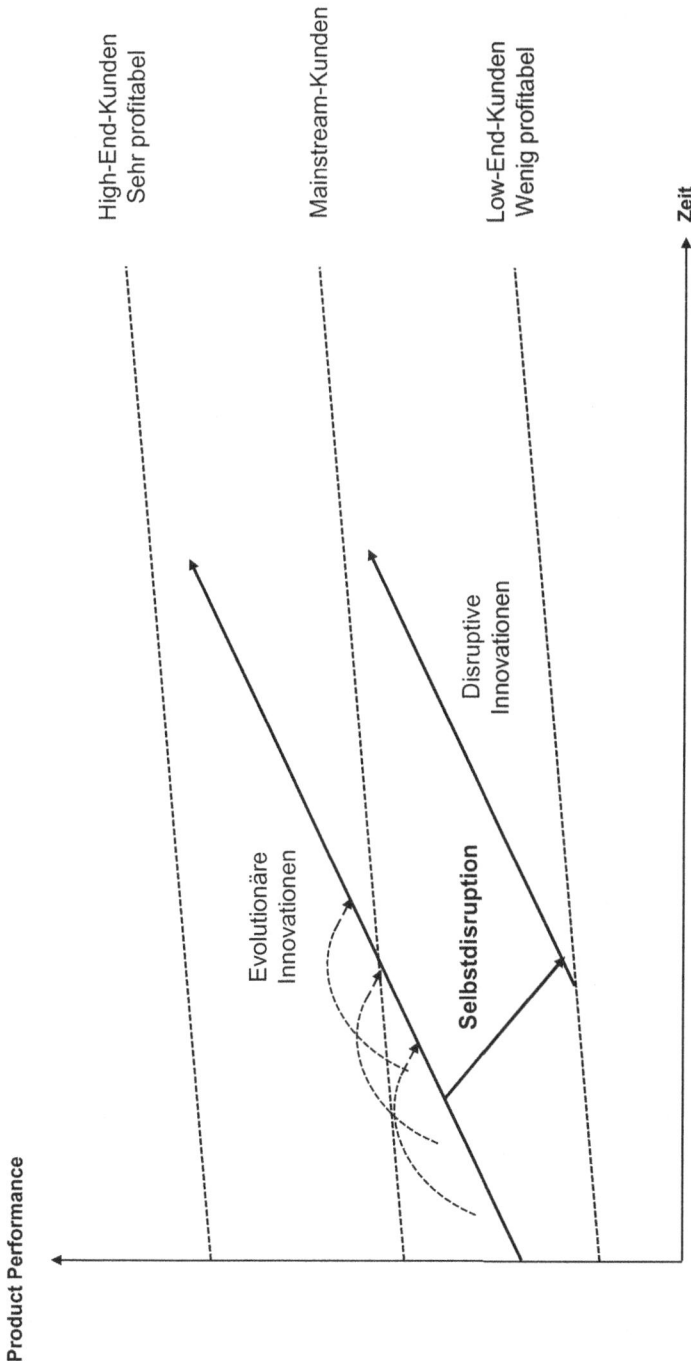

Abb. 3.9 Innovationsmodell

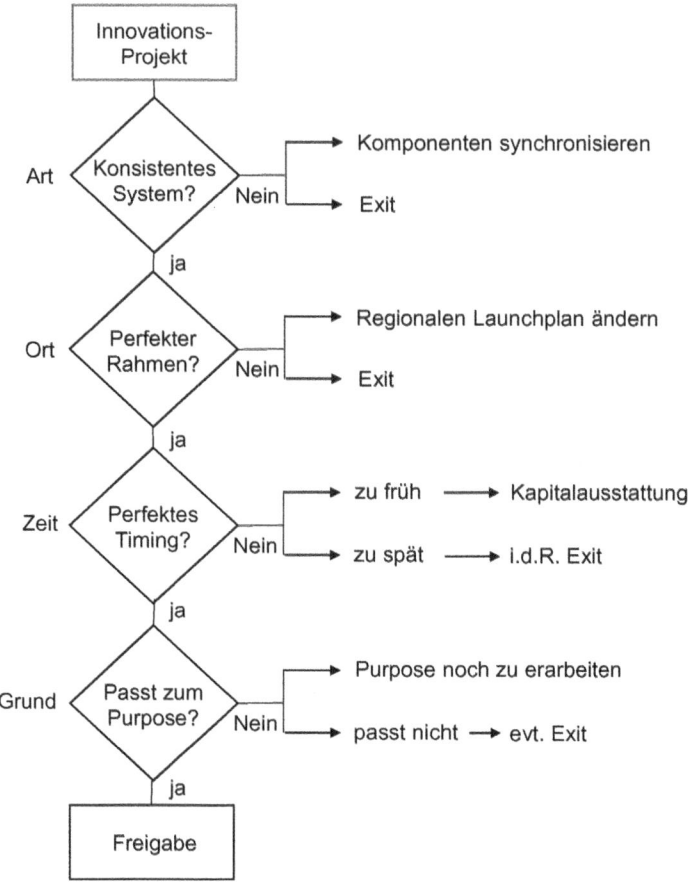

Abb. 3.10 Innovations-Audit

Abb. 3.10). Eine Dokumentation des Ist-Zustandes und der geplanten Maßnahmen soll ein späteres Controlling erleichtern.

3.1.3.9 Die Sache mit der Kultur

Von Peter Drucker stammt das Zitat „Culture eats strategy for breakfast", womit er zum Ausdruck bringt, dass die intelligenteste Strategie nichts nützt, wenn die Unternehmenskultur ihre Umsetzung behindert.

Arie de Geus' Untersuchung langfristig erfolgreicher Unternehmen (de Geus 1997) bestätigt diese Erkenntnis:

> „The living companies in our study were able to adapt themselves to changes in the world around them. [...] They always seemed to excel at keeping their feelers out, staying attuned

to whatever was going on. […] The long-lived companies in our study tolerated activities in the margin: experiments and eccentricities that stretched their understanding."

Die Kongruenz der Unternehmensziele mit den Zielen der Mitarbeiter ist besonders wichtig. Günter Faltin weist in diesem Sinne darauf hin, dass ein Entrepreneurial Design nicht nur „stimmig zum Markt", sondern auch „stimmig zur Person" (des Gründers und seines Teams) sein muss (Faltin 2015: S. 124 ff.).

Der Zusammenhang zwischen dem Tempo des technologischen Wandels und der Veränderungsfähigkeit von Unternehmen wird als Martecs Law bezeichnet. Exponentielle Entwicklungen auf der einen und logarithmische auf der anderen Seite führen zu einer Lücke, die nur durch größere Veränderungsschritte geschlossen werden kann.

Innovationsstrategie braucht Innovationskultur! Das gilt auch und ganz besonders für die digitale Transformation, die die Bereitschaft voraussetzt, vertraute Prozesse infrage zu stellen und neu zu konzipieren, mit allen Konsequenzen. Eine derartige Bereitschaft kann wohl nur entstehen, wenn eine gemeinsame Vision und inspirierende Ziele geteilt werden. Der Unternehmens-Purpose wirkt hier wie ein Kraftverstärker, der Ideen in Communities gedeihen lässt, Erfolgsmessungen von Innovationen möglich macht und Kooperationen mit Dritten fördert.

Carol Dweck weist in diesem Zusammenhang auf die Rolle des Mindsets hin: Ein Growth Mindset (in Abgrenzung zum Fixed Mindset) setzt den Glauben an die eigene Lernfähigkeit voraus (Dweck 2017).

Microsoft-CEO Satya Nadella hat es so formuliert:

„The CEO is the curator of an organization's culture. Anything is possible for a company when its culture is about listening, learning, and harnessing individual passions and talents to the company's mission. Creating that kind of culture is my chief job as CEO." (Nadella 2017)

▶ Innovationsstrategie braucht Innovationskultur!

Innovationen scheinen der einzige Weg zu sein, sich zukünftig erfolgreich vom Wettbewerb abzugrenzen. Innovationskultur i.S.v. Diversität von Expertise, Offenheit des Denkens und Management von starken Persönlichkeiten steht dabei im Mittelpunkt. Laut der TCS Global Leadership Study 2021, mit mehr als 1200 Führungskräften großer Unternehmen durchgeführt, besitzt Innovationskultur für die nächsten Jahre eine höhere Priorität als Shareholder Value oder die finanzielle Performance.

3.1.4   Fallstudien Unternehmen (E-Food, Uhren, Kunst)

Aus diversen theoretischen Ansätzen haben sich folgende Schlüsselfragen als essenziell für den Erfolg strategischer Entscheidungen herauskristallisiert:

- Wie soll man mit Marktregeln umgehen?
- Wie werden Linearitätsfalle und blinder Fleck umgangen?
- Wie wird aus einer Innovation ein Innovationssystem?
- Wie kann man bevorstehende Tipping Points erkennen?
- Wie lässt sich die Kosteneffizienz einer Innovation maximieren?
- Wie unterstützt eine Doppelstrategie den Erfolg von Innovationen?

In den folgenden drei Fallstudien sollen praktische Antworten auf diese Fragen gegeben werden. Die Fälle repräsentieren ein Spektrum von evolutionären und disruptiven Entscheidungen aus Vergangenheit, Gegenwart und Zukunft.

Der ‚Webvan-Case' soll insbesondere zeigen, dass Technologie ohne Marktanbindung nicht erfolgreich sein kann – es fehlt eine wichtige Komponente im Innovationssystem. Der ‚JUHRA-Case' illustriert die Gefahren, die aus dem blinden Fleck resultieren. Der ‚KÖNIG-Fall' ist ein Beispiel für einen erfolgreichen Portfolio-Ansatz mit praktizierter Doppelstrategie.

E-Food

Im Jahre 1996 wurde in Foster City (California) die Firma Webvan Group Inc. von Louis Borders, dem Chef einer erfolgreichen Buchladenkette, gegründet.

Mit Kapital von etwa einer Mrd. US$ ausgestattet, wollte Webvan den Lebensmittelhandel revolutionieren: Statt zum Supermarkt zu laufen, an der Warentheke und an der Kasse anzustehen und schwere Tüten nachhause zu tragen, bot das Startup seinen Kunden an, die gewünschten Lebensmittel bequem am Computer auszusuchen und die Ware zur gewünschten Zeit ohne Mehrkosten geliefert zu bekommen.

In Abgrenzung zu bestehenden Geschäftsmodellen betrieb Webvan keine eigenen Läden, sondern operierte mit sehr großen Distributionscentern, über die rund 20.000 frische und tiefgefrorene Food-Artikel an Haushalte ausgeliefert wurden, perspektivisch in 26 Metropolregionen der USA.

Online-Aufträge konnten täglich 24 h, 7 Tage die Woche platziert werden. Webvan rechnete vor, dass ein Distributionscenter mit unter 1000 Mitarbeitern so viel pro Tag verkaufen und ausliefern könne wie 18 stationäre Supermärkte mit zusammen über 2000 Mitarbeitern. Hinzu kam ein Kostenvorteil in der Miete, da die Zentralläger in Industriegebieten angesiedelt waren, die Supermärkte dagegen in teuren Wohn- oder Einkaufsvierteln. Mit der zu erwartenden höheren Marge wären die Logistikkosten der Direktbelieferung leicht zu tragen. Diese erfolgte in zwei Schritten: Konfektionierung der Aufträge und Transport vom

Zentrallager in kleine regionale Auslieferungsläger, dann Belieferung der Kunden in dem entsprechenden Stadtviertel mit einer geleasten Transporter-Flotte.

Die Lieferzeiten mussten kurz sein, da Kunden Güter des täglichen Bedarfs sofort haben wollen, nicht zuletzt auch aus Gründen der begrenzten Haltbarkeit. Damit kam es für Webvan vor allem auf die perfekte Prozess-Steuerung in den Zentrallägern, bei der Routenplanung und in der Kundenkommunikation an. Eine in Kooperation mit einem spezialisierten IT-Dienstleister erstellte, für die damalige Zeit absolut neue und äußerst leistungsfähige Software sorgte dafür, dass die Logistik-Kosten und die Kunden-Convenience optimiert wurden. So glaubte man, sich im gigantischen, aber auch extrem wettbewerbsintensiven und eher margenschwachen Lebensmittelmarkt schnell durchsetzen zu können.

Drei Jahre nach Firmengründung startete Webvan sein operatives Geschäft in San Francisco mit einem Umsatz von 400.000 US$ im ersten Monat. Dies war der Startschuss für einen Bauauftrag von 26 Distributionszentren in den folgenden zwei Jahren (Kostenpunkt: 1 Mrd. US$). George Shaheen, zuvor CEO bei Andersen Consulting (später Accenture) übernahm kurz darauf als neuer CEO von Webvan. Der Börsengang im 4. Quartal 1999 erbrachte die damalige Rekordsumme für Silicon Valley-Unternehmen von 375 Mio. US$. Anfang 2000 war man in Atlanta und Sacramento sowie dank einer Firmenübernahme in Dallas, Los Angeles, San Diego, Seattle, Portland und Orange County vertreten. Auch wenn in 2000 keine Region den angekündigten Breakeven erreichte, wurde auch Chicago eröffnet. Der durchschnittliche Bestellbon war mittlerweile von 72 US$ auf 80 US$ gestiegen.

Schon wenig später wurde der Kostendruck allerdings so groß, dass man die Expansion in die Metropolregionen Washington D.C., Baltimore und New Jersey absagte, obwohl die dortigen Zentralläger bereits gebaut waren. Gleichzeitig ergänzte Webvan sein Sortiment um Bücher, Spielwaren, OTC-Präparate, Tierfutter und weitere Artikel, um den erfolgskritischen Umsatz zu steigern, was natürlich auch höhere Lagerkosten zur Folge hatte. Der Jahresabschluss 2000 wies einen Umsatz von knapp 180 Mio. US$ aus, womit man weit unter Plan lag.

Anfang 2001 musste Webvan Dallas, Sacramento und Atlanta schließen. Der Marketingetat wurde zusammengestrichen und Lieferungen ab sofort nicht mehr gratis angeboten.

Eine Kennzahl wurde bekannt: Webvan hatte es geschafft, in den knapp zwei Jahren der Operation 6,5 % der Haushalte in der Startregion San Francisco als Kunden zu gewinnen, mit einer Wiederholungskaufrate um die 50 %. Gemessen an den 1 % aller US-Haushalte, die zu diesem Zeitpunkt e-Food kauften, war das keine schlechte Performance, gemessen am geplanten Wachstum war es eine Katastrophe. Mitte 2001 musste Webvan schließlich Insolvenz anmelden. Kapital von über 1 Mrd. US$ war verbrannt und 2000 Mitarbeiter verloren ihre Arbeitsplätze.

Das Tech-Startup Webvan hat es vor allem deshalb zu einem Fallstudien-Klassiker an US-Business Schools gebracht, weil daran drei schwere Fehler demonstriert werden können (das zeigt wieder einmal, dass keine Mühe im Leben vergebens ist: man kann hinterher zumindest als schlechtes Beispiel dienen):

- die Skalierung wurde begonnen, bevor der Proof of Concept erbracht war.
- dem Geschäftsmodell fehlte eine Zielgruppendefinition, sodass man sofort an preissensitive und damit weniger profitable Kunden geriet.
- statt bestehende, gut funktionierende Infrastrukturen im Markt zu nutzen, hat Webvan alles (Hardware und Software) von Grund auf neu entwickelt und so sein Kapital verbrannt.

Das ist alles richtig und ich würde es sogar drastischer ausdrücken wollen:

- Man muss größenwahnsinnig sein, wenn man nach einem Monat Testmarkt 1 Mrd. US$ in ,Bricks & Clicks' (Distributionscenter und Software) steckt, aber da schwingt natürlich auch der ,Get Big Fast'-Spirit der dot.com-Economy mit.
- Alles an alle verkaufen zu wollen, hat in der Menschheitsgeschichte noch nie funktioniert. Selbst massenkompatible Produkte wie Smartphones haben mit einer kleinen Zielgruppe von ,Professionals' angefangen (vgl. Blackberry).
- Knappe Ressourcen sollten auf das zentrale Wertangebot, hier die Belieferung von Haushalten, konzentriert werden. Hat Webvan in den eigenen Tomaten ein Alleinstellungsmerkmal gesehen?

Entscheidend für den Misserfolg von Webvan war aus meiner Sicht aber etwas anderes: Um die Jahrtausendwende bestellte weniger als 1 % der US-Bevölkerung ihre Lebensmittel online. Die gute amerikanische Hausfrau (vielleicht auch der Hausmann) zog es eben vor, Lebensmittel ,live' zu kaufen und sie persönlich im Markt auf Qualität und Frische zu prüfen. Und so war der Online-Lebensmittelmarkt im Jahr 2001 zwar wachsend, aber nur rund 800 Mio. US$ groß, im Jahr 2020 war er, von der Covid 19-Pandemie nochmals stark gepusht, bei ca. 110 Mrd. US$, also fast 140- mal größer. Hinzu kommt, dass mobiles Internet für die Bestellung der Lebensmittel von unterwegs im Jahr 2000 noch gar nicht existierte, während im Jahr 2018 ca. 77 % der US-Bevölkerung, also 250 Mio. Menschen über ein Smartphone verfügten.

So hat sich die Einstellung der Konsumenten zur Online-Bestellung und zur Anlieferung nach Hause verändert, insbesondere seit Beginn der Pandemie. Davon profitiert ein Unternehmen wie Instacart. Instacart wurde 2012 in San Francisco gegründet und gilt 9 Jahre später mit einem Umsatz von 1,5 Mrd. US$ als US-Marktführer für Lebensmittel-Lieferservices. Das Unternehmen ist seit 2020 in der Gewinnzone und erhält gegenwärtig eine Bewertung von knapp 14 Mrd. US$. Ihr Ertragsmodell baut auf Kommissionen von den Handelsketten, Liefergebühren und Premium-Abos sowie auf Werbeeinnahmen über die Plattform auf.

Das Unternehmen hat seine Schlüsse aus dem Webvan-Desaster gezogen:

- Der Instacart-Gründer Apoorva Mehta hat das Online-Geschäft bei Amazon gelernt. Er startete wie Webvan in San Francisco und skalierte über Kooperationen mit heute über 350 Einzelhandelsketten mit 40.000 Lebensmittelgeschäften in 5500 Städten der USA und Kanadas.
- Da der Bezug von „E-Food" teurer ist als der Kauf im stationären Supermarkt, setzt Instacart auf Kunden, denen Convenience etwas wert ist. Seine Einnahmen generiert das Unternehmen aber überwiegend von den Einzelhändlern, sodass man trotzdem in den Massenmarkt expandieren konnte.
- Statt eine eigene Infrastruktur aufzubauen, nutzt Instacart die Läden und Läger seiner Kooperationspartner. Das Unternehmen organisiert die Bestellungen über eine eigene Plattform und sorgt für eine schnelle Lieferung über rund 500.000 ‚Shoppers', freie Mitarbeiter vor Ort, die auf Honorarbasis tätig sind.

Instacart hatte von Anfang an und besonders seit der Corona-Krise eine umfeldbedingte Welle, auf der man schnell wachsen konnte. Diese hat Webvan komplett gefehlt. Mithilfe modernster Computer-Technologie konnte Webvan zwar eine für damalige entscheidet Verhältnisse neue Qualitätsstufe in der Logistik erklimmen, Konsumenten überzeugen konnte man aber nicht, jedenfalls nicht kurzfristig. War es Pech, dass im Jahr 2000 die dot.com-Blase platzte? Oder fehlte am Ende vielleicht der lange Atem des zwei Jahre vor Webvan von Jeff Bezos gegründeten Amazon? „Wir glauben fest, dass wir ein brillantes Konzept hatten. Wir waren damit eben nur unserer Zeit weit voraus" ließ der Webvan-Sprecher Bud Grevey nach der Insolvenz verlauten.

Was heißt hier „nur"? Das richtige Timing maßgeblich über den Erfolg. Der Tipping Point im Lebensmittelmarkt dürfte irgendwo zwischen 2017 und 2020 gelegen haben, also fast zwei Jahrzehnte nach Webvans Untergang und mehr als die berühmten 10.000 Stunden nach Gründung von Instacart.

Die Kernaussage der oben erwähnten Webvan-Fallstudie war, dass die enormen Möglichkeiten des Internets im Fall von Food-Home Delivery nur durch ein extrem kapitalintensives Geschäftsmodell in die reale Welt zu übertragen sind. Daran ist Webvan gescheitert.

Aber jetzt folgt noch ein besonderer Clou: der Webvan-Gründer Louis Borders, inzwischen 72 Jahre alt, ist wieder da, mit HDS (Home Delivery Service) Global, einer Art Webvan 2.0. Wieder greift er die Amazons und Walmarts dieser Welt mit dem Angebot einer kostenlosen Lieferung von Lebensmitteln am selben Tag an. Warum sollte es dieses Mal klappen?

Borders meint, dass die Fortschritte in KI und Robotik den Unterschied ausmachen: automatisierte Läger können mit weniger als einem Zehntel der Mitarbeiter von damals operieren. Das Problem in 1999/2000 aber waren nicht primär die Zentrallager-Betriebskosten, sondern das geringe Interesse der Konsumenten an einer Belieferung mit Lebensmitteln. Seit der Pandemie haben sich die Online-Umsätze vervielfacht, aber es ist nicht sicher, dass das nach Corona so bleibt. Sicher ist nur, dass die hohen Infrastruktur-Investitionen eine hohe Auslastung benötigen.

Wir haben weiter oben vom blinden Fleck gesprochen, der auf starre Denkmuster zurückzuführen ist. So bewundernswert es ist, niemals aufzugeben, so unverständlich ist es, im Jahre 2022 Amazon, Walmart & Co. erneut genau dort anzugreifen, wo sie am stärksten sind.

Uhren

Die JUHRA AG (ein existierendes Unternehmen, hier durch eine Wortkombination aus Jura und Uhr anonymisiert) ist ein konzern-unabhängiger Schweizer Uhrenhersteller mit Sitz in Biel am Rande des Jura. Das Unternehmen wurde 1966 vom gelernten Uhrmacher und Ingenieur Urs Petri (auch dies ein Fantasiename) gegründet und setzt heute etwa 40 Mio. CHF um.

Das Uhrmacherhandwerk hat in der Schweiz eine lange Tradition. Während der Hugenottenkriege in der zweiten Hälfte des 16. Jahrhunderts flüchteten viele französische Protestanten an die Wirkungsstätte des Reformators Johannes Calvin. Sie begründeten dort, erst in Genf, später im Jura, das Uhrmacherhandwerk. Zunächst wurden Taschenuhren, seit 1911 dann Armbanduhren gefertigt. Weltberühmte Marken wie Vacheron Constantin (1755), Longines (1832), Patek Philippe (1839), Omega (1848), Audemars Piguet (1875), IWC (1886) oder Rolex (1905) zeugen von der Bedeutung Schweizer Qualitätsuhren. Ende des 19. Jahrhunderts entstanden die ersten Fabriken für die maschinelle Fertigung von Uhren.

Etwa 1970 geriet die Schweizer Uhrenindustrie und mit ihr auch die gerade erst gegründete Firma JUHRA in eine existenzbedrohende Krise, als elektronische Uhren mit Quarztechnologie die mechanischen Uhren zu verdrängen drohten. Oberstes Ziel der evolutionären Innovationen im Bereich der mechanischen Uhren war immer die Ganggenauigkeit gewesen. Die Quarzuhrentechnologie, seit den 1930er Jahren bekannt, versprach eine sehr viel höhere Genauigkeit, war aber bis zur Durchsetzung der Halbleiter in den 1960er Jahren extrem teuer, sodass sie nur in wissenschaftlichen und industriellen Laboren zum Einsatz kam.

Tatsächlich war es das Schweizer Centre Electronique Horloger, das 1967 die ersten für Konsumenten geeigneten Prototypen präsentierte und der Schweizer Uhrenhersteller Patek Philippe, der 1969 die erste moderne Quarzuhr produzierte. Die Schweizer Uhrenindustrie erkannte jedoch nicht das Marktpotenzial der Innovation und konzentrierte sich weiterhin auf die Verbesserung der mechanischen Armbanduhren.

Dieser Sachverhalt ist uns durch den Kodak-Case (vgl. Abschn. 1.3.4) bereits vertraut. Die Branchenspezialisten sind in ihrer Welt gefangen: Ihr blinder Fleck bezüglich alternativer Technologien veranlasst sie, ihre Erfolgsprodukte in einer Dimension zu optimieren, die für Kunden kaum noch wahrnehmbar bzw. erlebbar ist. Für ein technisches Labor ist die Verbesserung der Ganggenauigkeit um einige Sekunden pro Jahr sicher relevant, für einen normalen Uhrenbesitzer kaum. Für Sporttaucher mag eine hohe Wasserdichtigkeit nützlich sein, den meisten Konsumenten reicht es, wenn sie ihre Uhr zum Duschen nicht abnehmen müssen. Wenn Genauigkeit oder Druckresistenz Basis eines Storytellings sind

(z. B. die Omega Speedmaster als erste Uhr auf dem Mond) ist das möglicherweise anders zu beurteilen: nicht weil ein Kunde eine Exkursion zum Mond plant, sondern weil die Story das Produkt und seinen Besitzer zu etwas Besonderem macht.

Wer das Potenzial der Quarzuhr als disruptive Innovation sofort erkannte und sich konsequent auf deren kostengünstige Fertigung konzentrierte, war der japanische Hersteller Seiko. Seiko entwickelte bis 1973 neue Produktionstechnologien, die es u. a. ermöglichten, Schwingquarze einer bestimmten Frequenz automatisiert zu fertigen und den Stromverbrauch der Uhren zu reduzieren.

Wie sehr der blinde Fleck der Schweizer Uhrenhersteller die Branche traf, machen zwei Zahlen deutlich: Von 1970 bis 1988 nahm die Zahl der Beschäftigten von ca. 90.000 auf 28.000 ab. Viele Unternehmen mussten Insolvenz anmelden, andere wie die Uhrenfirma SSIH (Société Suisse de l'Industrie Horlogère) und der Uhrwerkhersteller ASUAG (Allgemeine Schweizerische Uhrenindustrie AG) gerieten in eine massive wirtschaftliche Schieflage. Nicolas Hayek war seit 1980 als strategischer Berater für SSIH und ab 1982 für die ASUAG tätig. Er entwickelte eine auf der Fusion beider Unternehmen beruhende Strategie, aus der 1983 die SMH (Société de Microélectronique et d'Horlogerie) hervorging, deren Hauptprodukt die Swatch wurde.

Die Swatch-Uhr wurde in einem Block montiert, wobei eine neuentwickelte Schweißtechnik für die feste Verbindung des Kunststoffs mit dem Uhrengehäuse sorgte. Ergebnis: eine robuste, wasserdichte Uhr, bestehend aus nur rund 50, statt der sonst üblichen fast 150 Teile und damit sehr kosteneffizient zu produzieren und preisgünstig anzubieten.

Aus der ‚Not', nicht reparabel zu sein und damit eine kürzere Lebensdauer aufzuweisen, wird bei der Swatch die ‚Tugend' eines Modeartikels in zahlreichen, teilweise von Künstlern kreierten Designvarianten. Der ursprüngliche Name Second Watch macht die Positionierungsidee sehr klar (später lautete der Markenname dann Swiss Watch, schließlich zu Swatch verkürzt).

Die anderen zu der Firmengruppe gehörenden Marken wie Tissot, Omega, Longines oder Certina positionierte Hayek neu. 1994 erreichten Schweizer Uhren mit 53 % Weltmarktanteil wieder das Vorkrisenniveau von 1970.

Springen wir hier einmal rund 25 Jahre weiter. Eine Studie der Schweizer Privatbank Vontobel (Vontobel 2021) stellt fest, dass der weltweite Umsatz der Apple Watch in 2020 um 12 % gesteigert werden konnte, während Rolex 15 % und Patek Philippe 20 % verloren. Schlimmer erging es den mittelpreisigen Marken: die Swatch Group (mit Swatch auf der niedrigpreisigen, Omega, Longines, Tissot etc. auf der hochpreisigen Seite) verlor 32 %. Und diesmal litten auch die Sieger der siebziger Jahre: Seiko mit minus 28 %, Citizen mit minus 34 %.

Smartwatches bieten neben der Zeitanzeige eine ganze Fülle von Funktionen, die individuell über Apps eingerichtet werden können. Typische Anwendungsgebiete sind (neben Smartphone-Funktionen) die Bereiche Sport (durch Messung von Herzfrequenz und Puls kann Training effizient gestaltet werden) und Gesundheit (durch die Sensorik können

Anomalien identifiziert werden). Hinter der Smartwatch-Innovation steht also der Megatrend Gesundheit (kombiniert mit Mobilität und Konnektivität) und hier insbesondere die Idee des digitalen Self-Trackings: Durch gesundes Essen und regelmäßiges Training sollen Fitness, Wohlbefinden und Leistungsfähigkeit gesteigert werden. Sportlichkeit ist Lifestyle und Smartwatches unterstützen dabei.

Als ‚digitaler Hypochonder‘ wird mit einem Schuss Ironie der Intensivnutzer digitaler medizinischer Services bezeichnet. Er verfügt über eine Smartwatch (und eventuelle Zusatzgeräte zur Messung von Körperfunktionen) als E-Health-Hardware sowie über diverse Apps und Online-Services (Erinnerungshilfen zur Einnahme von Medikamenten, Ärzteratings, Video-Sprechstunde etc.). Daten werden gesammelt, ausgewertet, interpretiert und dem Nutzer wieder zur Verfügung gestellt. Es ist offensichtlich, dass die Vernetzung viele weitere Möglichkeiten eröffnet, man denke etwa an Autounfälle, wo Abweichungen in der gemessenen Herzfrequenz über Connected Car an das System des Fahrzeugs gemeldet werden könnten, das die Fahrerassistenzsysteme (Bremsen, Warnblinkanlage etc.) aktiviert und einen Notruf mit wichtigen Informationen an die Einsatzzentrale absetzt.

Nicht, dass dieser Megatrend und die Aktivitäten von Apple, Garmin etc. unbemerkt geblieben wären. Elmar Mock, früherer Mitarbeiter von Nicolas Hayek und Erfinder des damals neuartigen Schweißverfahrens, äußerte sich bereits 2015, also im Erscheinungsjahr der Apple Watch, in einem Interview der WirtschaftsWoche wie folgt: „Die Schweizer Uhrenhersteller reagieren heute auf die Smartwatch so, wie auf die Quarzuhr damals in den Siebzigerjahren: Sie sagen, nur eine mechanische Uhr sei gut.“ (Fritz, WirtschaftsWoche vom 23. April 2015).

Da anzunehmen ist, dass auch Mitarbeiter von Uhrenunternehmen iMacs oder iPhones nutzen, sollte niemand von der Apple Watch überrascht worden sein, zumal das Produkt, wie bei Apple üblich, sieben Monate vor seiner Einführung, also im September 2014 von Tim Cook spektakulär angekündigt worden war. Man hat eine Elektronikfirma einfach nicht als Wettbewerber einer Uhrenfirma gesehen. Hier ist noch einmal auf die Sichtachsenmethode zu verweisen (vgl. Abschn. 2.3.1.1): Wenn ich eine Armbanduhr nur als Zeitanzeiger wahrnehme, kann ich natürlich nicht erkennen, dass sie auch als medizinisches Messgerät in Pulsnähe gesehen werden könnte.

Man hat die Smartwatch auch nicht sonderlich ernst genommen, weil sie zu Beginn noch zahlreiche ‚Kinderkrankheiten‘ aufwies. Tatsächlich war Apples Start eher holprig. Als die Apple Watch am 24. April 2015 erhältlich war, lösten die Preise Erstaunen aus: Das Basismodell kostete wie erwartet 399 €, aber die Edelstahl-Variante lag schon bei stattlichen 1099 €, getoppt von der Apple Watch Edition aus 18-Karat-Gold für 18.000 €. Dennoch konnten 3,6 Mio. Stück im ersten Quartal abgesetzt werden. Als im entsprechenden Quartal des Folgejahres nur noch 1,6 Mio. Apple-Uhren verkauft wurden, erklärten sie manche Medien bereits zum Flop. Bis 2016 war das Fenster also gewissermaßen noch offen und JUHRA nutzte das, im Gegensatz zu den meisten anderen Schweizer Uhrenfirmen.

Allerdings: Apple lernte schnell. Auf Funktionen, die als reine Spielerei wahrgenommen wurden, verzichtete man, auch die teure Goldversion machte für ein Technikprodukt mit jährlichen Updates keinen Sinn, aktuelle Lifestyle-Trends fanden mehr Berücksichtigung und die Preise wurden angepasst. Im Fokus standen fortan Nutzen, die von Kunden besonders geschätzt wurden: Benachrichtigungsanzeige, Navigation, Fitness und Gesundheit.

Da Umfeld- und Trendanalysen nicht im Mittelpunkt von Innnovationsmodellen stehen, gibt es auch keine Controlling-Kennzahl für bevorstehende Disruptionen, bei der ‚Alarm ausgelöst' wird. Plötzlich war die Quarzuhr da und plötzlich die Smartwatch und alle waren total überrascht.

Die Frage ist jetzt: was tun?

Schweizer Uhrenmarken könnten sich in hochpreisige Luxusnischen zurückziehen, die von der Apple-Offensive weniger betroffen sind als mittelpreisige Lifestyle-Produkte. Sie könnten zweitens eine digitale Transformation initiieren (nach dem Motto: besser spät als nie!) und mit einer differenzierten ‚Swiss-Smartwatch' in den Markt gehen. Drittens könnten sie auf eine andere Sichtachse setzen.

Die erste Option wird schon wahrgenommen, wobei interessant ist, dass die meisten berühmten Schweizer Uhrenmarken zu internationalen Luxuskonzernen gehören. Zu der LVMH-Gruppe des französischen Unternehmers Bernard Arnault gehören z. B. TAG Heuer, Zenith und Hublot, zu der Gruppe Richemont, von der südafrikanischen Unternehmerfamilie Rupert kontrolliert, gehören Baume & Mercier, IWC, Jaeger-LeCoultre, Piaget und Vacheron Constantin, zu der Kering-Gruppe der Pinaults sind u. a. die Marken Girard-Perregaux und Ulysse Nardin zu rechnen. Damit einher geht naturgemäß eine professionelle und durchsetzungsstarke globale Vermarktung.

Luxusmarken setzen auf den Megatrend der Individualisierung: es geht um die Inszenierung des Besonderen. Der mit dem Kauf einer berühmten Schweizer Uhrenmarke verbundene emotionale Nutzen kann nach außen (Selbstinszenierung) oder nach innen (Selbstverwirklichung) gerichtet sein, also Prestige- und/oder Genuss-Bedürfnisse erfüllen, wie in Abschn. 3.1.1.2 näher ausgeführt wurde. Keiner beherrscht die „Dream Equation" besser als die drei genannten Luxuskonzerne.

Wie realistisch ist die Digitalisierungsoption? In 2015 sah der Swatch-Miterfinder Elmar Mock noch Chancen: „Auf keinen Fall sollte man Apple einfach nachmachen. Das Display zum Beispiel muss nicht die finale Lösung der Zukunft sein. […] Das tägliche Aufladen der Smartwatch ist unbequem. Man bräuchte auch einen längeren Lebenszyklus. Es gibt viel Potenzial für Verbesserungen." (ebd.)

5 Jahre später scheint der Zug der „Wearables" (Smartwatches, Fitness-Tracker und Earwear) für die Schweizer Uhrenhersteller abgefahren. Der Weltmarkt hat sich in dieser Zeit mengenmäßig mehr als verzehnfacht und umfasste in 2020 rund 445 Mio. Stück (Statista 2021). Unter den internationalen Marktführern (Apple 34,1 %, Xiaomi 11,4 %, Huawei 9,8 %, Samsung 9,0 %) findet sich kein Unternehmen aus der traditionellen Uhrenindustrie. Das ist wenig überraschend, da Mikrochips und mobile Betriebssysteme eben etwas gänzlich anderes sind als Feder und Unruh.

Daher haben fast alle traditionellen Uhrenfirmen, die heute Smartwatches anbieten (z. B. TAG Heuer) mit US-Tech-Unternehmen kooperiert. Der Aufbau von eigenem Know-how wäre viel zu zeitaufwendig und teuer. Aber selbst wenn ein eigenes Produkt entwickelt werden könnte, wäre ein Uhrenhersteller nicht wettbewerbsfähig im Vergleich zu führenden Elektronikunternehmen, die die Komponenten des entsprechenden Innovationssystems, also die Smartphones, die Vernetzungstools, die Appstores etc. zumindest teilweise kontrollieren.

Natürlich wäre die Kombination einer Luxusmarke mit neuester Smartwatch-Technologie reizvoll. Die Frage ist nur: für wen? Traditionelle Schweizer Uhrenhersteller sprechen tendenziell eine andere Zielgruppe an als die Protagonisten der Elektronikbranche. Niemand wird bezweifeln, dass der Käufer einer Blancpain Villeret für 25.000 € andere Kaufmotive aufweist als der Käufer einer Apple Watch 7 für 429 €. Der jüngere Tech-begeisterte Kunde wird die Marke Blancpain vermutlich gar nicht kennen, sodass es schwer würde, ihn für eine Blancpain Smartwatch für, sagen wir 3000 € zu begeistern.

Wie wäre schließlich die Fokussierung auf einen anderen Megatrend wie Neo-Ökologie oder Sicherheit, wieder jeweils in Kombination mit Mobilität und Konnektivität? Eine Smartwatch, die Klimadaten misst oder den CO_2-Footprint einzelner Aktivitäten ausweist bzw. die einen automatischen Notruf absetzt, wenn jemand überfallen wird oder auffällig von seinen üblichen Routinen abweicht.

Steven Waltzer, Senior Analyst bei der britischen Beratungsfirma Strategy Analytics fasst die Situation so zusammen (Knott 2020):

„Traditionelle Uhrenhersteller […] verlieren den Smartwatch-Krieg. Die Apple Watch spricht dank gut verzweigten Verkaufskanälen und ihrem Aussehen junge Konsumenten viel besser an, die zunehmend nach digitalen Wearables verlangen. Das Zeitfenster für Schweizer Uhrenhersteller, das Ruder beim Thema Smartwatch noch rumzureißen, schließt sich."

Auf die Wertbausteine bezogen kann man festhalten: JUHRA steht mit seinen Uhren für Design/Ästhetik (ein emotionales Markenwert-Element) sowie für Qualität und Vielfalt (funktionale Produktnutzen-Elemente). Apple steht mit seiner Watch für Zugehörigkeit (ein Purpose-Element), für Motivation, Selbstbelohnung, Design/Ästhetik, für Unterhaltung und therapeutischen Wert (emotionale Markenwert-Elemente) und für Organisation, Konnektivität, Qualität und Vielfalt (funktionale Produktnutzen-Elemente). Es ist nicht nur die Zahl, sondern auch die Gewichtung der Wertbausteine, die JUHRA's Chancen gegenüber Apple recht überschaubar macht. Und Kostenführer (JUHRA fertigt in der Schweiz und in den USA, Apple in China) ist man auch nicht, sodass die Preisoption entfällt.

Der Tipping Point im Markt lag irgendwo zwischen 2014 und 2017. JUHRA hatte schon mit der Einführung von Quarzuhren 1974 zu den ersten Schweizer Uhrenherstellern gehört und war auch mit ihrer Smartwatch 2016 relativ früh dabei. Doch der Innovationsgrad reichte nicht zu viel mehr als im Windschatten erfolgreicher Innovatoren – erst Seiko, dann Apple – zu manövrieren. Es fehlt JUHRA an ausreichend Markenglanz, um im Luxusmarkt Fuß zu fassen und an der kritischen Größe, um Kostenführerschaft zu erringen. Als opportunistisch agierender Player in der profilarmen Mitte wird sich JUHRA wohl im Markt halten können, wenn sie es denn bei relativ niedrigen Margen überhaupt wollen.

Kunst

Die KÖNIG GALERIE wurde 2002 von Johann König in Berlin gegründet. Der Fokus des Galerieprogramms liegt auf Skulpturen, Videokunst, Malerei und Fotografie. 2012 pachtete König St. Agnes in Berlin-Kreuzberg, eine monumentale ehemalige Kirche aus den 1960er Jahren im brutalistischen Stil, und ließ sie in eine Galerie umbauen, mit der ehemaligen Kapelle und dem Kirchenschiff als Ausstellungsräumen.

Die KÖNIG GALERIE treibt ihre Internationalisierung konsequent voran: 2017 wurde eine Galerie in London eröffnet, gefolgt von Tokyo in 2019, Seoul, Monaco und Wien in 2021. In 2020 startete KÖNIG DIGITAL, ein virtueller Galerieraum für New Media-Kunst sowie MISA, eine Messe für Primär- und Sekundärmarkt-Kunst. Die KÖNIG GALERIE nimmt an den bedeutendsten internationalen Kunstmessen teil und hat die von ihr vertretenen Künstler erfolgreich mit deren Werken in Museen und privaten Sammlungen sowie auf den wichtigsten internationalen Kunstausstellungen wie der documenta oder der Biennale in Venedig platziert.

Auf den ersten Blick deutet dieses Kurzprofil auf einen ‚normalen‘, gut etablierten Kunsthandel hin, der die Regeln des Marktes beherrscht und geschickt für sich zu nutzen weiß.

Der Kunstmarkt ist ein globaler Markt von ca. 60 Mrd. US$. Der Kunsthandel hat einen Anteil von 58 %, der sich auf knapp 300.000 Händler verteilt, wobei weniger als 5 % mehr als 50 % des Marktes repräsentieren. Die wichtigsten Kunstmärkte sind die USA, China, UK und Frankreich (vgl. McAndrew 2021). In Deutschland werden von rund 700 Galerien ca. 890 Mio. € umgesetzt, das sind 1,5 % des Weltmarktes. 17 % der Galerien erwirtschaften über 1,5 Mio. € Jahresumsatz (IFSE 2020). Nur etwa 20 Galerien sind als marktbeherrschend bzw. -beeinflussend anzusehen, die KÖNIG GALERIE gehört dazu. Je größer die Galerie, umso wichtiger sind heute Kunstmessen, wo knapp die Hälfte der Jahresumsätze realisiert wird. Die KÖNIG GALERIE ist hier sehr aktiv.

Also alles wie gedacht? Nicht ganz, denn es gibt einige Besonderheiten. Diese beginnen mit dem Gründer selbst: Johann König wurde 1981 in eine mit der Kunstwelt engstens verbundene Familie hineingeboren. Sein Vater ist der Kunstprofessor (ehemaliger Direktor der Städelschule Frankfurt) und Kurator (ehemaliger Direktor des Ludwig-Museums Köln) Kasper König, seine Mutter die Schauspielerin und Illustratorin Edda Köchl-König, sein Onkel Walther ist ein führender Kunstbuchhändler und -verleger und sein Bruder Leo ist Galerist in New York. Johann König soll mal gesagt haben: „Kunst in unserer Familie, das ist das Gleiche wie die Würste beim Metzger." (Diez 2006).

Im Alter von 12 Jahren verlor Johann König einen Großteil seines Augenlichts bei einem Unfall mit explodierenden Schwarzpulverkügelchen, zudem erlitt er schwere Verletzungen an beiden Händen. Nach 30 Operationen konnte er seine Schulzeit an der Blindenstudienanstalt in Marburg mit dem Abitur abschließen.

Mit 37 Jahren (!) publiziert König seine Autobiografie unter dem Titel „Blinder Galerist" (König und Schreiber 2019). In der Rezension des Handelsblatts heißt es:

„Der Leser erhält einen Einblick in das Leben eines Kämpfers, der nach dem Unfall Sinne und Kopf zuerst für sein (mühsames) Überleben, dann für seine Künstler und das Geschäft einzusetzen lernt. Deutlich wird, dass es bei König nicht nur um das Aussehen eines Kunstwerks geht, sondern auch um das Konzept dahinter, die richtigen Kontakte, das Marketing und die Bedienung der Schaltstellen im Betriebssystem Kunst." (Schreiber, Handelsblatt 14.06.19)

Die erste Besonderheit also ist Johann König selbst, ein charismatischer Typ, von der FAZ als „Popstar unter den Galeristen" tituliert (Riebsamen, FAZ.NET, 16.09.2019).

Der zweite Unterschied ist die schon erwähnte Galerie-Location, einer der spektakulärsten Kunsträume der internationalen Szene, der den Ausstellungen Glanz verleiht.

Eine weitere Besonderheit der KÖNIG GALERIE ist der Versuch, den Einfluss auf das Kunstmarkt-Netzwerk durch aktive Medienarbeit zu verstärken. Erwähnt sei die „10am series", Live Talks auf Instagram mit Künstlern, Kunstsammlern und Kreativen aus aller Welt. Johann König sagte mir dazu in einem 2020 geführten Interview (Gröndahl 2021: S. 111 ff.):

„Wir sind auf dem Weg, ein Medienunternehmen zu werden. Bei uns ist es so, dass ich mich als Marke positioniert habe. Das Tolle ist, ich kann die Inhalte selbst kommunizieren. Ich glaube, dass viele Kollegen das überhaupt nicht verstehen und denken, was ich da für einen Mainstream-Quatsch die ganze Zeit mache. Aber ich denke, dass das wichtig sein wird, weil die junge Generation, jedenfalls einige von denen auch anfangen werden, sich intensiver mit Kunst zu beschäftigen. Und das ist eben interessant, da wird sich der Markt halt auch total verändern. Das sieht man jetzt schon bei solchen Figuren wie Banksy, die über die ,Crowd' zu ihrer Marktstärke gekommen sind. Auch Ai Weiwei ist ja erst durch seine Bekanntheit zu einem Markt-Asset geworden. Und das ist, glaube ich, etwas, das der Kunstmarkt noch nicht in seiner Tragweite erkannt hat. Natürlich ist irgendwann die Nachfrage so groß, dass sich auch der elitäre Kunstmarkt dem nicht verschließen kann. Das mag man bejammern, aber ich gehe lieber in den Lead und präge quasi den Diskurs."

Zwei weitere Besonderheiten der KÖNIG GALERIE seien erwähnt: Da sind zum einen die Kooperationen mit Modemarken. Auch hierzu ein Statement aus dem erwähnten Interview: „Die Kooperation mit Fashion Brands hat den Grund, deren Netzwerk und Reichweite zu nutzen. Wobei das Interessante ist, dass wir quasi stetig eigene Inhalte produzieren und die Luxusindustrie immer bemüht ist um diese Inhalte." (ebd.)

Zum anderen ist da der Wunsch, den Zugang zur Kunst zu erleichtern. Aus den oben zitierten Marktstudien ergibt sich, dass nur gut 2 % der erwachsenen Deutschen Kunstgalerien besuchen. Mit diversen Aktivitäten versucht die KÖNIG GALERIE hier gegenzusteuern, z. B. mit der sogenannten Souvenir-Kollektion, die auch denjenigen eine Teilhabe ermöglichen soll, die nicht oder noch nicht über die nötigen finanziellen Mittel für den Kauf von Kunst verfügen. Dazu bemerkt Johann König:

„Ich glaube, dass der Künstler oder die Künstlerin gesehen, wahrgenommen und irgendwie vorkommen will. Und das ist natürlich durch so etwas wie die Souvenirs möglich und es

erzeugt auch eine Verbindung zwischen Betrachter und Künstler, weil es eine neue Vertrau-
ensebene schafft. Man erzeugt eine andere Bindung zu seinem Netzwerk." (ebd.)

Und weiter:

„Am Ende kaufen die Leute natürlich auch Teilhabe. Woran wir gerade arbeiten, ist so ein
König-Members-Programm, wo Leute auch teilhaben können, ohne Kunst zu kaufen, ohne
diese finanzielle Hürde nehmen zu müssen. Der Vorteil für uns ist ein konstanter Income-
Stream, der niedrigpreisig ist, aber der durch die Masse funktioniert." (ebd.)

Die KÖNIG GALERIE hat klar erkannt, dass es nicht nur das kognitive Kaufmotiv der
Kennerschaft, sondern auch ästhetische und soziale, Lifestyle- und Investitions-Motive gibt.
König:

„Es gibt natürlich Sammler, die sind so spezialisiert auf einen Bereich, denen kann gar keiner
was erzählen. Es gibt aber auch Leute, die kaufen, weil sie spekulieren wollen oder es ihnen
einfach Ausgleich gibt von ihren Professionen." (ebd.)

Der Markt wird sich verändern:

„Es ist ja interessant zu sehen, wie UTA zum Beispiel, United Talent Agency, jetzt auch mit
einer Galerie anfängt. Die vertreten Sportler und Schauspieler. Wenn man jetzt mal überlegt,
ein Konzern würde sich da engagieren, dann wären ja ganz andere Möglichkeiten da." (ebd.)

Im Gegensatz zu den Fällen 1 und 2, die in der bekannten Vergangenheit ansetzen, können wir
in diesem in die Zukunft gerichteten Fall nur unsere Methode anwenden – ohne Verifizierung.

1. Die für die Entwicklung des Kunstmarktes relevanten Trends liegen im Bereich der
   Individualisierung, also in dem Wunsch, sich als singulär zu erleben und zu inszenieren.
   Flankierend spielen die Konnektivität und der Gender Shift eine Rolle.
2. Was Innovationen in Kunstgalerien betrifft, geht es vor allem um die Weiter- bzw. Neuent-
   wicklung der Geschäftsmodelle. Hier ist mit Investitionszeiträumen von 5 bis 10 Jahren
   zu rechnen, sodass wir in unserem Beispiel vom Jahr 2030 ausgehen wollen.
3. Der Kunstmarkt ist offensichtlich weit weniger reguliert als z. B. der Finanzmarkt. An
   inoffiziellen Regeln ist er dafür reicher als viele andere Märkte. Wie in Abschn. 1.2.3
   gezeigt, bestimmen Institutionen, hinter denen maßgeblich die Großen der Branche
   (im deutschen Kunstmarkt also die zitierten 20 Top-Galerien) stehen, über die gelten-
   den Regeln. So wird etwa über die Ausstellerbeiräte von Kunstmessen durchgesetzt,
   dass selbstvermarktende Künstler – aus naheliegenden Gründen – nicht als Aussteller
   zugelassen sind.

4. Der Kunstmarkt dürfte sich im betrachteten Zeitraum stark verändern: von Produzenten- zu Rezipienten-Orientierung, von analog zu digital, von männlich zu weiblich dominiert (vgl. Boll 2021), um nur einige Aspekte zu nennen. Auf die Entwicklung eines detaillierten Zukunftsszenarios muss hier verzichtet werden.

5. Eine mögliche Positionierung der KÖNIG GALERIE im Kunstmarkt 2030 schließt die Frage ein, ob der Markt durch Öffnung für einen breiteren Kundenkreis (2 % der Bevölkerung sind hier definitiv zu wenig) auch für branchenfremde Player attraktiv wird.

6. Wenn der Markt in sieben Jahren anders aussieht als heute, muss sich irgendwann zwischen 2023 und 2030 etwas verändert haben, das man zumindest im Nachhinein als Tipping Point bezeichnen kann. Um dessen erwarteten Zeitraum einzugrenzen, lässt sich feststellen, dass die Corona-Krise der Digitalisierung einen Schub versetzt hat, der sich z. B. an den vielen Online Viewing Rooms und der Verdoppelung der Online-Umsätze in einem Jahr ablesen lässt. Mit der digitalen Vernetzung gehen auch Phänomene wie die angesprochenen Künstler Banksy oder Ai Weiwei einher: Bekanntheitsaufbau über Social Media untergräbt allmählich die Bemühungen um einen kontrollierten Verkäufermarkt. Der Wandel zu einer weiblichen Mehrheit von Sammlern dürfte sich langsamer als die beiden anderen Trends vollziehen. Es spricht daher einiges für einen Tipping Point zwischen 2025 und 2028.

7. Die aufgeführten Beispiele deuten an, dass die KÖNIG GALERIE in ihrer Kundenorientierung weiter ist als der Wettbewerb und mit KÖNIG DIGITAL ein Zeichen setzt. Wenn der Anteil von Künstlerinnen im Portfolio (nur gut ein Drittel) als Indikator für den Gender Shift genommen werden kann, so besteht hier noch Nachholbedarf. Mit anderen Worten: die Rückprojektion weist einen Gap zum Zukunftsszenario auf.

8. Um diesen zu schließen, sollte und wird die KÖNIG GALERIE ihr Wertangebot in den kommenden 3 bis 5 Jahren mit den Elementen Community, Infotainment und Innovation anreichern. Da dies emotionale Markenwert-Themen sind, könnte man auch sagen, dass an der Markenidentität zu arbeiten ist. Dabei hilft schon heute das Öffnen neuer ‚Türen‘ zur Kunst.

Abb. 3.11 skizziert ein Geschäftsmodell mit Potenzial für die bevorstehende Transformation des Marktes. Die KÖNIG GALERIE fährt nach meiner Einschätzung eine intelligente Doppelstrategie: Nutzen der heutigen Marktregeln und Vorbereitung disruptiver Schritte durch selektiv gesetzte ‚Nadelstiche‘.

Dies lässt sich gut am Beispiel der ‚Messe in St. Agnes (MISA)‘ illustrieren: Wenn die KÖNIG GALERIE als eine der 20 einflussreichsten Galerien in Deutschland eine ‚Hausmesse‘ ankündigt, um auch anderen Marktakteuren nach dem ersten Corona-Lockdown einen Ersatz für ausgefallene Messen zu bieten, ist mit positiver Resonanz zu rechnen. Schaut man sich die Modalitäten der Messe an, fällt allerdings auf, dass die MISA an verschiedenen Stellen übliche Marktregeln außer Kraft setzt. Das ergibt sich wie von selbst, wenn man sein Messekonzept um die Frage herum entwickelt, warum Menschen keine Kunst kaufen (das ist der Ausgangspunkt moderner Erfolgsunternehmen, die sich ständig fragen,

Schlüsselpartner	Schlüsselaktivitäten	Wertangebote	Kundenbeziehungen	Kundensegmente
Institutionen, z.B. Museen	Netzwerkkontrolle	Globales Netzwerk und Präsenz in wichtigen Märkten	Persönliche Kunden-beziehungen	Kenner/Sammler, Lifestyle-Käufer, Investoren
Luxus-/Lifestyle-Unternehmen	Einflussnahme auf den Diskurs	Hoher Rezeptions-gewinn (u.a. Location)	Individuelle Beratung	aus den Sinus-Milieus der Liberal-Intellektuellen und Performer
Kooperationen mit anderen Galerien	Infotainment	Konsekrations-Macht und Medienpräsenz	Community	
	Storytelling			
	Schlüsselressourcen	Qualitätssicherheit durch Transparenz und Technologie (z.B. Blockchain)	**Kanäle**	
	Künstler-, Sammler-Influencer-Netzwerk	Gesellschaftlicher Beitrag zur Kultur	PoS, PoI	
	Markenidentität		Messen	
	Innovationskultur		Online	

Kostenstruktur	Einnahmequellen
Hohe Fixkosten, hohe Marketingkosten	Verkaufsprovisionen, andere Einnahmequellen

Abb. 3.11 Geschäftsmodell KÖNIG GALERIE

wie man Nichtkäufer zu Käufern machen kann, während sich traditionelle Galeristen von morgens bis abends den Kopf darüber zerbrechen, welcher bestehende Kunde an welchem Werk interessiert sein könnte).

Auf der MISA werden die Exponate in thematischen Messekojen gruppiert. Diese tragen kunsthistorische Bezeichnungen wie „Pop Art" oder rezipientenorientierte Titel wie „Stadt-Land-Fluss", eine flankierende Maßnahme in dem Bestreben der Messeleitung, auch Kunst-Anfängern persönlich Orientierungshilfe zu geben. Für Stefan Kobel ist der „große Clou" der dritten Ausgabe der MISA „die Einbindung von Limna, der Preisfindungs-App von Artfacts.net" (Kobel, Monopol, 11.08.2021), die eine preisliche Orientierungshilfe für Kaufinteressenten liefert und damit auch eine vertrauensbildende Maßnahme darstellt. Hinzu kommt die Öffnung der Kunstmesse für Marktakteure, die üblicherweise ausgeschlossen werden: Künstler und Sammler. Damit geht auch die Verbindung von Primärmarkt- und Sekundärmarktkunst einher, ein weiteres Beispiel der Beseitigung überkommener Konventionen.

Das MISA-Beispiel zeigt, wie die KÖNIG GALERIE zugleich ihre Marktmacht nutzt und punktuell Regelbrüche organisiert, die auch Selbstdisruption beinhalten. Während der Messezeiten sind die Galerieräume für eigene Ausstellungen blockiert. Wie man hört, beansprucht die KÖNIG GALERIE auf verkaufte MISA-Kunstwerke nur eine Provision von 15 %, während die übliche Galeriemarge 50 % beträgt.

Die KÖNIG GALERIE profitiert als etabliertes Unternehmen von den Marktregeln vor dem erwarteten Tipping Point, bereitet sich aber zugleich auf die Konstellation nach dem Tipping Point vor. Mehr noch: Johann König gestaltet diese Konstellation über die Beeinflussung des Diskurses aktiv mit. Was oben als Doppelstrategie bezeichnet wurde, ist eine dosierte Abstimmung von Pull- und Push-Aktivitäten, die emotionale Markenerlebnisse schafft und den Markt schrittweise erweitert.

3.1.5 Zusammenfassung Abschn. 3.1

Im ersten Teil dieses Kapitels standen die Erfolgsfaktoren von Unternehmensentscheidungen im Mittelpunkt:

Innovationssystem
Hinter jeder erfolgreichen Innovation steht ein System aus Wertangebot, Leistungsprozess und Kommunikation, das eine Anbindung an Markt und Gesellschaft sicherstellt.

Wertangebot
Wertangebote können gezielt auf drei Ebenen (Produkt/Funktion, Marke/Symbol und Unternehmen/Purpose), den Kundennutzen steigernd, angereichert werden.

Wertschöpfung
Um mit einem überzeugenden Konzept und seiner richtigen Begründung zur richtigen Zeit am richtigen Ort zu sein, müssen Geschäftsmodelle permanent optimiert werden.

Kommunikation
Innovationen werden erst im Diskurs real und dessen Beeinflussung setzt die Kontrolle der relevanten Netzwerke voraus.

Doppelstrategie
Unternehmen brauchen sowohl evolutionäre wie disruptive Innovationsaktivitäten, um Kipppunkte des Systems nutzen und durch Selbstdisruption die Datenlücke des blinden Flecks füllen zu können.

Innovationskultur
Das stärkste Innovationskonzept kann ohne eine adäquate Unternehmenskultur nicht erfolgreich sein.

…und wie können Sie die Methodik für Ihre strategischen Entscheidungen einsetzen?
Das für Sie bereitgestellte Online-Tool hilft Ihnen dabei, Ihre Wettbewerbsposition zu visualisieren und Ansatzpunkte für deren Optimierung zu identifizieren.

3.1.6 Online-Tool Innovationssystem

In einem Selbsttest können Sie hier die Stärken und Schwächen Ihres Innovationssystems im Vergleich zu Ihrem wichtigsten Wettbewerber evaluieren, eine wichtige Voraussetzung für erfolgreiche strategische Entscheidungen.
Ihr Link:

3.2   Optimierung für Nachfrager

Ziel des zweiten Teils dieses Kapitels ist es, Entscheidungen von Privatpersonen zu verstehen, sie erfolgreich zu konzipieren und im Ergebnis zu optimieren.

Werbeslogans sind dann erfolgreich, wenn sie den Zeitgeist treffen, also die Stimmungen und Gefühle einer Generation reflektieren. Im Umkehrschluss müssten sich anhand der berühmtesten Claims einer Epoche die vorherrschenden gesellschaftlichen Werte der Zeit rekonstruieren lassen.

Seit 1995 und über fast 20 Jahre hinweg setzte die Elektronikkette MediaMarkt den Slogan ‚Ich bin doch nicht blöd' ein und traf damit offenbar perfekt den Nerv der Konsumenten jener Zeit.

Der Markenclaim vermittelt auf einfache – manche würden auch sagen, auf plumpe Weise – die damals durch die Stiftung Warentest und ihren ‚Ableger' Finanztest durchgesetzte Erkenntnis, dass Qualität nicht zwingend teuer sein muss (am Rande bemerkt fiel die Kampagne MediaMarkt mit dem Siegeszug des E-Commerce quasi auf die Füße).

In häufig durch asymmetrische Information gekennzeichneten Märkten können sich Nachfrager dadurch behaupten, dass sie.

- die Transparenz verbessern, indem sie gezielt Informationen sammeln (was bei Suchprodukten gut funktioniert).
- sich über soziale Medien mit Gleichgesinnten zusammenschließen und Einfluss auf den Diskurs zu nehmen versuchen (was bei Erfahrungsgütern hilfreich ist).
- Entscheidungen im Einklang mit ihren eigenen Werten treffen (was bei Vertrauensgütern sinnvoll sein kann).

Ganz im des MediaMarkt-Slogans.

3.2.1   Logik des Erfolgs

Das Sammeln entscheidungsrelevanter Informationen ist heutzutage leicht, mit der kleinen Einschränkung, dass man im Internet auch vielen Fehlinformationen begegnet. Eine Art Leitfigur für die Förderung rationaler Konsum- und Investitionsentscheidungen ist Hermann-Josef Tenhagen. Seit fast 25 Jahren ist er für die unabhängigen Verbrauchermagazine Finanztest und Finanztip tätig, zudem ist er engagierter Umweltschützer. Tenhagen symbolisiert, auch bei seinen häufigen TV-Auftritten, den modernen, emanzipierten und gut informierten Nachfrager, der den Durchblick bewahrt und sein Geld sinnvoll und nachhaltig einsetzt.

Aber die Entscheidungen von Privatpersonen sind nicht nur faktenbasiert. Zwischen einem Kaufimpuls und einem Kaufakt finden teils langwierige Entscheidungsprozesse statt. Man beschäftigt sich mehr oder weniger intensiv mit dem möglichen Kaufobjekt, etwa in Bezug auf das Preis-Leistungsverhältnis, aber auch mit dem sozialen Umfeld, z. B. der zu erwartenden Reaktion von Freunden.

Google hat 2020 eine Studie über Online-Entscheidungsprozesse von Käufern durchgeführt und festgestellt, dass die User nach Informationen über Produkte und Marken suchen und die Ergebnisse bewerten. Die Autoren sprechen von zwei „mental modes in the messy middle: exploration, an expansive activity, and evaluation, a reductive activity" (Rennie et al. 2020). Exploration und Evaluation werden wieder und wieder durchlaufen, bis die Entscheidung schließlich fällt.

Folgende 6 Haupteinflussfaktoren wurden identifiziert:

- Category heuristics: Kurze Produktinformationen vereinfachen die Entscheidung.
- Power of now: Sofortige Verfügbarkeit bringt Vorteile.
- Social proof: Die Erfahrungsberichte anderer User sind sehr einflussreich.
- Scarcity bias: Das Gefühl von Knappheit fördert schnelles Handeln.
- Authority bias: Testimonials wirken positiv.
- Power of free: Gratiszugaben üben einen großen Reiz aus.

In einem umfassenden Experiment mit 310.000 Kaufszenarien diverser Branchen konnte gezeigt werden, dass zwischen 28 % und 87 % der Käufer bei Einsatz einer oder mehrerer der aufgeführten Maßnahmen von ihrer Lieblingsmarke abzurücken bereit waren. Festzuhalten ist hier insbesondere, dass es bei privaten Entscheidungen darum geht, klug zu agieren, zugleich aber auch ein gutes Gefühl dabei zu haben.

Die Suche nach entscheidungsrelevanten Informationen ist objektiv, zumindest um Objektivität bemüht. Man folgt einem logischen und systematischen Prozess und wendet passende Regeln und Prinzipien an. Die Bewertung der Informationen ist in dem Maße subjektiv, in dem persönliche Präferenzen und Erfahrungen ins Spiel kommen. Erfolg misst sich somit einerseits an Ergebnissen (z. B. Kursentwicklung einer erworbenen Aktie), andererseits am guten Gefühl (z. B. ein gutes Händchen beim Kauf der Aktie bewiesen zu haben).

Und das ist auch gut so. Die Annahme, man könne die Welt rein logisch-rational, quasi aus der Distanz heraus beobachten, ist eine idealisierte Wissenschaftsvorstellung, die von keiner aktuellen neuro- oder evolutionsbiologischen Untersuchung gestützt wird. Der Beobachter ist immer auch Beteiligter. Ohne Emotion, die das Erwünschte vom Unerwünschten trennt, wäre eine Entscheidung gar nicht möglich und zudem auch überflüssig (vgl. Abschn. 2.2.1). Kognition und Emotion gehören zusammen, wobei Emotion einerseits durch Wahrnehmung ausgelöst wird, andererseits die Wahrnehmung beeinflusst. Dazu passt, dass Überlegungen zur Sinnhaftigkeit des eigenen Tuns und zu dessen gesellschaftlichem Impact gerade in letzter Zeit reine Wirtschaftlichkeitsrechnungen durchkreuzen.

▶ Kognition und Emotion gehören zusammen, wobei Emotion einerseits durch Wahrnehmung ausgelöst wird, andererseits die Wahrnehmung beeinflusst.

3.2.2 Erfolgskonzepte

Entscheidungen werden nach Daniel Kahneman stark vom intuitiven Denken, dem sogenannten „System 1" bestimmt. „System 1 generiert fortwährend Vorschläge für System 2. Wenn alles glattläuft, was meistens der Fall ist, macht sich System 2 die Vorschläge von System 1 ohne größere Modifikationen zu Eigen." (Kahneman 2012, S. 37). Das bewusst-reflektierende Denken des Systems 2 greift also i. d. R. nicht aktiv in den Problemlösungsprozess ein.

Ein Erfolgskonzept sollte deshalb bei der Integration von kognitiver und intuitiver Lösungskompetenz, von Informationsverarbeitung und emotionaler Bewertung ansetzen, anders gesagt, Intuition intelligent nutzen. Es leuchtet ein, dass je nach Entscheidungssituation – analytische oder kreative Aufgaben – das kognitive oder das intuitive Denken geeigneter ist. Bei strategischen Entscheidungen erscheint die Kombination aus System 1 und System 2 jedoch optimal: Kognitives Denken ist erforderlich, um Informationen zu sammeln und zu analysieren (vgl. Abschn. 2.2), intuitives Denken hilft bei deren Evaluation, indem Erfahrung und Haltung ins Spiel kommen (vgl. Abschn. 2.3). Hier schließt sich auch der Kreis zum bereits im Vorwort zitierten Henry Mintzberg, der Intuition und Kreativität als notwendige Ergänzung zur Analyse verfügbaren Wissens ansieht (vgl. Mintzberg 2010).

Laut Gigerenzer sollte man sich lieber auf sein Bauchgefühl verlassen als auf Pro und Contra-Listen oder Meinungen Dritter. Je mehr implizites Wissen jemand angehäuft hat, umso verlässlicher arbeitet Intuition als unbewusste Form von Intelligenz (vgl. Gigerenzer 2007). Und je häufiger man auf seine intuitiven Fähigkeiten zurückgreift, umso sicherer lässt sich mit ihnen arbeiten. Auch hier gilt: Erfahrung schafft Vertrauen.

Sich für etwas entscheiden heißt, sich gegen viele andere Optionen zu entscheiden. Das löst kognitive Dissonanzen aus. Entscheidungen werden daher oft lange abgewogen, im schlimmsten Fall auch verschoben. Viel besser ist (vgl. Abschn. 2.1.7), auch auf sein Gefühl zu hören und so selbst mit einem Fehler gut leben zu können. Wenn beide Arten des Denkens zusammenwirken, wird das Entscheidungsumfeld gut verstanden und die Entscheidung selbst in angemessener Zeit getroffen.

Menschen, die sowohl kognitive als auch intuitive Denkfähigkeiten besitzen, treffen vermutlich auch die besseren Entscheidungen. Stellen Sie sich einen Pokerspieler vor. Er muss Informationen sammeln und abspeichern, um jederzeit den Überblick zu behalten. Gleichzeitig muss er aber auch flexibel auf die Aktionen seiner Gegner reagieren und gegebenenfalls schnell handeln. Gute Pokerspieler analysieren laufend die Wahrscheinlichkeiten im Spiel sowie Muster in den Zügen ihrer Gegner. Zugleich versuchen sie, Körpersprache und nonverbale Signale der Mitspieler intuitiv zu erfassen: Wer hat eine starke Hand und wer blufft? Wenn beide Arten des Denkens zusammenarbeiten, sieht man das ganze Bild: die explizite Fakten- und die implizite Gefühlsebene.

In seinem Buch „Blink! Die Macht des Moments" beschäftigt sich der kanadische Autor und Journalist Malcolm Gladwell mit der Rolle der Intuition in der Entscheidungsfindung (Gladwell 2005). ‚Blink' heißt blinzeln und symbolisiert den kurzen Augenblick, jene zwei Sekunden, in denen sich Menschen ein Bild machen – von anderen Menschen oder von Situationen. Unser Unterbewusstsein hilft uns auf diese Weise bei der schnellen Orientierung, mit teils phänomenalen (sechster Sinn), teils fatalen (Vorurteil) Ergebnissen. Zur Illustration seiner Thesen schildert Gladwell u. a. den ‚Kouros'-Fall. Eine griechische Jünglingsstatue war dem Getty Museum in Los Angeles angeboten und von diesem nach siebenmonatigen wissenschaftlichen Echtheitsprüfungen für 10 Mio. US$ erworben worden. Als der Museumsdirektor zwei Fachkollegen seine Neuerwerbung voller Stolz vorstellt, identifizieren diese das Objekt auf den ersten Blick als Fälschung, ohne allerdings ihre Meinung begründen zu können. Gladwell erklärt die intuitive Leistung der zwei Museumsbesucher mit ihrer Erfahrung im Bereich antiker griechischer Kunst und die fehlende Begründung mit der Theorie des „thin slicing", der zufolge sich unser Unbewusstes nur so viel Information holt, wie es gerade braucht.

Ich habe den Verdacht, dass sich die Fachleute des Museums nach 7 Monaten Arbeit nichts mehr wünschten, als ihre Mühe in Form eines Echtheits-Zertifikats belohnt zu sehen. Und Wunschdenken erzeugt nun mal ebenso wie Detailverlorenheit einen blinden Fleck. Die zwei Experten dagegen spüren dank uneingeschränkter Wahrnehmung (bei gleicher Expertise), dass mit der Statue etwas nicht stimmt. Da ihre Intuition keine Erklärung liefert, sondern nur ‚die Alarmglocken zum Läuten bringt' ist der Vorgang damit nicht abgeschlossen: Weitere Untersuchungen müssen folgen, die u. a. die vorausgegangenen Analysen kritisch hinterfragen.

Ein Meister des Hinterfragens war bekanntlich der griechische Philosoph Sokrates. Er konfrontierte seine Gesprächspartner mit so vielen Einwänden, dass ihre, die öffentliche Meinung widerspiegelnde Argumentation in sich zusammenbrach. Denn auch Intuition ist nicht frei von blinden Flecken, da sie auf Erfahrung beruht und Erfahrung innerhalb eines bestehenden Ordnungssystems entsteht. Als dialektischer Skeptiker begründete Sokrates gewissermaßen die Methode der Kontraintuition. Eine Umkehrung der Intuition bringt eine weitere Perspektive ins Spiel. Und davon kann man ja gar nicht genug haben, wenn es darum geht, sich vor blinden Flecken zu schützen.

Jeder verfügt über Intuition. Um sie intelligent nutzen zu können, muss man sie gezielt abrufen, eventuell auch modifizieren können. Das lässt sich trainieren, z. B. anhand der Theorie U (vgl. Abschn. 2.2.8) oder der kleinen Übung am Ende dieses Kapitels (vgl. Abschn. 3.2.6). Hinzukommen muss ein Wissensspeicher i.S. der 10.000 Stunden (vgl. Abschn. 3.1.3.1). In dieser Kombination wird man zu einem besseren Entscheider.

Wenn die Rolle der Intuition hier im Kontext von Nachfrager-Entscheidungen erläutert wird, bedeutet das keinesfalls, dass Privatpersonen grundsätzlich ‚aus dem Bauch heraus' entscheiden, während Unternehmen ‚rational' agieren. Auch in Unternehmen handeln

Menschen, die ihre oft intuitiven Entscheidungen allerdings gern hinter wissenschaftlichen Methoden ‚verstecken', um sie im Nachhinein begründen zu können. Anders gesagt: wenn die zwei Experten aus dem Kouros-Fall von ihrem Privatbesuch im Getty-Museum an ihre eigenen Schreibtische zurückgekehrt sind, erwarten ihre institutionellen Arbeitgeber mehr ‚Entscheidungsqualität' als ein lockeres „Irgendwas stimmt hier nicht!"

Dass umgekehrt auch Privatpersonen ihre wichtigsten Entscheidungen durch den Einsatz von Instrumenten (vgl. Abschn. 2.2 und 2.3) „systematisieren" (Mintzberg 2010) sollten, versteht sich von selbst.

3.2.3   Erfolg 4.0

Versetzen wir uns einmal in die Situation einer Privatperson, die eine wichtige, weit in die Zukunft wirkende Entscheidung zu treffen hat, z. B. zur Altersvorsorge. Erfolgreich wird die Entscheidung i. d. R. nur dann sein, wenn nicht das Umfeld zum Zeitpunkt der Entscheidung, sondern jenes zum Zeitpunkt des Ergebnisses der Entscheidung in Betracht gezogen wird.

Hier lassen sich einige Erkenntnisse aus den in den Abschn. 2.2 und 2.3 geschilderten Theorien und Heuristiken ziehen, z. B.

- Anwendung der Nutzwertanalyse.
- Vermeidung des Linearitätsfehlers durch Einsatz der Szenario-Technik.
- Adaption der Portfolio-Theorie.
- Vermeidung des blinden Flecks durch Nutzung der Theorie U.
- Diskursbeeinflussung durch Valorisierung.

Der demografische Wandel führt dazu, dass die gesetzliche Rente in Zukunft langsamer wachsen wird als das Lohnniveau. Zudem steigt der steuerpflichtige Teil der Rente kontinuierlich. Deshalb wird die erste Säule der Altersvorsorge, die gesetzliche Rentenversicherung, zukünftig nicht mehr ausreichen, um den Lebensstandard im Alter zu halten. Die zweite Säule, die betriebliche Altersvorsorge, kann im Einzelfall die Rentenlücke füllen, wird aber auch nicht für jeden zu einem ausreichenden Einkommen führen. Damit kommt die private Altersvorsorge als dritte Säule ins Spiel und damit die oben angesprochene wichtige Entscheidung.

Ist eine private Lebens- bzw. Rentenversicherung die beste Lösung oder vielleicht eher ein Aktiensparplan oder eine Immobilie?

Die Alternativen sind klar, die Entscheidungskriterien drehen sich um Kapitalerhalt, Rendite, Sicherheit etc., wobei ihre Gewichtung persönliche Präferenzen widerspiegelt. Die Entscheidung fällt zugunsten der Alternative mit dem höchsten Gesamtnutzwert. Problem: es geht nicht um die beste Lösung für heute, sondern für morgen.

Wenn man mit der Zinsentwicklung nur eine Einflussgröße herausgreift, so wird bereits deutlich, dass die richtige Anlagestrategie für die Zukunft nur mit großer Unsicherheit einzuschätzen ist.

Seit der Banken- und Finanzkrise von 2007 bis 2009 erleben wir eine dauerhafte Niedrigzinsphase. Versicherungsgesellschaften haben Mühe, den Garantiezins von Altverträgen zu stemmen und bieten bei Neuverträgen nur noch Renditen unterhalb der Inflationsrate. Aktienkurse sind in den letzten Jahren gestiegen, weil niedrige Zinsen durch die Diskontierungsrate technisch zu höheren Bewertungen führen und praktisch die Wachstumsfinanzierung von Unternehmen erleichtern. Günstige Baufinanzierungen führten in Kombination mit hohen Wertsteigerungen in Großstadtlagen zu sehr lohnenswerten Immobilieninvestitionen. Der Blick zurück erweist sich als klarer Fall: Immobilien vor Aktien vor Versicherungen.

Nun zeigt aber gerade das Jahr 2022, wie schnell sich das Entscheidungsumfeld ändern kann. Seit Russland am 24. Februar die Ukraine angegriffen hat, überschlugen sich die Ereignisse: Lieferstopp von Gas und Öl aus Russland, dramatische Verteuerung von Energie, zweistellige Inflationsraten, Erhöhung der Leitzinsen durch die EZB. Bauzinsen kosten jetzt viermal mehr als vor 12 Monaten mit Folgen für den Immobilienmarkt. Die Aktienmärkte haben 2022 einen Einbruch von etwa 20 % erlebt. Leichtes Aufatmen bei den Versicherern. Aber das ist immer noch Stand heute, nicht morgen.

Was unsere Versuchsperson mit Blick auf ihre Altersvorsorge interessieren muss, sind die Entwicklungen in 5, 10, 20 oder 30 Jahren. Vorab gesagt, Prognosen einzelner Faktoren wie der Zinsentwicklung sind für maximal 1 Jahr seriös zu treffen, danach geht es um mittel- bis langfristige Wirtschaftsszenarien. Der Unterschied entspricht in etwa dem eines Wetterberichts (‚Für morgen erwarten wir 15–18°C in Frankfurt') und eines Klimaszenarios (‚Im Fall starken Wirtschaftswachstums und einer kulminierenden und danach rückläufigen Weltbevölkerung werden die Treibhausgas-Emissionen Mitte des 21. Jahrhunderts wahrscheinlich diese oder jene Folgen auf das Klimasystem haben').

Wirtschaftsszenarien bauen auf Trendanalysen auf (vgl. Abschn. 1.1.2). Um sich ein Bild von den mehr oder weniger wahrscheinlichen Umfeldbedingungen im Zeitraum bis zum Renteneintritt zu machen, kann man selbst das Zusammenwirken relevanter Trends bewerten, man muss es aber nicht. Im Internet findet sich eine Vielzahl von Szenarien, erstellt von Wirtschaftsforschungsinstituten, Verbänden, Banken, Unternehmensberatungen etc.

Man geht also von einem mittel- und/oder langfristigen Szenario aus und orientiert seine Entscheidung an den relevanten Zeiträumen in der Zukunft, wie in Abschn. 3.1.3.2 beschrieben.

Nach der Portfolio-Theorie verbessert Diversifikation Rendite und Risiko einer Anlage. Unsere Versuchsperson könnte sich ein Portfolio, bestehend aus einer Rentenversicherung, gemischten Aktienfonds und ETFs sowie einer Immobilie, aufbauen und die Gewichtung während der Laufzeit dem wechselnden wirtschaftlichen Umfeld flexibel anpassen.

Entscheidet sie sich für einen Aktien-Sparplan, so kann zudem der Cost-Average-Effekt genutzt werden, der das Risiko eines zu hohen Einstandspreises umgeht.

Es kann gewiss nicht schaden, sich der ‚inneren Quellen' (vgl. Abschn. 2.2.2.7) des eigenen Handelns sowie des Handelns der anderen Akteure bewusst zu werden, um den blinden Fleck der Entscheidungssituation zu erkennen.

Aus der zunehmenden Relevanz digitaler Diskurse ist die Chance erwachsen, durch eigene Deutungen Einfluss auf den Diskurs zu nehmen. Weiter oben (vgl. Abschn. 1.2.2) als Schlüsselprozess der Spätmoderne bezeichnet, stellen Valorisierungen affektive Auf- oder Abwertungen dar. Sie können von einem einzelnen ‚Like' bis zu einem ‚Shits-torm' reichen. Ein ‚Shitstorm' beschreibt eine virale Bewegung in sozialen Netzwerken, Blogs oder Kommentarfunktionen von Internetseiten. Er richtet sich gegen Unternehmen, Institutionen, Einzelpersonen, Parteien etc. und wird von kollektiver Empörung getragen.

Zu einer gewissen Berühmtheit hat es ein Shitstorm gegen Nestlé aus dem Jahr 2010 gebracht. Ausgangspunkt war eine Greenpeace-Kampagne, die dazu aufforderte, kein Palmöl von Firmen zu kaufen, die Regenwälder zerstören und damit die Lebens-räume von Orang-Utans gefährden. Im Fokus stand der Schokoriegel KitKat, der mit Palmöl solcher Firmen produziert wurde. Der Shitstorm gegen Nestlé eskalierte, als die Reaktion des Unternehmens offenbar wurde: Nestlé versuchte nämlich, die Social-Media-Kampagne stoppen zu lassen und negative Kommentare zu löschen, also seine Marktmacht auszuspielen, statt sich mit den Vorwürfen auseinanderzusetzen.

Neben den eher auf negative Gefühle setzenden Shitstorms sind auch Valorisierungsfor-men zu erwähnen, die konstruktive Veränderungen anstreben. Über Foren wie Change.org, nach eigener Aussage die weltweit größte Petitionsplattform, lassen sich Forderungen nach gesellschaftlichen Veränderungen formulieren und organisieren. Zum Thema Alters-vorsorge passend, läuft z. B. gerade eine Petition an die Bundesregierung, die seit Corona erhöhte Hinzuverdienstgrenze für Rentner beizubehalten.

Es ist keineswegs abwegig, die eigenen Wertvorstellungen als Kompass auf dem Weg in die letztlich unberechenbare Zukunft zu nutzen. Ethik und Moral sind mindestens Elemente einer als richtig oder falsch empfundenen Entscheidung. Haltung und Wand-lungsfähigkeit bedingen einander, weil der Mut zur Veränderung wächst, wenn sich Entscheidungen richtig anfühlen.

Dank der sozialen Medien ist der Einzelne nicht mehr vollkommen machtlos: er kann sich informieren, er kann sich organisieren und sich in seinem Handeln an den eigenen Werten orientieren. Informationsbeschaffung ist eine gute Antwort auf die Komplexität unserer modernen Welt, Organisation in einer Community kann Teil einer Strategie in unsicherer Umgebung sein und Sinnorientierung hilft in volatilem Umfeld. Um sich in der VUCA-Welt zu behaupten, muss noch die Agilität als die Fähigkeit hinzukommen, schnell auf mehrdeutige Situationen reagieren zu können.

Auch wenn privaten Entscheidern als Nachfragern nicht die Initiativfunktion zufällt, so entscheiden sie über ihre Zustimmung oder Ablehnung von Wertangeboten doch final über den Erfolg von Unternehmen.

▶   Es ist keineswegs abwegig, die eigenen Wertvorstellungen als Kompass auf
    dem Weg in die letztlich unberechenbare Zukunft zu nutzen.

3.2.4   Fallstudien Privatpersonen (E-Mobilität, Energie, Geldanlage)

E-Mobilität

Am 27.10.2022 hat die EU eine Verschärfung des CO_2-Flottenziels für Pkw in Europa
beschlossen. Demnach dürfen ab dem 01.01.2035 nur noch Neuwagen zugelassen werden,
die beim Fahren emissionsfrei sind. Nach aktuellem Stand der Technik lässt sich diese
Vorgabe nur mit Elektroautos oder Brennstoffzellen-Fahrzeugen mit grünem Wasserstoff
einhalten.

Damit stellt sich für die Autokäufer von heute die Frage, ob man nochmals einen PKW
mit Verbrennungsmotor erwerben oder sofort auf ein Elektrofahrzeug umsteigen sollte.
Bevor Sie jetzt einwenden, dass es ja bis zum Stichtag noch 12 Jahre hin sind, kurz ein paar
Zahlen: Laut TÜV sind aktuell 42 % aller in Deutschland zugelassenen Fahrzeuge älter als
10 Jahre, der Durchschnitt liegt bei 9,8 Jahren. Die Lebensdauer von Pkw, also die Zeit bis
zur Verschrottung, liegt sogar bei 18 Jahren. Man kann also davon ausgehen, dass ein heute
gekauftes Auto in 2035 noch auf unseren Straßen unterwegs sein wird. Und das darf es auch,
denn der EU-Beschluss bezieht sich nur auf Neuzulassungen. Das schließt natürlich nicht
aus, dass im Sinne strengerer Schadstoffrichtlinien zur Luftreinhaltung Fahrverbotszonen
eingerichtet werden. Dies wiederum könnte den Gebrauchtwagenpreis beeinflussen.

Zurück zur Entscheidungssituation ‚Verbrenner gegen Elektro‘ und zur konkreten Frage,
wo man gegebenenfalls sein neues E-Auto aufladen könnte? Wer einen Stellplatz mit Lade-
station hat, ist klar im Vorteil gegenüber all jenen, die auf die öffentliche Ladeinfrastruktur
angewiesen sind. Im Oktober 2022 waren in Deutschland etwa 840.000 Elektroautos zugelassen, zur selben Zeit gab es ca. 60.000 Normallade- und 12.000 Schnellladepunkte. Ziel
der Bundesregierung ist es, bis 2030 rund 15 Mio. E-Autos und eine Million Ladepunkte
zu erreichen. Daraus ist zu erkennen, dass ein Verhältnis von 6,5 zu 1 für stimmig gehalten
wird (und damit auch die aktuelle, sogar etwas günstigere Relation).

Die Unterhaltskosten von Autos mit Verbrennungs- und Elektromotoren lassen sich nur
anhand jedes Einzelfalls vergleichen. Zwar fällt für Elektroautos bis Ende 2030 generell
keine Kfz-Steuer an und auch die Wartungskosten sind hier etwas günstiger. Die entscheidende Frage aber ist, zu welchem Preis man den seit Beginn des Ukrainekriegs stark
verteuerten Strom bezieht. Für diejenigen, die über eine eigene Photovoltaikanlage verfügen (vgl. die folgende Fallstudie), werden die Unterhaltskosten eines E-Autos deutlich unter
denen eines Verbrenner-Pkw liegen, für diejenigen, die auf die öffentliche Infrastruktur angewiesen sind, wird die Rechnung eher umgekehrt ausfallen. Der Verbrauch in Kilowattstunden
bzw. Liter pro 100 km hängt ebenso wie die Versicherung vom Fahrzeugtyp ab.

Um das politische Ziel einer CO_2-Reduktion zu erreichen, wird der Kauf von Elektroautos staatlich unterstützt. Die Kaufprämie wird allerdings schrittweise reduziert und greift ab

01.09.2023 nur noch für Privatkunden. Wie eigentlich immer in solchen Fällen, nutzen Hersteller die Kaufsubventionen für Preiserhöhungen. Bei Verbrennungsautos ist der Spielraum für Rabattverhandlungen deutlich größer.

Unsere Entscheidungssituation hat natürlich auch mit individuellen Fahrgewohnheiten zu tun. Wer häufig lange Strecken fahren muss und sich kein Premium-Fahrzeug leisten kann, ist mit einem Benziner oder Diesel besser dran; gleiches gilt für Personen, die oft in den infrastrukturschwachen osteuropäischen Ländern unterwegs sind.

Dass Pkw mit Verbrennungsmotoren tendenziell an Wert verlieren werden, wenn die EU-Verordnung 2035 in Kraft tritt, erscheint zumindest wahrscheinlich. Aber auch Elektroautos sind von Wertverlusten betroffen. Das liegt an der Frequenz, mit der evolutionäre Innovationen auf den Markt gebracht werden. Batterien werden in der Reichweite, vor allem aber in der Ladegeschwindigkeit schrittweise optimiert. E-Autos, die nicht mehr dem aktuellen Stand der Technik entsprechen, werden aller Voraussicht nach nur zu reduzierten Preisen als Gebrauchtwagen verkauft werden können.

Der EU-Beschluss vom Oktober 2022 hat die beschriebene Entscheidungssituation auf jeden Fall berechenbarer gemacht, ihre Rahmenbedingungen von Ungewissheit auf Risiko umgestuft. Wenngleich eine allgemeingültige Antwort nicht gegeben werden kann, ist es jedem einzelnen möglich, die für ihn mit hoher Wahrscheinlichkeit beste wirtschaftliche Lösung zu bestimmen. Die Frage allerdings bleibt, ob eine rein wirtschaftliche Betrachtung ausreicht. Der EU-Beschluss ist schließlich nicht getroffen worden, um das Autofahren effizienter zu machen, sondern um die Klimaproblematik an einer nicht ganz unwichtigen Stelle, der CO_2-Emission durch den Individualverkehr, zu mildern. Die Übergangsfrist von 12 Jahren wurde eingerichtet, um der Industrie Zeit zu geben, ihre Produktionsanlagen umzubauen und ihre Lieferketten anzupassen. Das heißt aber nicht, dass auch jeder Autokunde bis zum 31.12.2034 warten muss, um seinen Beitrag zur Klimarettung zu leisten. Wer von der Notwendigkeit überzeugt ist, den CO_2-Ausstoß schnellstmöglich zu reduzieren, der wird vermutlich mehr Wert darauf legen, das gesellschaftlich Richtige zu tun als dem Ergebnis seiner Wirtschaftlichkeitsrechnung zu folgen. Handelt er deshalb irrational? Ich denke nicht, selbst wenn er in seiner Entscheidung dem guten Gefühl Vorrang vor der exakten Kalkulation einräumt.

Energie
Freunde von uns haben im vergangenen Jahr ein Grundstück gekauft und bauen dort gegenwärtig ein Haus. Abgesehen davon, dass Bauprojekte in einer Zeit des Handwerkermangels (durchschnittliche Wartezeit: 14 Wochen) und immer teurer werdender Baumaterialien (der Stahlpreis stieg allein im Monat April des Jahres 2022 um 17 %) nicht das reine Vergnügen sind, stellt sich für Bauherren mehr denn je die Frage nach der optimalen Energieversorgung: aus Kostensicht, aber auch unter Nachhaltigkeitsaspekten. Was die Kosten angeht, so ist zwischen den Anlage- und Einbaukosten einerseits (hier kommen auch Subventionsmöglichkeiten wie die Bundesförderung für effiziente Gebäude ins Spiel) und den laufenden

Betriebskosten andererseits (gemeint sind die erwarteten Kosten über die Zeit der Betriebs-dauer) zu unterscheiden. Es gibt fossile Energieträger wie Kohle oder Gas und regenerative Energieträger wie Sonne oder Wind. Aus allen lässt sich – mit unterschiedlichem Wirkungs-grad – Strom produzieren. Wer sich für grünen Strom entscheidet, kann auch einen Teil seines Bedarfs selbst produzieren, z. B. über eine Photovoltaik-Anlage. Leider liefert eine solche dann, wenn der Energiebedarf am größten ist, nämlich an kalten und trüben Wintertagen, die wenigste Energie und kann i. d. R. nur einen Teil zur Eigenversorgung beisteuern. Eine Wärmepumpe, die Erdwärme nutzt, kann zwar jederzeit Energie produzieren, benötigt aber aufwendige Bohrungen zum Erschließen von Wärmequellen (pro Bohrung entstehen Kosten von ca. 10.000 €), umso mehr, je schlechter das Haus isoliert ist.

Kurz gesagt: Es ist ziemlich unklar, wie die Energieversorgung der Zukunft aussehen wird, welche Lösungen in Bezug auf Leistung und Wirtschaftlichkeit optimal sein werden. Da zudem jeder Einzelfall anders gelagert ist, kommt man an der Expertise von Energiebe-ratern nicht vorbei. Und Beratung ist – wie oben beschrieben – ein Vertrauensgut, bei dem man die Qualität erst dann einschätzen kann, wenn es für eine Korrektur seiner Entscheidung zu spät ist.

Im Energiemarkt herrscht z.Z. ein intensiver Technologiewettbewerb (Bsp.: grüner Was-serstoff). Man wird aktiv nach Daten, Fakten und Fachurteilen Ausschau halten müssen, vielleicht auch im eigenen Netzwerk recherchieren, um seine Entscheidung abzusichern. Angesichts des Megatrends der Neo-Ökologie und seiner Subtrends Green Tech, Res-sourcenmanagement etc. scheint der Weg in die erneuerbaren Energien auf längere Sicht jedenfalls alternativlos.

Unsere Freunde haben sich in diesem Sinne für eine Kombinationslösung aus Wärme-pumpe (für die Heizung) und Photovoltaik (für Heißwasser) entschieden. Ihr Architekt hatte sogar für eine Hybridlösung aus Strom und Gas plädiert, die zwar im Einbau teurer ist, aber zusätzliche Versorgungs- und Preissicherheit verspricht (Gas ist nur in diesem Moment, nicht generell knapp). So oder so: Flexibilität hat ihren Preis. Aber auch einen klaren Nut-zen: unsere Freunde können den Energiemix aus Erdwärme und Sonne neu kombinieren, weitere Anwendungen nutzen, z. B. das Aufladen eines E-Autos, und überschüssige Energie gegen eine Vergütung in das öffentliche Stromnetz einspeisen. Und ganz entscheidend: sie haben mit Ihrer Entscheidung für erneuerbare Energien ungeachtet aller wirtschaftlichen Konsequenzen das gute Gefühl, richtig zu handeln. Auch hier also weist die Haltung den Weg in eine unsichere Zukunft.

Geldanlage

Mein Freund Thomas macht sich Sorgen, seit die Deutsche Bundesbank eine zweistellige Inflationsrate für das letzte Quartal des Jahres 2022 und damit den höchsten Wert seit 1951 gemessen hat. Höchste Zeit, neu über seine Anlagestrategie nachzudenken. Per Internetre-cherche und in einem Gespräch mit seiner Hausbank hat sich Thomas zunächst ein Bild der Lage gemacht. Demnach kann als gesichert betrachtet werden, dass eine Rezession bevorsteht, dass die Inflation erst zurückgehen wird, wenn die durch den Ukraine-Krieg entstandene Energiekrise behoben ist und dass Fed und EZB ihre Leitzinsen nochmals deutlich erhöhen werden.

Wie lange die Rezession andauern und wie tiefgreifend sie sein wird, bis wann die Energiekrise vorüber ist und wie groß der Zinsabstand zwischen Dollar- und Euro-Raum sein wird, lässt sich nicht im Detail voraussagen. Und so unterscheiden sich auch die Prognosen der Wirtschaftsforschungsinstitute.

Eine kurzfristige Geldanlage (z. B. Tagesgeld, Festgeld, bestimmte Aktien) setzt Annahmen über wirtschaftliche Entwicklungen der nächsten 5 Jahre voraus, eine langfristige Geldanlage (z. B. Anleihen, Fonds, Immobilien) benötigt Aussagen mindestens über die nächsten 10 Jahre. Sehr zuverlässig sind demographische Daten: wenn die Zahl der über 67-Jährigen in Deutschland bis 2035 um 22 % steigt (wir wissen sicher, dass das so sein wird, denn diese Menschen sind die heute über 54-Jährigen), deutet das beispielsweise darauf hin, dass Investitionen in altersgerechtes Wohnen attraktiv sind bzw. sein werden.

Thomas hat sich auch in seinem privaten Netzwerk umgehört und einer seiner Bekannten schwört auf Kunst als Investition. Da Kunst Unikatcharakter hat und keiner zeit- oder verbrauchsbedingten Wertminderung unterliegt, ist sie als Geldanlageform geeignet und in Zeiten hoher Inflation als Sachwert vielleicht sogar besonders interessant.

So exotisch ihm die Sache auf den ersten Blick auch vorkam, Thomas will sich des Themas annehmen, um zu einem fundierten Urteil zu gelangen. Natürlich ist es für ihn keine Überraschung, dass der Kunstmarkt durch asymmetrische Information gekennzeichnet ist. Aber es geht in diesem Markt offensichtlich nicht nur um Insiderwissen, sondern auch um den Einfluss weniger Marktakteure auf die Wertentwicklung (vgl. Abschn. 2.3.3.2). Und so wird Newcomern i. d. R. empfohlen, auf bekannte Künstler zu setzen, deren Preisbildung quasi abgeschlossen ist. Spektakuläre Wertsteigerungen sind allerdings eher mit Wetten auf die Zukunft noch weitgehend unbekannter Künstler zu erzielen. Dies aber setzt ein Gespür für Trends und einen Einfluss auf den Diskurs voraus, den Branchenunkundige wie Thomas unmöglich haben können.

Diese Wertsteigerung könnte es aber brauchen, da Kunst keine laufende Rendite abwirft, sondern im Gegenteil Kosten verursacht, angefangen bei eventuellen Auktionsprovisionen hin zu den Kosten sachgerechter Logistik bis zu Versicherungsgebühren. Dirk Boll von Christie's nennt eine konkrete Zahl, wobei er den typischen Investor im Auge hat, der seine Objekte lieber in einem zollfreien Lager in der Schweiz aufbewahrt als sie sich übers Sofa zu hängen: „Um überhaupt einen Gewinn zu erwirtschaften, muss ein Kunstwerk in fünf Jahren seinen Wert um 50 % steigern." (Boll 2017: S. 89).

Wie im Aktienmarkt könnte man sich natürlich auch die Expertise von Fondsmanagern sichern und nebenbei das Risiko eines Einzelinvestments durch größere Streuung reduzieren. Es gibt selbstverständlich Kunstfonds, aber so richtig durchgesetzt haben sie sich nicht. Nochmal Dirk Boll: „Im Vergleich zu Wertpapieren ist bei Kunst allerdings nur schlecht eine Entwicklungsprognose erstellbar – es gibt keinen objektivierten, wissenschaftlichen Maßstab zur Feststellung künstlerischer Qualität einerseits und deren Einfluss auf die Wertentwicklung andererseits." (ebd.: S. 87).

Thomas muss sich entscheiden, ob er das Risiko eingehen will, in Kunst zu investieren. Seine Analyse (die im Wesentlichen den in diesem Buch beschriebenen Schritten für Nachfrager folgt) führt ihn zu folgenden Schlüssen:

1. Der Megatrend der Individualisierung mit seinen Subtrends Hyperpersonalisierung oder Social Cocooning passt zur Idee künstlerischer Unikate.
2. Wenige ‚Influencer' bestimmen über die Marktregeln, deren Ziel die Erhaltung von Verkäufermärkten durch künstliche Verknappung und damit eine permanente Steigerung der Preise ist.
3. Im ‚Status Quo'-Szenario (Marktregeln werden erfolgreich verteidigt) bleibt der Kunstmarkt ein intransparenter Spezialmarkt, der punktuell hohe Wertsteigerungen ermöglicht, aber große Risiken aufweist. Im ‚Veränderungs'-Szenario (Trends hebeln die Marktregeln aus) öffnet sich der Kunstmarkt durch neue Anbieter – vermutlich über Online-Kanäle – in Richtung eines Lifestyle-Marktes mit eher moderaten, dafür verlässlichen Wertentwicklungen durch steigende Nachfrage.
4. Die Kritik am ‚westlichen', elitären Kunstmarkt nimmt zu (vgl. documenta15, die allerdings an eigenen Fehlern gescheitert ist). Die Customer Journey funktioniert nur in den Top-Segmenten des Marktes, kleine wie mittlere Galerien und Auktionshäuser stehen zunehmend unter wirtschaftlichem Druck und bieten wenig Kundennutzen an den Touchpoints.
5. Im mittelfristig wahrscheinlicheren ‚Status Quo'-Szenario ist das Chancen-Risiko-Verhältnis einer Investition für Newcomer nicht allzu gut. Die zunehmende Konzentration auf globale Galerien und Auktionshäuser sowie Großsammler und -investoren dürfte den Markt weiter verengen.

Zur Rendite von Kunstinvestments hat insbesondere der Kulturökonom Bruno S. Frey geforscht. In einem Interview der WELT aus dem Jahre 2015 äußert er sich wie folgt:

> „Wir haben einmal die Auktionsergebnisse bis ins 17. Jahrhundert gesammelt und nachgerechnet, welcher Ertrag mit Kunst zu erzielen gewesen war. Das Ergebnis ist ernüchternd: Die reale Rendite, also nach Abzug der Inflation, liegt über diesen Zeitraum bei 1,5 Prozent. Aktien brachten dagegen drei Prozent. Kunst ist langfristig also kein so gutes Geschäft wie vielfach angenommen. Davon unbenommen ist aber die Beobachtung, dass ein Kunstwerk im Salon für den Einzelnen vielleicht mehr zur Lebenszufriedenheit beitragen kann als eine Aktie, auch wenn die mehr abwirft." (Eckert 2015)

Thomas hat sich letztlich gegen ein Kunst-Investment entschieden, aber durch die intensive Beschäftigung mit dem Thema ein gewisses Interesse an Kunst entwickelt. Und in der Tat ist Kunst das einzige Statussymbol, das neben finanzieller auch intellektuelle Potenz signalisiert. Es spricht nichts dagegen, seine „Lebenszufriedenheit" im eigenen Heim durch Kunst zu verstärken und eventuell damit auch noch Wert zu schaffen, ganz im Sinne von „You sell art to make money, you keep art to make wealth."

Und wenn es mit dem Vermögen nicht klappen sollte, hat man zumindest Kunst erworben, die einen im Idealfall persönlich anspricht. Theodor W. Adorno, der nicht nur Soziologe und Philosoph, sondern auch Musiker und Komponist war, hat die Grenze zwischen Kunst und Nicht-Kunst wie folgt beschrieben: „Kunstwerke, die der Betrachtung und dem Gedanken ohne Rest aufgehen, sind keine." (Adorno 2003: S. 184). Dieser „Rest" ist vielleicht das, wofür es sich lohnt, Kunst zu erwerben.

Interessant könnte in diesem Zusammenhang auch die Tatsache sein, dass die aus heutiger Sicht bedeutendste Kunst verschiedener Epochen in der entsprechenden Epoche selbst unbekannt und folglich billig haben war.

Und eine letzte Erkenntnis nimmt Thomas aus seinem Abstecher in die Welt der Kunst mit: Wenn Wert mit Bekanntheit korreliert, aber andererseits nur junge Künstler sprunghafte Wertsteigerungen realisieren können, dann sind in einem Netzwerkmarkt wie dem Kunstmarkt die Meisterschüler berühmter Professoren an einer ebenso berühmten Akademie wie Düsseldorf (wo Joseph Beuys, Gerhard Richter, Günther Uecker u .v. a. lehrten) ein guter Tipp.

3.2.5   Zusammenfassung Teil 3.2

Im zweiten Teil dieses Kapitels standen die Erfolgsfaktoren von privaten Entscheidungen im Mittelpunkt:

- Entscheidungen benötigen Exploration und Evaluation, also Kognition und Emotion.
- Idealerweise wirken die zwei Arten des Denkens dabei zusammen: Intuition wird intelligent genutzt.
- Gemeinsam sind Konsumenten stark! Es sollte ein Kernanliegen sein, direkt oder indirekt, über soziale Netzwerke oder Verbraucherorganisationen Einfluss auf den relevanten Diskurs zu nehmen.

…und wie kann ich daraus für meinen eigenen Alltag ‚Honig saugen'?

Indem Sie Ihre Intuition trainieren (und natürlich Ihr Wissen erweitern). Intuition beruht auf Erfahrung und daher stehen Entscheidungsübungen im Fokus. Diese sollen Ihnen helfen, Muster und Zusammenhänge schnell zu erkennen. Auch kreative Techniken können Ihre Intuition stärken. Schließlich ist es wichtig, auf körperliche Reaktionen zu achten (auf dieser Erkenntnis beruhen Bewegungs- und Entspannungstechniken wie Yoga, Qigong etc.).

Sie können die vorgeschlagenen Übungen problemlos in Ihren Alltag integrieren.

3.2.6   Kleines Intuitionstraining

Bauen Sie Intuitions- (und Wissens-) Training der Einfachheit halber in Ihren normalen Tagesablauf ein:

- Sie wachen von allein 30 min vor dem Klingeln Ihres Weckers auf – das ist eine gute Zeit, um Ideen zu entwickeln, die Ihnen eventuell bei Problemlösungen des folgenden Tages (und darüber hinaus) helfen können. Ihr kreativer Geist ist schon wach, Ihr Rationalitätskontroller schläft noch. Wenn Sie im Halbschlaf 3 Ideen produziert haben, stehen Sie schnell auf und notieren sich diese!
- Wo Sie schon beim Aufschreiben Ihrer Ideen sind: Fantasieren Sie ruhig noch ein paar Minuten weiter und schreiben Sie, eventuell entlang Ihrer 3 neuen Ideen, alles auf, was Ihnen spontan einfällt (die Morgenmuffel verschieben das kreative Schreiben besser auf abends).
- Wenn Sie sich für Ihr Outfit des heutigen Tages entscheiden, prüfen Sie einmal, ob Sie intuitiv und kognitiv zu unterschiedlichen Ergebnissen gelangen würden, und wenn ja, warum.
- Anderthalb Stunden später warten Sie auf Ihre U-Bahn. Fragen Sie sich und entscheiden Sie im Stillen, wer von den Leuten auf dem Bahnsteig sich beim Halt des Zuges am aggressivsten vordrängeln und wer als letzter einsteigen wird. Checken Sie, ob Sie richtig oder falsch lagen.
- Vormittags haben Sie ein Meeting. Wagen Sie eine heimliche Prognose, wer Ihrer Kollegen und Kolleginnen sich am häufigsten zu Wort melden wird und was er oder sie voraussichtlich sagen wird? Lagen Sie richtig?
- Mittags im Restaurant stellen Sie sich einmal vor, dies wäre die Tierfütterung im Zoo. Ordnen Sie den anderen Gästen, ihrem Look und ihrem Verhalten entsprechend, Tierarten zu (Intuition ist oft visuell).
- Nachmittags präsentieren CEO und CFO Ihrer Firma in einer Online-Konferenz die Quartalszahlen. Achten Sie einmal bewusst darauf, ob die Aussagen mit der Körpersprache der beiden Top-Manager in Einklang stehen.
- Heute steht noch eine Entscheidung mittlerer Tragweite an. Setzen Sie doch z. B. einmal die Sichtachsenmethode (vgl. Abschn. 2.3.1.1) ein, um die Alternativen von verschiedenen Seiten zu beleuchten, frei nach dem früheren Ikea-Slogan ‚Entdecke die Möglichkeiten‘.
- Abends sind Sie mit einer guten Freundin zum Essen verabredet. Beweisen Sie mal Ihre empathischen Fähigkeiten und gehen Sie maximal auf Ihr Gegenüber ein. Nehmen Sie sich vor, Ihrer Freundin im Sinne des Presencing (vgl. Abschn. 2.2.2.7) neue Perspektiven zu eröffnen. Sie wird es Ihnen danken und lernen können Sie auch noch dabei.
- Zurück zuhause legen Sie eine Liste an: Welche Entscheidungen haben Sie heute intuitiv getroffen? Wie war Ihre Erfolgsquote? Konnten Sie körperliche Reaktionen wie

Kribbeln, Gänsehaut oder Verspannung feststellen? Standen diese in Verbindung zum Erfolg Ihrer Entscheidungen?

- Bleiben Sie neugierig und beschäftigen sich auch mit Themen außerhalb Ihres beruflichen Fokus. Lesen Sie Bücher wie dieses oder recherchieren Sie im Internet! Intuition basiert auf implizitem Wissen. Ohne einen vollen Speicher im Unbewussten funktioniert sie nur unzureichend.

Fazit: Zukunftsfähige Entscheidungen

4

Zusammenfassung

Entscheidungen werden nur dadurch zukunftsfähig, dass man die heutige Welt mit neuen Augen sieht.

So gut wir mit unseren vielen unbewussten Entscheidungen durch den Alltag kommen, so sehr bereiten uns die vergleichsweise wenigen, dafür aber wichtigen, weit in die Zukunft reichenden, strategischen Entscheidungen Probleme.

Das hat zugleich objektive wie subjektive Gründe:

- Das Entscheidungsumfeld ist volatil, unsicher, komplex und mehrdeutig. Und dies in zunehmendem Maße, sodass Vergangenheitsdaten für den Wirkungszeitraum der Entscheidung, nämlich die Zukunft, nahezu wertlos sind.
- Menschliche Intelligenz kommt mit nichtlinearen Bedingungen schlechter zurecht als künstliche Intelligenz. Wir sind so sehr in Vergangenheit und Gegenwart verankert, dass die gedankliche Linie zwischen beiden oft unbewusst in die Zukunft extrapoliert wird. Hinzu kommt, dass wir blinde Flecken entwickeln, etwa wenn der Wunsch zum Vater des Gedankens wird.
- Je komplexer das Problem, umso eher gibt man sich mit Suboptimierungen zufrieden, statt das dahinterstehende System mit allen seinen Interdependenzen zu durchdringen.
- In einer Kultur der Absicherung ist das mangelnde Vertrauen in die eigene Intuition nicht nur Phänomen, sondern Programm. Da man intuitive Entscheidungen nicht begründen kann, gelingt Exkulpation nur über Datenanalysen.

© Der/die Autor(en), exklusiv lizenziert an Springer Fachmedien Wiesbaden GmbH, ein Teil von Springer Nature 2023
P. Gröndahl, *Markterfolg durch zukunftsfähige Entscheidungen*,
https://doi.org/10.1007/978-3-658-41206-7_4

In diesem Buch haben wir uns entlang der Phasen eines Entscheidungsprozesses mit den Bestimmungsfaktoren Art, Ort, Zeit und Grund beschäftigt, die als erfolgskritisch identifiziert wurden. Abb. 4.1 gibt einen Überblick über die im Einzelnen behandelten Themen.

Für alle Marktakteure, Anbieter wie Nachfrager, standen u. a. diese Fragen im Fokus:

- Wie geht man mit Marktregeln um?
  Marktregeln bestimmen über die Machtverhältnisse in Märkten. Stärker als jede Marktregel aber sind die Megatrends und ihre Wirkung auf den soziokulturellen und technologischen Wandel. Man kann also Marktregeln für sich nutzen und/oder sie im richtigen Moment mit der maximalen Unterstützung von Trends außer Kraft setzen.
- Wie kann die Fehlerquote von Entscheidungen reduziert werden?
  Die Linearitätsfalle als primäre Fehlerquelle lässt sich dadurch vermeiden, dass man den Denkprozess umkehrt und aus einer antizipierten Zukunft heraus rückwärts plant. Der blinde Fleck kann durch ständiges Hinterfragen (Stichwort Selbstdisruption) bzw. auf den Grund gehen (Stichwort Presencing) überwunden werden.

Für Unternehmen ging es um folgende Schwerpunkte:

- Wie übersetzt sich Innovation in Markterfolg?
  Erst durch ein aus Wertangebot, Wertschöpfung und Kommunikation bestehendes, zum Markt bzw. zum Kunden hin vermittelndes System wird eine Innovation erfolgreich. Die Systemoptimierung läuft über Wertanreicherung, Prozesseffizienz und Einflussnahme auf den Diskurs.
- Wie können Kosten und Risiken kontrolliert werden?
  Statt Technologien neu zu entwickeln, sollte geprüft werden, ob bestehende Technologien aus anderen Märkten transferiert werden können. Innovationen sollten zudem auf die Bereiche konzentriert werden, die aus Sicht der Kunden suboptimal gelöst sind.

Für Privatpersonen wurden diese Themen adressiert:

- Wie wirken Informationsverarbeitung und Bewertung zusammen?
  Informationsverarbeitung erfordert kognitive, Bewertung emotionale Lösungskompetenz. Bei strategischen Entscheidungen erscheint die Kombination aus kognitivem und intuitivem Denken optimal.
- Wie kann man Intuition intelligent nutzen?
  Intuition basiert auf implizitem Wissen. Je mehr implizites Wissen, umso verlässlicher arbeitet die Intuition.

Zukunftsfähige Entscheidungen setzen ein profundes Verständnis der Umfeldbedingungen voraus. Angesichts des permanenten Wandels benötigen Unternehmen ein aus der

Prozess \ Präzisierung	Idee (wie?)	Umfeld (wo?)	Timing (wann?)	Grund (warum?)
Analyse	Evolutionäre oder disruptive Idee?	Marktregeln Megatrends	Tipping-Points	
Konzept	Innovationssystem	Wertanreicherung Prozessoptimierung Diskurseinfluss	Bereitschaft	Purpose
Umsetzung	Innovations-Portfolio, Selbstdisruption	Innovations-transfers und Fokussierung	Reverse Planning	Innovationskultur

Abb. 4.1 Zusammenfassung

Zukunft abgeleitetes Innovationssystem, Privatpersonen brauchen ein Explorations- und Evaluationssystem, das es ihnen ermöglicht, ihre Nutzenziele zu realisieren.

Entscheidungen werden nicht dadurch besser, dass man ‚unbetretenes Neuland‘ entdeckt, sondern dadurch, dass man die heutige Welt mit neuen Augen sieht. In den Worten des US-amerikanischen Science-Fiction-Autors William Gibson klingt das so (Gibson 1999): „The future is already here – it's just not very evenly distributed.“

Glossar

Affizierung Verursachung einer Affektion, also einer Einwirkung auf das Empfinden bzw. die Sinne.

Agilität Agilität beschreibt eine moderne Form der Arbeitsorganisation, deren Ziel Flexibilität, Anpassungsfähigkeit und schnelle Entwicklung in kurzen iterativen Zyklen ist.

Bifurkation In der Mathematik eine qualitative Zustandsänderung in nichtlinearen Systemen unter Einfluss eines Parameters.

Business Modell Canvas Das Konzept geht auf Alexander Osterwalders Buch „Business Model Generation" zurück und visualisiert anhand von 9 Bausteinen Geschäftsmodelle unterschiedlichster Unternehmenstypen.

B2B Als Business-to-Business bezeichnet man Geschäftsbeziehungen zwischen Unternehmen.

B2C Business-to-Consumer steht für Geschäftsbeziehungen zwischen Unternehmen und Privatpersonen.

Community Unter einer Community versteht man ein Netzwerk von interagierenden Personen, die sich aufgrund gemeinsamer Ziele, geteilter Identität oder ähnlicher Interessen miteinander verbunden fühlen.

Customer Journey Eine Customer Journey beschreibt die „Reise" eines (potenziellen) Kunden vom ersten Kontakt bis zum Kauf eines Produktes. Die Customer Journey berücksichtigt alle Berührungspunkte (Touchpoints) des Kunden mit der Marke, dem Produkt oder der Dienstleistung, die er bis zur Zielhandlung (Conversion) hatte.

Économie des Conventions Die Économie des Conventions ist ein in Frankreich von Wirtschaftswissenschaftlern und Soziologen entwickelter sozioökonomischer Ansatz, der Handlungen aus dem Konzept der Konvention heraus analysiert.

Exponentielles Wachstum Exponentielles Wachstum ist dadurch gekennzeichnet, dass sich eine Größe pro Zeiteinheit um denselben Faktor vervielfacht. Da die Veränderungen anfangs klein sind, wird die Auswirkung von exponentiellem Wachstum oft unterschätzt.

Line Extension Maßnahme zur Erweiterung oder Vertiefung eines Produktprogramms.

© Der/die Herausgeber bzw. der/die Autor(en), exklusiv lizenziert an Springer Fachmedien Wiesbaden GmbH, ein Teil von Springer Nature 2023
P. Gröndahl, *Markterfolg durch zukunftsfähige Entscheidungen*,
https://doi.org/10.1007/978-3-658-41206-7

Halbwertszeit Unter Halbwertszeit versteht man die Zeitspanne, in der eine abnehmende Größe die Hälfte ihres ursprünglichen Wertes erreicht hat.

Limbisches System Das limbische System ist evolutionär gesehen ein sehr alter Teil des Gehirns. Es ist u. a. für die Verarbeitung von Emotionen zuständig und sorgt für die Ausschüttung von Endorphinen.

Line Extension Ausweitung des Produktprogramms eines Unternehmens in Breite oder Tiefe.

Mindset Die Fähigkeit Neues zu schaffen, hängt laut Carol Dweck von der mentalen Einstellung ab. Menschen mit einem Growth Mindset sehen Probleme als Chancen an, Menschen mit einem Fixed Mindset sehen dagegen ihre gegebenen Fähigkeiten als limitierenden Faktor und scheuen daher Herausforderungen.

Nichtlinearität Nichtlineare Beziehungen sind durch Gleichungen beschrieben, bei denen mindestens eine Variable in einer anderen Potenz als 1 steht. Nichtlineare Strukturen erschweren Prognosen.

Paradigma Ein wissenschaftliches Denkmuster, das Methoden und Modelle eines Faches beeinflusst und darüber hinaus ein Weltbild prägt.

Persona Unter einer Persona versteht man (z. B. im Design Thinking) eine fiktive Person, die potenzielle Kunden und deren Lebensumstände, Wünsche, Bedürfnisse, Ziele etc. beschreibt

Präfrontaler Cortex Der präfrontale Cortex befindet sich an der Stirnseite des Gehirns. Er führt exekutive Aufgaben aus und ist entscheidend am Arbeitsgedächtnis beteiligt.

Purpose Der höhere Zweck eines Unternehmens wird als Purpose bezeichnet. Um nachhaltig erfolgreich zu sein, müssen Unternehmen, so Simon Sinek, ihren Kunden, Mitarbeitern, Shareholdern, Lieferanten sowie der Öffentlichkeit nicht nur beantworten, was sie wie erreichen wollen, sondern auch warum sie es erreichen wollen. Unternehmen müssen sich heute deutlich zu den Themen unserer Zeit positionieren.

Rezipient Als Rezipient wird der Empfänger einer Botschaft in einem medialen Kommunikationsprozess bezeichnet. Häufig im Kontext von Kunst verwendet, beschreibt Rezeption die verstehende Aufnahme eines Werks durch den Betrachter, Leser bzw. Hörer.

Schmetterlingseffekt Der Schmetterlingseffekt tritt in nichtlinearen Systemen auf und beschreibt die Tatsache, dass nicht vorhersehbar ist, wie sich kleinste Änderungen der Anfangsbedingungen längerfristig auf die Entwicklung des Systems als Ganzes auswirken.

Semantic Turn Die von Klaus Krippendorff beschriebene semantische Wende bezieht sich auf einen Paradigmenwechsel im Design von der Betonung, wie Artefakte funktionieren sollten (Produktdesign) hin zu dem, was sie für die von ihnen Betroffenen bedeuten (Diskursdesign).

Singularisierung Prozess der Spätmoderne, als einzigartig wahrgenommen werden zu wollen, mit sozialen Medien als Bühne zur Selbstinszenierung.

Sinus-Milieus Anfang der 1980er Jahre vom Sinus-Institut Heidelberg entwickelt und seither kontinuierlich an die gesellschaftlichen Veränderungen angepasst, ist das Milieu-Modell für Deutschland ein Klassiker sozialwissenschaftlicher Gesellschaftsanalyse.

User-generated Content User-generated content steht für Inhalte, die von Mediennutzern erstellt werden.

Valorisierung Der Begriff Valorisierung beschreibt den Prozess der kulturellen Auf- und Abwertung.

VUCA VUCA steht für Volatility, Uncertainty, Complexity und Ambiguity und nimmt die Perspektive derjenigen ein, die versuchen, die aus der Komplexität geborenen Probleme mit einer monokausalen Denkweise zu lösen. Es ist eine Denk- und Herangehensweise für die Lösung der Probleme unserer digitalen und dynamischen Welt.

Literatur

Aaker, David. 2009. *Branding and contemporary art, Marketingnews 2009.* Viewpoint: Aaker on branding.

Aaker, David A.; Joachimsthaler, E. 2001. *Brand leadership. Die Strategie für Siegermarken.* München, Amsterdam u. a.: Financial Times Prentice Hall (Financial times Deutschland).

Adam, Georgina. 2014. *Big bucks. The explosion of the art market in the 21st century.* Verlag Lund Humphries

Adorno, Theodor W.; Tiedemann, Rolf. 2003. *Ästhetische Theorie*, 1. Aufl., 1707. Frankfurt a. M.: Suhrkamp-Taschenbuch Wissenschaft.

Ahlert, Dieter. 2005. Das Markenverständnis des brandsboard. In *brandsboard/Planung & Analyse*, Hrsg. Marke, 7–10. Frankfurt/Main: Neue Ansätze in Markenforschung und Markenführung.

Albrecht, Roland. 2018. Was ist eigentlich eine Marke? In WELT vom 07.02.2018. https://www.welt.de/wirtschaft/bilanz/article173319595/Was-ist-eigentlich-eine-Marke.html. Zugegriffen: 8. Febr. 2022.

Almquist, Eric; Senior, John; Bloch, Nicolas. 2016. *The elements of value, measuring and delivering what consumers really want.* Harvard Business Review. https://hbr.org/2016/09/the-elements-of-value. Zugegriffen: 26. Febr. 2023.

Almquist, Eric; Cleghorn, Jamie; Sherer, Lori. 2018. *The B2B elements of value how to measure and deliver what business customers want.* Harvard Business Review. https://hbr.org/2018/03/the-b2b-elements-of-value. Zugegriffen: 26. Febr. 2023.

Ansoff, Harry Igor. 1966. *Management-Strategie. Unter Mitarbeit von Helmut Folchert.* München: verl. moderne industrie.

Bain & Company. 2019. Bain-Studie zum globalen Luxusmarkt. China dominiert das Geschäft mit den Edelmarken. https://www.presseportal.de/pm/19104/4300038. Zugegriffen: 8. Febr. 2022.

Barkhoff, Jürgen. Hrsg. 2004. *Netzwerke. Eine Kulturtechnik der Moderne*, Bd. 29. Böhlau (Literatur, Kultur, Geschlecht): [...], Große Reihe

Binswanger, Mathias. 2019. *Der Wachstumszwang. Warum die Volkswirtschaft immer weiterwachsen muss, selbst wenn wir genug haben.* Wiley-VCH & Co. KGaA.

Bitkom. 2021. Künstliche Intelligenz kommt in Unternehmen allmählich voran. https://www.bitkom.org/Presse/Presseinformation/Kuenstliche-Intelligenz-kommt-in-Unternehmen-allmaehlich-voran#:~:text=April%202021%20%2D%20K%C3%BCnstliche%20Intelligenz%20gilt,Prozent)%20plant%20KI%2DInvestitionen. Zugegriffen: 8. Febr. 2022.

Blanché, Ulrich. 2012. *Konsumkunst. Kultur und Kommerz bei Banksy und Damien Hirst* (Image, Bd. 40). Bielefeld: transcript.

Bleicher, Knut. 1999. *Das Konzept integriertes Management: Visionen – Missionen – Programme.*

P. Gröndahl, *Markterfolg durch zukunftsfähige Entscheidungen*, https://doi.org/10.1007/978-3-658-41206-7

BMW. 2021. https://www.bmw.com/de/innovation/zehn-jahre-bmw-i.html. Zugegriffen: 12. Febr. 2022.

Boll, Dirk. 2017. *Kunst ist käuflich. Freie Sicht auf den Kunstmarkt. 3., überarbeitete und erweiterte Ausgabe.* Berlin: Hatje Cantz.

Boll, Dirk. 2021. The future belongs to female collectors. https://www.koeniggalerie.com/blogs/onl ine-magazine/the-future-belongs-to-female-collectors. Zugegriffen: 8. Febr. 2022.

Boltanski, Luc; Esquerre, Arnaud; Pries, Christine. 2019. *Bereicherung. Eine Kritik der Ware. Erste Auflage.* Berlin: Suhrkamp (suhrkamp taschenbuch wissenschaft, 2304).

Bourdieu, Pierre. 1999. *Die Regeln der Kunst. Genese und Struktur des literarischen Feldes*, 1. Aufl. Frankfurt a. M.: Suhrkamp.

Bruhn, Manfred. 2018. *Kommunikationspolitik. Systematischer Einsatz der Kommunikation für Unternehmen*, 9. Aufl. Reihe: Vahlens Handbücher der Wirtschafts- und Sozialwissenschaften

Casadesus-Masanell, Ramon; Ricart, Joan Enric. 2010. From strategy to business models and onto tactics. *Long Range Planning* 43:195–215.

Csikszentmihalyi, Mihaly. 1996. *Creativity: Flow and the psychology of discovery and invention.* HarperCollins Publishers.

Christensen, Clayton M. 1997. *The innovator's dilemma: when new technologies cause great firms to fail.* Harvard Business School Press. https://www.hbs.edu/faculty/Pages/item.aspx?num=46. Zugegriffen: 26. Febr. 2023.

Christensen, Clayton M.; Wang, Dina; van Bever, Derek. 2013. *Consulting on the cusp of disruption.* Harvard Business Review. https://hbr.org/2013/10/consulting-on-the-cusp-of-disruption. Zugegriffen: 26. Febr. 2023.

Christensen, Clayton M.; Raynor, Michael E.; McDonald, Rory. 2015. *What is disruptive innovation?* Harvard Business Review. https://hbr.org/2015/12/what-is-disruptive-innovation. Zugegriffen: 26. Febr. 2023.

Cramer, Lea-Sophie. 2021. Lösungen für 2050: Megatrend meets Mindset. https://www.business-punk.com/2021/10/loesungen-fuer-2050-megatrend-meets-mindset/. Zugegriffen: 8. Febr. 2022.

Diez, Georg. 2006. Königs Familie, DIE ZEIT vom 12.10.2006. https://www.zeit.de/2006/42/Koe nigs/seite-3. Zugegriffen: 23. Febr. 2023.

Dingler, Annika; Enkel, Ellen. 2016. Cross-Industry Innovation. Die Rolle von Kommunikation, Interaktion und Sozialisierung in Innnovationskollaborationen. In *Die frühe Phase des Innovationsprozesses. Neue, praxiserprobte Methoden und Ansätze,* Hrsg. T. Abele. Wiesbaden: Springer Fachmedien

Dobelli, Rolf. 2011. *Die Kunst des klaren Denkens: 52 Denkfehler, die Sie besser anderen überlassen.* Hanser.

Dubois, B.; Paternault, C. 1995. Observations: Understanding the world of international luxury brands. The dream formula. *Journal of Advertising Research* 35(4):69–76.

Dweck, Carol. 2017. *Selbstbild: Wie unser Denken Erfolge oder Niederlagen bewirkt\Mit Growth Mindset zu mehr Selbstbewusstsein.* Piper Taschenbuch.

Eckert, Daniel. 2015. Kunst ist langfristig kein so gutes Geschäft, Interview mit Bruno S. Frey, DIE WELT 13.06.2015. https://www.welt.de/finanzen/geldanlage/article142437442/Kunst-ist-langfr istig-kein-so-gutes-Geschaeft.html. Zugegriffen: 12. Sept. 2022.

ecomento. 2022. Tesla hat jetzt weltweit 40.000 „Supercharger" in Betrieb, 23.11.2022. https://eco mento.de/2022/11/23/tesla-hat-jetzt-weltweit-40-000-supercharger-in-betrieb/. Zugegriffen: 21. Febr. 2023.

Ericsson, K. A.; Krampe, R.T.; Tesch-Römer, C. 1993. The role of deliberate practice in the acquisition of expert performance. *Psychological Review* 100(3):363–406. https://doi.org/10.1037/0033-295X.100.3.363. Zugegriffen: 21. Febr. 2023.

Esch, Franz-Rudolf. 2017. *Marke 4.0: Sinnstifter in der digitalen Welt.* In bdvb aktuell.

Espinosa, Cristina; Pregernig, Michael; Fischer, Corinna. 2017. *Narrative und Diskurse in der Umweltpolitik: Möglichkeiten und Grenzen ihrer strategischen Nutzung.* Texte 86/2017 im Auftrag des Umweltbundesamtes. https://www.umweltbundesamt.de/sites/default/files/medien/1410/publikationen/2017-9-27_texte_86-2017_narrative_0.pdf. Zugegriffen: 9. Febr. 2022.

Faltin, Günter. 2008. *Kopf schlägt Kapital. Die ganz andere Art, ein Unternehmen zu gründen: von der Lust, ein Entrepreneur zu sein.* Hanser.

Faltin, Günter. 2015. *Wir sind das Kapital. Erkenne den Entrepreneur in Dir. Aufbruch in eine intelligentere Ökonomie.* Murmann Publishers.

Fischer, Lorenz; Wiswede, Günter. 2009. *Grundlagen der Sozialpsychologie*, 3., völlig neu bearb. Aufl. ldenbourg Wissenschaftsverlag.

Fligstein, Neil. 2010. *Die Architektur der Märkte.* VS Verlag

Fligstein, Neil; McAdam, Doug. 2011. Toward a general theory of strategic action fields. https://sociology.berkeley.edu/sites/default/files/faculty/fligstein/Fligstein%20McAdam%20Soc%20Theory%20Paper.pdf. Zugegriffen: 9. Febr. 2022.

Fligstein, Neil; McAdam, Doug. 2015. *A theory of fields.* Oxford University Press.

Foster, Richard N. 1986. *Innovation – Die technologische Offensive.* Wiesbaden: Gabler.

Foucault, Michel. 1981. *Archäologie des Wissens*, 1. Aufl. Frankfurt am Main: Suhrkamp (Suhrkamp-Taschenbuch Wissenschaft, 356).

Foucault, Michel. 1994. *The order of things. An archeology of the fuman sciences* (S. 348–355). New York: Vintage Books.

Frankl, Viktor E. 1995. *Der Mensch vor der Frage nach dem Sinn. Eine Auswahl aus dem Gesamtwerk*, 10. Aufl. Piper

Fritz, Martin, WirtschaftsWoche. 23. Apr. 2015. Interview mit Elmar Mock. Apple Watch – Japaner und Schweizer sollten gemeinsamen Gegenangriff starten. https://www.wiwo.de/unternehmen/it/apple-watch-japaner-und-schweizer-sollten-gemeinsamen-gegenangriff-starten/11650134.html. Zugegriffen: 4. Sept. 2022.

Gentsch, Peter. 2019. *Künstliche Intelligenz für Sales, Marketing und Service. Mit AI und Bots zu einem Algorithmic Business – Konzepte und Best Practices*, 2. Aufl. Springer Gabler.

de Geus, Arie. 1997. *The living Company.* Harvard Business Review. https://hbr.org/1997/03/the-living-company. Zugegriffen: 26. Febr. 2023.

Gigerenzer, Gerd. 2007. *Bauchentscheidungen: Die Intelligenz des Unbewussten und die Macht der Intuition.* Goldmann Verlag.

Gigerenzer, Gerd. 2019. Rationale Entscheidungen unter Unsicherheit. https://www.degruyter.com/document/doi/10.1515/9783110600261-001/html. Zugegriffen: 4. Sept. 2022.

Gibson, William. 1999. The science in science fiction, talk of the nation, NPR (30 November 1999, Timecode 11:55). http://www.npr.org/templates/story.php?storyId=1067220. Zugegriffen: 3. März 2023.

Gladwell, Malcolm. 2000. *Tipping Point: Wie kleine Dinge Großes bewirken können.* Goldmann Verlag

Gladwell, Malcolm. 2005. *Blink! Die Macht des Moments.* Campus.

Gladwell, Malcolm. 2009. *Überflieger: Warum manche Menschen erfolgreich sind – und andere nicht.* Piper.

Goldman, Steven L. 1996. *Agil im Wettbewerb: Die Strategie der virtuellen Organisation zum Nutzen des Kunden.* Berlin: Springer.

Gottfredson, Mark; O'Keeffe, Dunigan. 2019. Tipping points: When to bet on new technologies. https://www.bain.com/insights/tipping-points-when-to-bet-on-new-technologies/. Zugegriffen: 9. Febr. 2022.

Gröndahl, Peter. 2000. Neu-Positionierung in gesättigten Märkten. *Marketing Journal* 3.

Gröndahl, Peter. 2021. *Zukunftspotenziale von Kunstgalerien.* GaleristInnen zwischen Vermittlungs-anspruch und Marktzwängen, Universitätsverlag Hildesheim

Gryskiewicz, Stanley S. 1999. *Positive turbulence: Developing climates for creativity, innovation, and renewal.* Jossey-Bass.

Gutjahr, Gert. 2013. *Markenpsychologie. Wie Marken wirken – Was Marken stark macht,* 2. Aufl. Springer Gabler

Gutman, J. 1982. A means-end chain model based on consumer categorization processes. *Journal of Marketing* (2):60–72.

Handelsblatt. 17. Febr. 2022. Die Machtprobe. In der Autoindustrie ändern sich die Spielregeln. Techkonzerne saugen die Gewinne von Mercedes, BMW und VW auf. https://www.handelsblatt. com/unternehmen/industrie/nvidia-google-amazon-machtprobe-in-der-autoindustrie-techkonze rne-saugen-die-gewinne-von-mercedes-bmw-und-vw-auf/28072096.html. Zugegriffen: 7. Sept. 2022.

Harvard Business Manager. 2013/2020. Vordenker-Serie Joseph Schumpeter. https://www.man ager-magazin.de/harvard/management/joseph-schumpeter-innovation-und-schoepferische-zer stoerung-a-00000000-0002-0001-0000-000091405742. Zugegriffen: 7. Sept. 2022.

Häusel, Hans-Georg. 2004. *Brain script. Warum Kunden kaufen.* Haufe.

Hinterhuber, Hans H. 2010. *Die 5 Gebote für exzellente Führung.* F.A.Z.-Institut für Management-Markt- und Medieninformationen GmbH.

Hinterhuber, Hans H. 2014. *Die Strategie als gemeinsame Logik des Handelns. Wie Unternehmen erfolgreich in die Zukunft geführt werden.* Springer Gabler.

Holdinghausen, Heike. 2017. Maskulin, laut und anfällig, taz-Interview mit dem Technikhistori-ker Reinhold Bauer vom 5.2.2017. https://taz.de/Historiker-ueber-Autos/!5377474/. Zugegrif-fen: 21. Febr. 2023.

IFSE. 2020. Galerienstudie 2020. https://ifse.de/Pdf/IFSE_BVDG_Galerienstudie_2020.pdf. Zuge-griffen: 9. Febr. 2022.

Inglehart, Ronald. 2015. *The silent revolution: Changing values and political styles among aestern Publics.* Princeton University Press

Johansson, Frans. 2018. *Der Medici-Effekt: Wie Innovation entsteht.* Plassen.

Johnson, Mark W.; Suskewicz, Josh. 2020. A future-back approach to breakthrough growth. file:// /C:/Users/pgroe/Documents/Innosight_A-Future-back-Approach-to-Breakthrough-Growth.pdf. Zugegriffen: 19. Febr. 2022.

Jung, C. G. 2011. *Die Archetypen und das kollektive Unbewußte. Sonderausg,* 5. Aufl. Hrsg. v. Lilly Jung-Merker.

Kaas, K. P. 1990. Langfristige Werbewirkung und Brand Equity. W&P 48–52.

Kämper, Heidrun. 2017. Personen als Akteure. In *Handbuch Sprache in Politik und Gesellschaft,* Hrsg. von Kersten Roth, Martin Wengeler, und Alexander Ziem, 259–279. Berlin u. a.: De Gruyter.

Kahneman, Daniel. 2017. *Schnelles Denken, langsames Denken,* 1. Aufl. Penguin

Kapferer, Jean-Noel; Bastien, Vincent. 2012. *The luxury strategy. Break the rules of marketing to build luxury brands,* 2. Aufl. London u. a.: Kogan Page.

Kaplan, Robert. S.; Norton, David P. 2004. Strategy maps: converting intangible assets into tangible outcomes (pp. 10). Boston: Harvard Business School Press

Karpik, Lucien. 2011. *Mehr Wert. Die Ökonomie des Einzigartigen.* Frankfurt a. M. u. a.: Campus-Verl. (Theorie und Gesellschaft, 74).

Kim, W. Chan; Mauborgne, Renée. 2016. *Der Blaue Ozean als Strategie. Wie man neue Märkte schafft, wo es keine Konkurrenz gibt,* 2. Aufl. Hanser Verlag GmbH & Co. KG.

Knott, Michael. 2020. Apple Watch-Verkäufe: Die gesamte Schweizer Uhrenindustrie kann einpa-cken, Netzwelt 06.02.2020. https://www.netzwelt.de/news/175907-apple-watch-verkaeufe-ges

amte-schweizer-uhrenindustrieeinpacken.html#:~:text=In%20diesem%20Zusammenhang%20s
tellt%20Strategy,zunehmend%20nach%20digitalen%20Wearables%20verlangen. Zugegriffen:
23. Febr. 2023.

Kobel, Stefan, monopol. 11. Okt. 2021. „Messe in St. Agnes" Warum kaufen Menschen keine
Kunst? https://www.monopol-magazin.de/misa-berlin-messe-in-st-agnes-warum-kaufen-men
schen-keine-kunst. Zugegriffen: 9. Febr. 2022.

König, Johann; Schreiber, Daniel. 2019. *Blinder Galerist*. Propyläen Verlag.

KPMG, Markenverband. 2009. Herausforderungen im deutschen Luxusmarkt. http://www.marken
verband.de/publikationen/studien/Luxusmarkt%202009.pdf. Zugegriffen: 22. Aug. 2022.

Krippendorff, Klaus. 1997. „A trajectory of artificiality and new principles of design for the
information age". https://repository.upenn.edu/cgi/viewcontent.cgi?article=1094&context=asc_
papers. Zugegriffen: 22. Aug. 2022.

Kroeber-Riel, Werner; Esch, Franz-Rudolf. 2015. Strategie und Technik der Werbung. Verhaltens-
und neurowissenschaftliche Erkenntnisse. 8., aktualisierte und überarb. Aufl. In *Kohlhammer-
Edition Marketing,* Hrsg. v. Hermann Diller und Richard Köhler..

Kroeber-Riel, Werner; Weinberg, Peter; Gröppel-Klein, Andrea. 2011. *Konsumentenverhalten*, 9.,
überarb., aktualisierte und erg. Aufl. Vahlens Handbücher der Wirtschafts- und Sozialwissenschaften.

Kuhn, Thomas S. 1996. *Die Struktur wissenschaftlicher Revolutionen.* Suhrkamp Verlag

Kurzweil, Raymond. 2001. The law of accelerating returns. https://www.kurzweilai.net/the-law-of-
accelerating-returns. Zugegriffen: 8. Febr. 2022.

Kurzweil, Ray, t3nDigital. 2014. https://t3n.de/news/zukunftsaussichten-2040-ray-kurzweil-524
488/. Zugegriffen: 9. Febr. 2022.

Lancaster, Kelvin. 1987. *Moderne Mikroökonomie.* Campus.

Lennarz, Hendrik. 2017. *Growth Hacking mit Strategie. Wie erfolgreiche Startups und Unternehmen
mit Growth Hacking ihr Wachstum beschleunigen.* Springer Gabler.

Lobo, Sascha. 2022. *Das Ende von Google, wie wir es kannten.* Spiegel Netzwelt. https://www.spi
egel.de/netzwelt/netzpolitik/bessere-treffer-durch-chatgpt-das-ende-von-google-wie-wir-es-kan
nten-kolumne-a-77820af6-51d7-4c03-b822-cf93094fd709. Zugegriffen: 26. Febr. 2023.

Luhmann, Niklas. 1987. *Soziale Systeme – Grundriß einer allgemeinen Theorie.* Suhrkamp Verlag.

Luhmann, Niklas. 1993. Die Paradoxie des Entscheidens. file:///C:/Users/pgroe/Downloads/
9783839401484–003%20(1).pdf. Zugegriffen: 26. Febr. 2023.

Luhmann, Niklas. 2000. *Organisation und Entscheidung.* VS Verlag.

Lyotard, Jean-François. 1979. *La condition postmoderne. Rapport sur le savoir.* Paris: Éd. de minuit.

Malik, Fredmund. 2022. *Die Falle des linearen Denkens (malik international AG).* https://www.
malik-management.com/de/die-falle-des-linearen-denkens/. Zugegriffen: 9. Sept. 2022.

Markowitz, Harry M. 1952. Portfolio Selection. *Journal of Finance* 7:77–91.

Marquard, Odo. 2000. Narrare necesse est. In Die politische Meinung. https://www.kas.de/c/
document_library/get_file?uuid=5b069688-f306-3926-09a70f7da0487115&groupId=252038.
Zugegriffen: 9. Febr. 2022.

Maslow, Abraham H. 1943. A theory of human motivation. *Psychological Review* 50(#4):370–396.

Maslow, Abraham H. 1993. *The farther reaches of human nature.* Penguin.

Maximini, Dominik. 2018. *Scrum – Einführung in der Unternehmenspraxis: Von starren Strukturen
zu agilen Kulturen.* Springer Gabler.

McAndrew, Clare. 2021. *The art market 2021.* Hrsg. v. Art Basel und UBS.

Meadows, Dennis L. 1972. *Die Grenzen des Wachstums. Bericht des Club of Rome zur Lage der
Menschheit.* Deutsche Verlags-Anstalt.

McLuhan, Marshall. 2011. Absolute Marshall McLuhan. Hrsg. v. Martin Baltes und Rainer Höltschl.
Freiburg, Br.: Orange Press (Absolute).

Mintzberg, Henry. 2010. Managen. GABAL.

Müller, Silke, stern. 23. Okt. 2018. Ein echter da Vinci? Wie dieses Bild aus einem Ramschverkauf zum teuersten Gemälde der Welt wurde. https://www.stern.de/kultur/kunst/leonardo-da-vinci--salvator-mundi---aus-demramschverkauf-zum-teuersten-kunstwerk-der-welt-8341614.html. Zugegriffen: 9. Febr. 2022.

Mützel, Sophie. 2015. *Geschichten als Signale. Zur diskursiven Konstruktion von Märkten, Diskurs und Ökonomie: diskursanalytische Perspektiven auf Märkte und Organisationen.* Springer VS

Musolff, Andreas. 1996. *Krieg gegen die Öffentlichkeit. Terrorismus und politischer Sprachgebrauch.* Springer.

Nadella, Satya. 2017. The C in CEO stands for culture. https://www.fastcompany.com/40457741/satya-nadella-the-c-in-ceo-stands-for-culture. Zugegriffen: 19. Febr. 2022.

Naisbitt, John. 1982. *Megatrends. Ten new directions transforming our lives* 6th edn. Grand Central Pub.

Okonkwo, Uche. 2007. *Luxury fashion branding – Trends, tactics, Techniques.* Palgrave Macmillan.

Osterwalder, Alexander; Pigneur, Yves. 2011. *Business Model Generation. Ein Handbuch für Visionäre, Spielveränderer und Herausforderer.* Campus

Padgett, John F.; Ansell, Christopher K. 1993. Robust action and the rise of the medici, 1400–1434. *American Journal of Sociology* 98.

Parnack, Charlotte. 2022. Fotobücher: Fühl dich gedruckt, DIE ZEIT vom 22.12.22. file:///C:/Users/pgroe/Downloads/20221228%20ZEIT%20-%20Cewe%20ist%20Beispiel%20daf%C3%BCr,%20wie%20sich%20ein%20Unternehmen%20selbst%20retten%20kann%20(2).pdf. Zugegriffen: 9. Febr. 2022.

Parsons, Talcott. 2009. *Das System moderner Gesellschaften.* Juventa

Porter, Michael E. 1996. What is Strategy? *Harvard Business Review November-December* 1996:61–78.

Porter, Michael E. 1999. *Wettbewerb und Strategie.* Econ.

PwC. 2006. Unternehmenskooperation – Auslauf- oder Zukunftsmodell? Strategische Erfolgsfaktoren kooperativer Unternehmensnetzwerke – dargestellt am Beispiel von Verbundgruppen und Franchisesystemen. https://pdfslide.tips/documents/unternehmenskooperation-auslauf-oder-zukunftsmodell-unternehmenskooperation.html?page=16. Zugegriffen: 19. Sept. 2022.

Rauterberg, Hanno, ZEIT ONLINE. 31. Jan. 2019. Banksy: Erst kaputt ist es so richtig Kunst. https://www.zeit.de/2019/06/banksy-kunst-schredderaktion-auktion-sothebys. Zugegriffen: 8. Febr. 2022.

Reckwitz, Andreas. 2017. *Die Gesellschaft der Singularitäten. Zum Strukturwandel der Moderne,* 1. Aufl. Berlin: Suhrkamp Verlag.

Rennie, Alistair et al./Think with Google. 2020. Decoding Decisions – Making sense of the messy middle. file:///C:/Users/pgroe/Documents/Decoding_Decisions_The_Messy_Middle_of_Purchase_Behavior.pdf. Zugegriffen: 28. Dez. 2022.

Riebsamen, Hans, FAZ. 16. Sept. 2019. https://www.faz.net/aktuell/rhein-main/johann-koenig-der-popstar-unter-den-deutschengaleristen-16386625.html. Zugegriffen: 8. Febr. 2022.

Rogall, Holger. 2004. *Ökonomie der Nachhaltigkeit. Handlungsfelder für Politik und Wirtschaft.* VS Verlag.

Rogers, Everett M. 2003. *Diffusion of innovations,* 5. Aufl. Free Press.

Roth, Alvin E. 2017. *Wer kriegt was – und warum? Bildung, Jobs und Partnerwahl: Wie Märkte funktionieren.* Siedler Verlag.

Samuelson, Paul A.; Nordhaus, William D. 2016. *Volkswirtschaftslehre.* FinanzBuch Verlag

Scharmer, C. Otto. 2019. *Essentials der Theorie U. Grundprinzipien und Anwendungen.* Carl-Auer Verlag GmbH.

Scharmer, C. Otto; Katrin Käufer. 2014. *Von der Zukunft her führen. Von der Egosystem- zur Ökosystem-Wirtschaft*. Carl-Auer Verlag GmbH.

Schirrmacher, Frank. 2004. *Das Methusalem-Komplott*. Karl Blessing Verlag

Schreiber, Susanne, Handelsblatt. 14. Juni 2019. https://www.handelsblatt.com/arts_und_style/literatur/rezension-blinder-galerist-die-autobiografie-von-johann-koenig/24447712.html?ticket=ST-12879677-VAuEr33IW4fMZWzncvAcap2. Zugegriffen: 9. Febr. 2022.

Schulze, Gerhard. 2000. *Die Erlebnis-Gesellschaft. Kultursoziologie der Gegenwart*, 8. Aufl. Studienausgabe. Campus.

Silverstein, M. J.; N. Fiske. 2003. *Luxury for the masses*. Harvard Business Review.

Simon, Herbert A. 1959. Theories of Decision-Making in Economics and Behavioral Science. *The American Economics Review. Band* 49(3):258 ff, 1. Januar 1959.

Sinek, Simon. 2011. *Start with why. How great leaders inspire everyone to take action*. Portfolio

Sinus-Institut. 2021. https://www.sinus-institut.de/media-center/presse/sinus-milieus-2021. Zugegriffen: 9. Febr. 2022.

Sinus-Institut. 2022. https://www.sinus-institut.de/. Zugegriffen: 9. Febr. 2022.

Shteyn, Eugene; Shtein, Max. 2013. *Scalable Innovation: A Guide for Inventors, Entrepreneurs, and IP Professionals*. CRC-Press.

Sirgy, M.J. 1982. Self-concept in consumer behavior: A critical review. *Journal of Consumer Research* 9(1982):287–300.

Stähler, Patrick. 2001. *Geschäftsmodelle in der digitalen Ökonomie: Merkmale, Strategien und Auswirkungen*. JOSEF EUL VERLAG.

Stähler, Patrick. 2017. *Das Richtige gründen*. Werkzeugkasten für Unternehmen: Murmann.

Statista. 2021. Wearables. https://de.statista.com/statistik/daten/studie/433019/umfrage/quartalsabsatz-von-wearablesweltweit-nach-hersteller/#:~:text=Absatz%20von%20Wearables%20weltweit%20nach%20Hersteller%20Q2%202021&text=Wearables%20ist%20ein%20%C3%9Cberbegriff%20f%C3%BCr,2021%20rund%2014%20Millionen%20St%C3%BCck. Zugegriffen: 9. Febr. 2022.

The Telegraph. 10. Sept. 19. https://www.telegraph.co.uk/technology/0/apple-iphone-pictures-steve-jobs-first-phone-definitive-history/. Zugegriffen: 9. Febr. 2022.

Thieme, Werner M. 2017. Luxusmarkenmanagement – Entscheidungsfelder und aktuelle Herausforderungen. In *Luxusmarkenmanagement. Grundlagen, Strategien und praktische Umsetzung*, Hrsg. Werner M. Thieme. Springer Gabler.

Thommen, Jean-Paul; Achleitner, Ann-Kristin; Gilbert, Dirk Ulrich; Hachmeister, Dirk; Kaiser, Gernot. 2017. *Allgemeine Betriebswirtschaftslehre. Umfassende Einführung aus managementorientierter Sicht*, 8., vollständig überarbeitete Aufl.. Springer Gabler.

Tröndle, Martin. 2006. *Entscheiden im Kulturbetrieb. Integriertes Kunst- und Kulturmanagement*. Ott Verlag.

Unilever. 2019. https://www.unilever.com/news/press-and-media/press-releases/2019/unilevers-purpose-led-brands-outperform/. Zugegriffen: 9. Febr. 2022.

Ullrich, Kerstin; Wenger, Christian. 2008. *Vision 2017. Was Menschen morgen bewegt*. Redline Wirtschaft.

Ullrich, Wolfgang. 2016. *Siegerkunst. Neuer Adel, teure Lust*. Verlag Klaus Wagenbach

Veblen, Thorstein. 2010. *Theory of the Leisure Class*, 1. Aufl., Europäischer Hochschulverlag.

Venter, H. J. 2016. Self-transcendence: Maslow's answer to cultural closeness. *Journal of Innovation Management* 4:3–7.

Vontobel. 2021. Apple Watch stellt Rolex und Swatch zugleich in den Schatten, Handelszeitung. https://www.handelszeitung.ch/panorama/apple-watch-stellt-rolex-und-swatch-zugleich-in-den-schatten. Zugegriffen: 19. Febr. 2022.

Wippermann, Peter. 2005. Trends in der Markenführung: Return on Communication,. In *Praxisori-entierte Markenführung: Neue Strategien, innovative Instrumente und aktuelle Fallstudien*, Hrsg. von Brigitte Gaiser, Richard Linxweiler, und Vincent Brucker. Gabler.

Wiswede, Günter. 2021. *Einführung in die Wirtschaftspsychologie*, 6. Aufl. utb.

Whitaker, Amy. 2016. *Art thinking: How to carve out creative space in a world of schedules, budgets, and bosses*. Harper Business.

White, Harrison C.; White, Cynthia A. 1993. *Canvases and careers. Institutional change in the French painting world. [Repr.], 1.[Dr.]*. Chicago u. a.: Univ. of Chicago Press.

White, Harrison. 1981. Where do markets come from? *American Journal of Sociology* 87(3)

White, Harrison C. 1992. *Identity and control. A structural theory of social action*. Princeton: Princeton Univ. Press.

Zaltman, Gerald. 2003. *How customers think*. Harvard Business School Press.

Zukunftsinstitut. 2021. Die Mobilität der Zukunft – Was Sie jetzt wissen müssen. https://www.zuk unftsinstitut.de/artikel/mobilitaetstrends-dr-stefan-carsten/?utm_campaign=MTanwenden& utm_content=157517521&utm_medium=social&utm_source=linkedin&hss_channel=lcp-658742. Zugegriffen: 9. Febr. 2022.

Zukunftsinstitut. 2022. Megatrends. https://www.zukunftsinstitut.de/dossier/megatrends/. Zugegrif-fen: 9. Febr. 2022.

The manufacturer's authorised representative in the EU is Springer
Nature Customer Service Centre GmbH, Europaplatz 3, 69115 Heidelberg,
Germany. If you have any concerns regarding our products, please
contact ProductSafety@springernature.com

Printed and bound by CPI Group (UK) Ltd, Croydon, CR0 4YY
28/04/2026
02098510-0004